杨润曦／主编

东海证券投资者教育基地编写组

证券投资精进

立信会计出版社
LIXIN ACCOUNTING PUBLISHING HOUSE

图书在版编目(CIP)数据

证券投资精进 / 杨润曦主编. —上海：立信会计
出版社，2023.3
ISBN 978-7-5429-7247-7

Ⅰ.①证… Ⅱ.①杨… Ⅲ.①证券投资 Ⅳ.
①F830.91

中国国家版本馆 CIP 数据核字(2023)第 030231 号

策划编辑　　胡蒙娜
责任编辑　　方士华
助理编辑　　胡蒙娜
美术编辑　　吴博闻

证券投资精进

ZHENGQUAN TOUZI JINGJIN

出版发行	立信会计出版社	
地　　址	上海市中山西路 2230 号	邮政编码　200235
电　　话	(021)64411389	传　真　(021)64411325
网　　址	www.lixinaph.com	电子邮箱　lixinaph2019@126.com
网上书店	http://lixin.jd.com	http://lxkjcbs.tmall.com
经　　销	各地新华书店	

印　　刷	常熟市人民印刷有限公司	
开　　本	710 毫米×1000 毫米	1/16
印　　张	20	
字　　数	426 千字	
版　　次	2023 年 3 月第 1 版	
印　　次	2023 年 3 月第 1 次	
书　　号	ISBN 978-7-5429-7247-7/F	
定　　价	58.00 元	

如有印订差错，请与本社联系调换

序

"精进"之意,精明而进趋也。精明上进,锐意求进,专心求进;努力向善向上,毫不懈怠。证券市场投资亦如此。证券研究和股票投资方面的鸿篇巨制,从理论到实战、专业研究和操作秘笈,可谓不胜枚举。

投资理财是生活的学问,也是一种生存技能,但亦存在一定门槛。基于此,东海证券投资者教育基地编写组针对有一定理论基础、熟悉和了解证券市场的普通读者和新入市投资者,围绕投资者关心的问题,以培育理性投资理念为目的,结合投资实操性,编写了此书。本书也可以作为大学生课外参考用书,以加深其对资本市场、交易制度和规则的理解和应用。在A股全面实施注册制之际,东海证券投资者教育基地编写组亦希望通过本书引导培育理性投资、价值投资和长期投资文化,使参与证券市场的投资者树立正确的理财观念,强化投资风险意识。

本书成稿过程中的资料收集、整理、编写和校订工作,得到很多专业人士的帮助,他们是丁竞渊、许顺义、刘晓娟、刘炜、刘颖汾等。此外,还有华成果、孙书勋为本书提供插图并协助校订。在此,一并向他们表示感谢。

本书涉及制度和规则层面的规定,以出版时已发布或可获取来源为参考,力求精准、专业。尽管如此,亦可能存在差错或遗漏,敬请读者谅解。

编者

2023 年 3 月

目 录

151　第六章　做理性的投资者

第一章　投资与交易

我国多层次证券市场和主要
证券交易种类是如何划分的

了解我国的证券交易所

经过 30 多年的发展,A 股确立了证券交易所(上海、深圳证券交易所)、国务院批准的其他全国性证券交易场所(全国中小企业股份转让系统、北京证券交易所)、按照国务院规定设立的区域性股权市场三个层次的交易场所和不同的交易板块。截至 2022 年年末,投资者总数已超过 2.1 亿人。股票发行制度也经历了审批、核准到注册制的发展历程。

2018 年 11 月 5 日,上海证券交易所设立科创板并试点注册制,改革宣布启动。

2019 年 7 月 22 日,首批科创板公司上市交易。

2020 年 8 月 24 日,深圳证券交易所创业板改革并试点注册制正式落地。

2021 年 11 月 15 日,北京证券交易所揭牌开市,同步试点注册制。

2023 年 2 月 17 日,全面实行股票发行注册制。

证券交易所是为证券集中交易提供场所、设施和服务,组织和监督证券交易,实行自律管理的法人。我国证券交易所是会员制的非营利性法人。

证券交易所的主要职能包括:提供证券集中交易的场所、设施和服务;制定和修改证券交易所的业务规则;依法审核公开发行证券申请;审核、安排证券上市交易,决定证券终止上市和重新上市;提供非公开发行证券转让服务;组织和监督证券交易;对会员进行监管;对证券上市交易公司及相关信息披露义务人进行监管;对证券服务机构为证券上市、交易等提供服务的行为进行监管;管理和公布市场信息;开展投资者教育和保护;法律、行政法规规定的以及中国证监会许可、授权或者委托的其他职能。

全国中小企业股份转让系统,简称全国股转公司,俗称"新三板",也是我国主要的股票挂牌交易场所。其主要职能包括:建立、维护和完善股票交易相关技术系统和设施;制定和修改全国股转系统业务规则;接受并审查股票挂牌及其他相关业务申请,安排符合条件的公司股票挂牌,组织、监督股票交易及相关活动;对主办券商等全国股转系统参与人进行监管;对挂牌公司及其他信息披露义务人进行监管;管理和公布全国股转系统相关信息;中国证监会批准的其他职能。

我国金融市场的主要交易种类

我国金融市场的主要交易,按照交易对象进行划分,包括股票交易、债券交易、证券投资基金交易以及金融衍生工具交易等。

股票：股票是一种有价证券，是股份有限公司签发的证明股东所持股份的凭证。按照投资对象及定价币种的不同，目前在上海证券交易所、深圳证券交易所、北京证券交易所发行上市的股票，品种包括 A 股、B 股和在香港证券交易所上市的 H 股。

债券：债券是一种有价证券，是社会各类主体为筹集资金而向债券投资者出具的承诺按一定利率定期支付利息、到期偿还本金的债权债务的凭证。根据发行的主体不同，债券主要包括政府债券、金融债券和公司债券三大类。

证券投资基金：证券投资基金是指通过公开发售基金份额募集资金，由基金托管人托管，由基金管理人管理和运用资金，为基金份额的持有人的利益以资产组合的方式进行证券投资活动的基金。它是利益共享、风险共担的集合证券投资方式，一般可以分为封闭式和开放式两种类型。

金融衍生工具：包括金融期货交易、金融期权交易、可转换债券交易、权证交易等。

金融期货交易：以金融期货合约为对象进行的流通转让活动。金融期货合约是指买卖双方在有组织的交易所内以公开竞价的形式达成的、在将来某一特定日期交割标准数量的特定金融资产的协议。其主要包括外汇期货、利率期货、股票指数期货等合约。金融期货合约可被看作标准化的远期合约。

金融期权交易：以金融期权合约为对象进行的流通转让活动。金融期权的基本类型是买入期权和卖出期权。如果按照金融期权基础资产性质的不同，金融期权还可被分为股权类期权、利率期权、货币期权、金融期货合约期权、互换期权等。

金融期货交易所是专门从事金融期货、期权等金融产品交易与结算的交易所。

我国证券市场的主要证券交易品种

A 股：A 股是指人民币普通股票，是由我国境内的公司发行，供机构、组织或个人以人民币认购和交易的普通股股票。

B 股：B 股是指人民币特种股票，是以人民币标明面值，以外币认购和买卖，在上海证券交易所和深圳证券交易所上市流通的股票。上海的 B 股用美元交易，深圳的 B 股用港币交易。B 股市场规模很小，符合条件的 B 股可转为 H 股上市。

H 股：H 股是指注册地在内地、上市地在香港的股票。H 股多数为中资国企股票。在互联互通机制下，在中国内地与香港资本市场两地上市的，又称"A＋H 股"。

政府债券：政府债券是指国家为了筹措资金而向投资者出具的，承诺在一定时期支付利息和到期还本的债务凭证。政府债券的发行主体是中央政府和地方政府。

金融债券：金融债券是指银行和非银行金融机构依照法定程序发行并约定在一定的期限内还本付息的有价证券。

公司债券：公司债券是指公司按照法定程序，约定在一定期限还本付息的有价证券。

债券回购：债券回购是指债券持有人（正回购方，即资金融入方）在卖出一笔债券、融入资金的同时，与买方（逆回购方，即资金融出方）协议约定于某一到期日再以事先约定的价格将该笔债券购回的交易方式。

封闭式基金：基金成立以后，基金管理公司可以申请其基金在证券交易所上市。如果获得批准，投资者就可以在二级市场上买卖基金份额。

开放式基金：非上市的基金产品，投资者可以通过基金管理公司和委托商业银行、证券公司等进行基金份额的申购和赎回；如果是上市的开放式基金产品，除了申购和赎回，投资者也可以在二级市场上进行买卖。

基金根据投资对象和方式的不同，又可分为股票基金、债券基金、货币基金、ETF 基金、混合基金、期货基金、期权基金、指数基金、认股权证基金等多种类型。按照募集方式区分，基金可分为公募基金与私募基金，私募基金即在我国境内设立的以非公开方式向投资者募集资金的投资基金。

可转换债券：可转换债券的债券持有者可在一定时期内按一定比例或价格将债券转化成一定数量的另一种证券的债券。通常情况下，可转换债券可被转换成普通股票，因此它具有双重性，即同时具有债权属性和期权属性。

融资融券：公司向客户出借资金供其买入上市证券，或者出借上市证券供其卖出，并收取担保物的经营活动。

股票期权：股票期权是一种标准化合约，是由证券交易所统一制定的规定买方有权在将来特定时间以特定价格买入或者卖出约定股票或者跟踪股票指数的交易型开放式指数基金（ETF）等标的物的标准化合约。买方也可以选择放弃行使权利。上海证券交易所、深圳证券交易所都有挂牌的股票期权品种。

其他证券交易品种还包括沪港通、深港通、债券通、存托凭证，以及中国证监会批准的其他交易品种等。

认识资本市场，区分不同证券交易规则

国内多层次的资本市场主要包括主板、科创板、创业板、北交所等。

主板：也称一板市场，是一个国家或地区证券发行、上市及交易的主要场所。国内主板市场有上海证券交易所主板和深圳证券交易所主板。主板突出"大盘蓝筹"特色，重点支持业务模式成熟、经营业绩稳定、规模较大、具有行业代表性的优质企业。

科创板：在上海证券交易所挂牌，是我国首个试点注册制的场内市场。科创板面向世界科技前沿、面向经济主战场、面向国家重大需求，优先支持符合国家战略，拥有关键核心技术，科技创新能力突出，主要依靠核心技术开展生产经营，具有稳定的商业模式，市场认可度高，社会形象良好，具有较强成长性的企业。2019 年 6 月 27 日，科创板注册制首批企业发行。

创业板：也称二板市场，在深圳证券交易所挂牌。创业板深入贯彻创新驱动发展战略，适应发展更多依靠创新、创造、创意的大趋势，主要服务成长型创新创业企业支持传统产业与新技术、新产业、新业态、新模式深度融合。2020 年 8 月 24 日，创业板注册制首批企业发行。

北交所：主要服务创新型中小企业，聚焦于"专精特新"行业细分领域，总体平移全国股转系统原精选层的基础制度。企业在北交所上市须具备在全国股转系统连续挂牌满 12 个月的创新层挂牌条件，并符合在北交所上市的一般要求。2021 年 11 月 15 日，北交所上市公司注册制实施。

就整体而言，各层次在上市定位上互有侧重，除特别交易规定外，基本交易制度大体一致。为便于投资者了解其交易规则及异同，此处在现行交易制度下，就交收机制、交易方式、委托数量、适当性门槛、涨跌幅限制等主要交易规则做横向对比，如表 1-1 所示。

表 1-1 主要交易规则横向对比

项目	主板	科创板	创业板	北交所
交收机制	统一实行 T+1 交收制度			
交易方式	竞价交易、大宗交易	竞价交易、大宗交易、盘后定价交易		
委托数量	(1) 100 股或其整数倍，单笔申报数量≤100 万股；(2) 卖出余额不足 100 股的一次性申报卖出	(1) 单笔申报≥200 股，以 1 股为单位递增；(2) 限价申报≤10 万股，市价申报≤5 万股；(3) 盘后定价申报≤100 万股；(4) 卖出余额不足 200 股的一次性申报卖出	(1) 单笔申报 100 股或其整数倍 (2) 限价申购≤30 万股，市价申报 ≤15 万股；(3) 盘后定价申报≤100 万股；(4) 卖出余额不足 100 股的一次性申报卖出	(1) 单笔申报不低于 100 股，可以 1 股为单位递增；(2) 卖出余额不足 100 股的一次性申报卖出

（续表）

项目	主板	科创板	创业板	北交所
适当性门槛	符合中登结算证券账户开户条件，对投资者资产、投资经验不作限制	前 20 个交易日证券账户及资金账户内的资产日均不低于 50 万元，且参与证券交易 24 个月以上	前 20 个交易日证券账户及资金账户内的资产日均不低于 10 万元，且参与证券交易 24 个月以上	前 20 个交易日证券账户及资金账户内的资产日均不低于 50 万元，且参与证券交易 24 个月以上
涨跌幅限制	全面实施注册制后，上市前 5 个交易日，不作涨跌幅限制；之后涨跌幅限 10%（ST 及 * ST 为 5%）	（1）新股前五个交易日不设涨跌幅限制；（2）之后涨跌幅限制为 20%		（1）新股上市首日不设涨跌幅限制；（2）次日起竞价交易涨跌幅限制为 30%
盘中临时停牌	全面实施注册制后，主板、科创板、创业板、北交所，统一盘中临时停盘设置，分±30%、±60%，触发后各停牌 10 分钟。临时停牌期间，可以继续申报或撤销申报，复牌时对已接受的申报实行集合竞价撮合。停牌时间跨越 14:57 的，于 14:57 复牌			
大宗交易	单笔交易数量不低于 30 万股或者交易金额不低于 200 万元人民币			单笔申报数量不低于 10 万股，或者交易金额不低于 100 万元人民币
	上交所接受申报时间为 9:30—11:30、13:00—15:30；深交所接受申报时间为 9:15—11:30、13:00—15:30	接受申报时间为 9:30—11:30、13:00—15:30	接受申报时间为 9:15—11:30、13:00—15:30	接受申报时间为 9:15—11:30、13:00—15:30
盘后固定价格交易	（另行规定）	单笔数量不小于 200 股，不超过 100 万股。申报时间：9:30—11:30、13:00—15:30 交易时间：15:05—15:30	单笔数量不小于 100 股，不超过 100 万股。申报时间：9:15—11:30、13:00—15:30 交易时间：15:05—15:30	（另行规定）
打新规则	T−2 日前 20 交易日（含当日）持有 10 000 元以上沪市或深市非限售股市值可参加申购。每 5 000 元市值可申购一个申购单位 500 股。申购单位为 500 股或其整数倍，不足 5 000 元的部分不计入申购额度			无须持仓市值，采用全额资金缴付，按实际申购新股数量缴纳申购款。按网上发行数量和确认有效申购数量进行比例配售
融资融券标的	实施注册制后统一为上市首日	上市首日	实施注册制后统一为上市首日	上市首日

科创板股票的交易规则都有哪些特点

科创板和注册制

2019 年 1 月 23 日,中央全面深化改革委员会第六次会议审议通过了《在上海证券交易所设立科创板并试点注册制总体实施方案》《关于在上海证券交易所设立科创板并试点注册制的实施意见》,科创板试点注册制。科创板股票的发行由上交所受理和审核,报中国证监会注册备案后发行。试点注册制是 A 股发行制度的重大改革尝试,将股票的发行、定价、交易还权于市场,强化以信息披露为核心的市场监管体系,有助于实现依法治市。

科创板的发行和交易

科创板上市企业面向世界科技前沿、面向经济主战场、面向国家重大需求,定位于战略新兴高科技企业,主要涉及信息技术、高端装备和新材料、新能源及节能环保、生物医药、技术服务领域等。其优先支持符合国家战略,拥有关键核心技术,科技创新能力突出,主要依靠核心技术开展生产经营,具有稳定的商业模式,市场认可度高,社会形象良好,是具有较强成长性的企业。

科创板 IPO 实行以市值为基础的 5 套差异化财务指标,进一步放宽战略投资者配售,引入保荐券商跟投机制(2%～5%,锁定期 2 年)。IPO 定价采取机构投资者询价及超额配售选择权制度,接受未盈利企业、红筹企业、特别表决权股份企业上市,实行更加严格的信息披露、股份减持和退市制度。

科创板投资者适当性管理和开通业务权限条件

1. 自然人投资者适当性要求

(1)开通前 20 个交易日证券账户及资金账户内的资产日均不低于人民币 50 万元(不包括融资融券交易融入的资金和证券)。

(2)参与证券交易 24 个月以上。

(3)不存在法律、行政法规、规章和交易所业务规则禁止或者限制参与科创板交易的情形。

(4)通过科创板知识测试,签订科创板股票交易风险揭示书、投资者须知等。

对首次申请开通科创板股票交易权限的投资者,证券公司应当充分告知相关风险,并要求其以纸面或电子形式签署《科创板股票交易风险揭示书》。

特别规定:参与科创板可转债转股的投资者,应当符合科创板股票投资者适当性管理要求。投资者如不符合适当性管理要求的,则不能将所持可转债转换为股票。

2. 开通科创板交易权限

（1）投资者资产状况、交易经验、适当性评估和风险承受能力匹配及诚信状况核查。

科创板品种的风险等级是中高风险（R4 级）。匹配积极型（C4 级）、激进型（C5 级）投资者，符合适当性要求的可直接开通交易权限。对保守型（C1 级）、谨慎型（C2 级）客户，采取限制开通交易权限措施。

（2）科创板规则及风险揭示；问卷测试；资产异常情况核查、确认。

（3）投资者评估，出具投资者适当性结果确认书。

开通交易权限前，投资者应当签署《科创板交易风险揭示书》《科创板交易权限开通业务须知》，通过科创板知识问卷测试。开通信用账户科创板权限的，还需签署《融资融券科创板交易风险揭示书》。

（4）开通交易权限（机构投资者需临柜开通）。

根据反洗钱要求，列入反洗钱黑名单和反洗钱评估为中高风险以上级别的客户，禁止办理科创板业务交易权限开通。

科创板风险警示

科创板企业所处行业和业务普遍具有较突出的风险：技术新，技术迭代快，研发投入大；经营前景不确定，业绩波动大，预期盈利周期长；严重依赖核心项目、核心技术人员、少数供应商等，表现在以下多个方面。

1. 发行定价

科创板 IPO 的询价、定价、配售等，采用向券商、基金等七类专业机构投资者询价的定价方式，个人投资者无法直接参与发行定价。

科创板股票的行业和企业的特点也使传统估值方法不具有可比性。因此，公司股票发行定价难度较大，上市后可能存在股价波动的风险。

2. 盈利能力

科创板企业所处行业和业务普遍具有的以上特点使得企业上市后的持续创新能力、主营业务发展的可持续性、收入及盈利水平等具有较大不确定性。

3. 股份超发

科创板首发允许超额配售选择权（也称"绿鞋机制"）存在，行使超额配售选择权后存在发行人增发股票，导致股票数量超过首次公开发行股票数量的情形。

4. 亏损上市

科创板企业可能存在首次公开发行前最近 3 个会计年度未能连续盈利、公开发行并上市时尚未盈利、有累计未弥补亏损等情形，可能存在上市后仍无法盈利、持续亏损、无法进行利润分配等情形。

5. 交易方式

科创板的交易方式包括竞价交易、大宗交易、盘后定价交易，且在申报时间、交易时间、申报类型、申报数量、成交原则方面和主板存在差异。

6. 涨跌幅放宽

首次公开发行上市的股票，上市后的前 5 个交易日不设涨跌幅限制，其后涨跌幅限制为 20%，价格波动幅度大，可能产生较大股价波动风险。

7. 退市制度

科创板退市风险警示标准可被细分为财务类、交易类、规范类、重大违法类等几类。上市公司应按信息披露规则的要求，及时披露本公司股票可能被实施退市风险警示、撤销退市风险警示、股票终止上市风险提示、股票终止上市等相关公告。信息披露要求比传统主板的要求更为严格，退市执行标准更细、更严，触发退市情形更多。为了简化退市程序，暂停上市、恢复上市程序被取消，一旦触发退市条件即直接退市。

8. 表决权差异

上市公司可能根据差异化表决权的股权安排，存在控制权相对集中以及因每一特别表决权股份拥有者的表决权数量大于（不超过 10 倍）每一普通股份持有人拥有的表决权数量等情形，使普通投资者的表决权利受到限制。

9. 存托凭证

科创板允许红筹企业发行股票或存托凭证在科创板上市。红筹企业是指在境外注册、境外上市的主要由中资控制的企业。投资者持有存托凭证不等同于直接持有境外基础证券，因此，存在存托凭证交易方式特有的风险。

10. 科创板股票融资融券交易的风险

科创板股票融资融券交易具有普通证券交易所具有的政策风险、市场风险、违约风险、系统风险等，以及信用交易特有的投资风险放大风险、融资融券交易的强制平仓风险等。当发生亏损时，投资者损失可能会超过原始本金，投资者除损失自有资金外，还需要向证券公司偿还借款及利息。

科创板股票交易特别规定

有关科创板股票交易的特别规定如表 1-2 所示。

表 1-2　科创板股票交易的特别规定

股票交易方式	竞价交易、大宗交易、盘后固定价格交易
股票交易申报时间	开盘集合竞价：9:15—9:25 连续竞价申报：9:30—11:30、13:00—14:57 收盘集合竞价：14:57—15:00 盘后定价申报：9:30—15:30、15:05—15:30 为盘后固定价格交易时间 大宗交易申报：9:30—15:30

(续表)

股票竞价交易涨跌停限制	涨跌停幅度±20%,首次发行上市的前5日不设涨跌幅限制
股票买卖申报数量	委托申报:单笔200股起,不足200股须一次性卖出; 限价委托:单笔200股至10万股; 市价委托:单笔200股至5万股; 盘后定价交易委托:单笔200股至100万股
证券代码特别标识	(1) 发行人尚未盈利的,其股票或存托凭证的特别标识为"U",发行人首次实现盈利的,特别标识取消; (2) 发行人具有表决权差异安排的,其股票或存托凭证的特别标识为"W",上市后不再具有表决权差异安排的,特别标识取消; (3) 在科创板上市交易的科创板存托凭证的特别标识为"D"
股票可以作为融资融券标的	科创板股票上市首日即被纳入融资融券标的。 战略投资者配售获得的科创板股票、存托凭证,在承诺持有期内可以按规定参与转融通证券出借
引入做市商交易	科创板股票交易实行在竞价交易制度基础上引入竞争性做市商机制的混合交易制度。符合条件的做市商,按照相关规定和做市协议约定,为科创板股票提供双边持续报价、双边回应报价等流动性服务的业务。 做市商应经中国证监会核准取得上市证券做市交易业务资格,应与交易所签订做市协议。做市商应当使用自有资金开展做市交易业务,可使用自有股票、从中国证券金融公司借入的股票或其他具有权处分的股票。做市商通过专用账户持有的上市公司股份应不超过上市公司已发行股份的5%
实时监控	(1) 连续竞价交易时,买入申报价格不得高于卖一价的102%,卖出申报价格不得低于买一价的98%; (2) 盘中交易价格较当日开盘价首次上涨或下跌达到或超过30%、60%,实施盘中临时停牌,单次停牌10分钟。单向停牌2次,双向停牌4次,不再采取一停到底的方式; (3) 连续3个交易日内日收盘价格涨跌幅偏离值累计达到±30%,可认定为"异常波动"
股票退市风险警示的规定	(1) 被实施退市风险警示的科创板股票,仍然按照科创板股票交易机制进行交易; (2) 被实施退市风险警示的科创板股票,投资者当日通过竞价交易、大宗交易和盘后固定价格交易累计买入的单只退市风险警示股票,数量不得超过50万股(存托凭证为50万份)

注册制创业板适当性管理和交易特别规定

深圳证券交易所创业板定位：深入贯彻创新驱动发展战略，适应发展更多依靠创新、创造、创意的大趋势，主要服务成长型创新创业企业，支持传统产业与新技术、新产业、新业态、新模式深度融合。深圳证券交易所注册制创业板改革是继上海证券交易所科创板试点注册制之后又一重大改革举措。按照注册制改革的要求，借鉴科创板试点注册制的实践经验，配套完善了创业板相关的制度规则。

创业板投资者适当性管理

1. 实施时间和新老过渡安排

由于创业板上市公司往往高度依赖新技术、新模式、新业态，且多为轻资产结构，具有技术迭代快、产业升级快、模式易复制、业绩波动大等特点，公司上市后的持续创新能力、盈利能力和抗风险能力具有较大的不确定性。注册制下的创业板上市公司可能存在首次公开发行前最近 3 个会计年度未能连续盈利、公开发行并上市时尚未盈利、有累计未弥补亏损，以及在上市后仍无法盈利、持续亏损、无法进行利润分配等情形，加之创业板公司在发行和退市制度安排方面和传统主板公司股票有一定差异，加强适当性管理和风险警示是非常必要的。

根据深圳证券交易所《创业板投资者适当性管理实施办法（2020 年修订）》，自 2020 年 4 月 28 日起，对深交所创业板投资者适当性要求实行"新老划断"安排。

2. 投资者参与创业板股票交易需满足的条件

如果是已开通创业板交易权限的投资者（存量投资者）：

（1）存量投资者可以继续参与创业板股票交易，不受影响。

（2）在注册制下创业板新股发行申购、交易前，需签署新的《创业板投资风险揭示书》。

如果是新申请开通创业板交易权限的投资者（新增投资者）：

（1）新增的个人投资者需要满足以下条件：

① 申请创业板交易权限开通前 20 个交易日证券账户及资金账户内的资产日均不低于人民币 10 万元（不包括通过融资融券融入的资金和证券）；

② 参与证券交易 24 个月以上。

（2）新增的普通投资者还应当以纸面或电子方式签署《创业板投资风险揭示书》。

3. 新增个人投资者申请开通创业板交易权限的流程

（1）对照新修订的创业板适当性管理实施办法相关规定，了解自身是否符合资产和交易经验准入门槛等相关要求。

（2）充分了解创业板相关法律法规、业务规则和风险事项,客观评估自身的风险认知和承受能力,审慎决定是否申请开通创业板交易权限。

（3）若决定开通创业板交易权限,需向证券公司提出申请。

（4）按照证券公司要求提供相关信息,配合开展适当性管理,接受风险认知与承受能力评估。

（5）若符合相关规定,证券公司可为投资者开通创业板交易权限。但在开通权限前,个人投资者中的普通投资者还需以纸面或电子方式签署《创业板投资风险揭示书》。

创业板股票交易特别规定

1. 放宽股票涨跌幅限制

（1）新股上市前 5 个交易日不设涨跌幅限制。第 6 日起恢复竞价交易,涨跌幅放宽至 ±20%,超过涨跌幅限制的申报无效。

（2）盘中临时停牌,设置涨跌 ±30%、±60% 两档,每次暂停交易 10 分钟。跨越 14:57 的,于当日 14:57 复牌。

2. 交易委托申报限制

（1）单笔申报数量上限:限价申报,不超过 30 万股;市价申报,不超过 15 万股。

（2）"价格笼子":连续竞价时段限价申报的有效竞价范围,买入不得高于买入基准价的 102%,卖出不得高于卖出基准价的 98%。超过有效竞价范围的申报,系统自动拒单。

3. 大宗交易和盘后定价交易

（1）大宗交易,单笔数量不低于 30 万股或交易金额不低于 200 万元。

（2）每个交易日的 15:05 至 15:30 为盘后定价交易时间,以当日收盘价对盘后定价买卖申报逐笔连续撮合的交易。

4. 增加股票特别标识

（1）对上市初期新股的证券简称首位字母,新增特殊标识:N 代表上市首日;C 代表上市次日至第 5 日;U 代表发行人尚未盈利;W 代表发行人具有表决权差异安排;V 代表发行人具有协议控制构架或类似特殊结构。

（2）设置风险警示制度(即 ST、＊ST 制度),强化风险提示。

5. 可作为融资融券标的

按照注册制新规首发上市的创业板股票,上市首日起可作融资融券标的。

6. 优化退市机制

对财务类、规范类、重大违法类退市设置退市风险警示(＊ST);对交易类退市不再设置退市整理期。取消暂停交易和恢复上市环节,即退市风险警示期后,上市公司股票直接从交易所摘牌、退市。

你了解北交所股票交易及退市转板制度吗

北京证券交易所于 2021 年 9 月 3 日注册成立,是我国经国务院批准设立的第一家公司制证券交易所,受中国证监会监督管理。北京证券交易所坚持服务创新型中小企业的市场定位,尊重创新型中小企业发展规律和成长阶段,立足创新型中小企业需求,提升制度包容性和精准性,其制度规则体系充分体现包容、灵活、普惠的市场特点。

交易方式

1. 竞价交易

(1) 开盘集合竞价:9:15—9:25 投资者可以报限价单,其中 9:20—9:25 不能撤单。

(2) 连续竞价:9:30—11:30、13:00—14:57 投资者可以使用限价单和市价单参与交易。

(3) 收盘集合竞价:14:57—15:00 投资者只能报限价单,不能使用市价单,也不能撤单。

2. 大宗交易

(1) 单笔申报数量不低于 10 万股或交易金额不低于 100 万元。

(2) 大宗交易申报市价为每个交易日的 9:15—11:30、13:00—15:30。

(3) 成交确认时间为 15:00—15:30。

3. 协议转让

因收购、股份权益变动或引进战略投资者等需要进行股票转让的,可以申请协议转让。

4. 其他

盘后固定价格交易的具体事宜由北京证券交易所另行规定;经中国证监会批准竞价交易可以引入做市商机制。

价格稳定机制

1. 价格涨跌幅限制

竞价交易实行以前收盘价为基础的 ±30% 的涨跌幅限制,新股上市首日不设涨跌幅限制。

2. 申报有效价格范围

(1) 竞价交易申报类型为限价申报和市价申报。

（2）连续竞价阶段的限价申报，设置买卖申报基准价格±5％（或 10 个最小价格变动单位，孰高）的申报有效价格范围。

（3）市价申报实施限价保护措施，保护限价应在涨跌幅限制内，但不受申报有效价格范围限制。

（4）市价申报仅适用于有价格涨跌幅限制的股票连续竞价期间。

3. 新股上市首日的临时停牌机制

盘中成交价格较开盘价首次上涨或下跌达到或超过±30％、±60％时，临时停牌 10 分钟，复牌时进行集合竞价，复牌后继续当日交易。

竞价交易申报规则

（1）单笔买卖申报的最低数量为 100 股。

（2）每笔申报可以 1 股为单位递增。

（3）卖出时不足 100 股的部分应当一次性卖出。

退市转板制度

1. 主动退市

上市公司出现下列情形之一的，应当主动申请退市：

（1）股东大会决议解散公司。

（2）上市公司因新设合并或者吸收合并，将不再具有独立主体资格并被注销。

（3）上市公司因回购或要约收购导致公众股东持股比例、股东人数等发生变化不再具备上市条件。

（4）转板申请已获同意。

（5）北交所认定的其他申请终止上市的情形。

2. 强制退市

1）交易类强制退市

上市公司出现下列情形之一的，应当对其执行交易类强制退市：

（1）股票每日收盘价均低于每股面值。

（2）股东人数均少于 200 人。

（3）按照《上市规则》第 2.1.3 条第一款第四项规定上市的公司，股票交易市值均低于 3 亿元。

（4）北交所认定的其他情形。

2）财务类强制退市

上市公司出现下列情形之一的，应当对其执行财务类强制退市：

（1）净利润为负且营业收入低于 5 000 万元。

（2）期末净资产为负值。

（3）年度财务会计报告被出具无法表示意见或否定意见。

（4）年度报告存在虚假记载、误导性陈述或者重大遗漏，导致相关财务指标触及前款第一、第二项情形。

（5）北交所认定的其他情形。

3）规范类强制退市

上市公司出现下列情形之一的，应当对其执行规范类强制退市：

（1）未在法定期限内披露年度报告或者中期报告，且在公司股票停牌2个月内仍未披露。

（2）半数以上董事无法保证年度报告或中期报告的真实性、准确性和完整性，且未在法定期限内改正，此后股票停牌2个月内仍未改正。

（3）财务会计报告存在重大会计差错或虚假记载，被中国证监会及其派出机构责令改正，但公司未在要求期限内改正，且在公司股票停牌2个月内仍未改正。

（4）信息披露或规范运作等方面存在重大缺陷，被北交所限期改正但公司未在规定期限内改正，且公司在股票停牌2个月内仍未改正。

（5）公司股本总额或公众股东持股比例发生变化，导致连续60个交易日不再具备上市条件，且公司在股票停牌1个月内仍未解决。

（6）公司可能被依法强制解散。

（7）法院依法受理公司重整、和解和破产清算申请。

（8）北交所认定的其他情形。

4）重大违法类强制退市

上市公司出现下列情形之一的，应当对其执行重大违法类强制退市：

（1）涉及国家安全、公共安全、生态安全等领域的重大违法行为被追究法律责任导致丧失继续生产经营法律资格等情形。

（2）信息披露文件（公开发行并上市的申请文件、发行股份购买资产构成重组上市的申请文件）存在虚假记载、误导性陈述或重大遗漏，被行政处罚或追究刑事责任。

（3）年度报告存在虚假记载、误导性陈述或重大遗漏，导致财务类指标触及财务类强制退市标准。

（4）北交所认定的其他情形。

3. 退市公司后续安排

北交所退市公司，符合全国股转系统挂牌条件或进入创新层条件的，可以转入相应层级挂牌交易。

不符合全国股转系统挂牌条件，且股东人数超过200人的，转入全国股转公司代为管理的退市公司板块。

北交所退市公司符合重新上市条件的，可以申请重新上市。

参与北交所股票交易的条件

个人投资者参与北交所股票交易的条件为：

（1）申请权限开通前 20 个交易日证券账户和资金账户内的资产日均不低于人民币 50 万元(不包括该投资者通过融资融券融入的资金和证券)。

（2）参与证券交易 24 个月以上。

机构投资者参与北交所股票交易，应当符合法律法规及北交所业务规则的规定。

科创板、创业板、新三板退市制度有哪些制度创新

　　注册制下的科创板、创业板、新三板改革引领了 A 股制度创新的六大变化：IPO 注册制、标准多元化、定价市场化、交易差异化、退市制度化、监管常态化。

　　A 股自 2001 年正式推出退市制度，采用以净利润为核心的退市标准。同年 4 月 23 日，上海证券交易所水仙股份成为第一只因连续亏损触发退市的公司股票。2012 年退市制度改革，完善了财务退市指标，并推出面值退市指标。2014 年主动退市、重大违法退市等制度启动。2019 年注册制改革启动，多元化分类退市标准落地。2020 年年末，上海证券交易所、深圳证券交易所关于上市公司退市新规落地。

科创板退市制度

　　科创板退市制度充分借鉴已有的退市实践，相比沪市主板，更为严格，退市时间更短，退市速度更快。

　　在退市情形上，新增市值低于规定标准，上市公司信息披露或者规范运作存在重大缺陷，易导致退市的情形。

　　在执行标准上，明显丧失持续经营能力，仅依赖于与主业无关的贸易或者不具备商业实质的关联交易收入的上市公司，可能会被退市。

1. 引起强制退市的情形

　　根据《上海证券交易所科创板股票上市规则》，科创板上市公司可能被强制退市的情形有以下几种：

　　（1）重大违法强制退市：包括存在信息披露重大违法和公共安全重大违法行为。

　　（2）交易类强制退市：包括累计股票成交量低于一定指标，股票收盘价、市值、股东数量持续低于一定指标等。

　　（3）财务类强制退市：明显丧失持续经营能力的，包括主营业务大部分停滞或者规模极低，经营资产大幅减少，导致无法维持日常经营等。

　　（4）规范类强制退市：包括公司在信息披露、定期报告发布、公司股本总额或股权分布发生变化等方面突破相关合规性指标等。

　　此外，对于科创板上市公司股票被终止上市的，不得申请重新上市。

2. 退市整理期的交易

　　科创板退市整理股票的简称前会冠以"退市"标识。科创板退市整理股票不进入上交所风险警示板交易，不适用上交所风险警示板股票交易的相关规定。

与沪市主板一样,科创板公司退市整理期的交易期限为 30 个交易日。公司股票在退市整理期内全天停牌的,停牌期间不计入退市整理期,但停牌天数累计不得超过 5 个交易日。

累计停牌达到 5 个交易日后,上交所不再接受公司的停牌申请;公司未在累计停牌期满前申请复牌的,上交所于停牌期满后的次一交易日恢复公司股票交易。

3. 公司股票退市后的股份转让安排

退市整理期届满后 5 个交易日内,上交所对公司股票予以摘牌,公司股票终止上市,并转入股份转让场所挂牌转让。公司应保证股票在摘牌之日起 45 个交易日内可以挂牌转让。

科创板上市公司主动终止上市的,公司及相关各方应当对公司股票退市后的转让或者交易、异议股东保护措施等作出妥善安排,保护投资者特别是中小投资者的合法权益。

主动终止上市公司可以选择在股份转让场所转让其股票,或者依法作出其他安排。

创业板退市制度

哪些应退?

创业板是在继承和吸收科创板退市整体框架上,保持和科创板的退市制度基本一致,将退市分为主动退市与强制退市,强制退市分为交易类、财务类、规范类、重大违法类四类情形。

该怎么退?

创业板退市流程已取消暂停上市、恢复上市环节。对触及财务类、规范类、重大违法类指标的公司先予以实施退市风险警示(＊ST),而后终止其上市并使其进入退市整理期;对触及交易类指标的公司直接予以终止上市,不实施退市风险警示,也不再设置退市整理期。

对于重大违法强制退市情形,停牌时点由知悉送达行政处罚事先告知书或者司法裁判后移至收到行政处罚决定书或者司法裁判生效,并在知悉送达行政处罚事先告知书或者司法裁判时对公司股票实施退市风险警示,给予投资者更充分的交易机会并加强风险警示。

北交所退市制度

北交所的退市制度基本保持和科创板、创业板退市制度大体一致,其退市分为主动退市与强制退市,强制退市分为交易类、财务类、规范类、重大违法类四类情形;但相关指标设计体现了北交所上市公司的特点。

1. 主动退市

股东大会审议通过的,可以申请终止股票上市。上市公司出现下列情形之一

的,应当主动申请退市:

(1) 股东大会决议解散公司。

(2) 上市公司因新设合并或者吸收合并,将不再具有独立主体资格并被注销。

(3) 上市公司因回购或要约收购导致公众股东持股比例、股东人数等发生变化不再具备上市条件。

(4) 转板申请已获同意。

(5) 北交所认定的其他申请终止上市的情形。

2. 强制退市

1) 交易类强制退市

交易类退市适用于连续 60 个交易日发生下列情形的:

(1) 股票每日收盘价均低于每股面值。

(2) 股东人数均少于 200 人。

(3) 依据按照《北京证券交易所股票上市规则(试行)》第 2.1.3 条第一款第四项规定上市的公司(预计市值不低于 15 亿元、最近两年研发投入合计不低于5 000 万元),股票交易市值均低于 3 亿元。

(4) 北交所认定的其他情形。

2) 财务类强制退市

(1) 净利润为负且营业收入低于 5 000 万元。

(2) 期末净资产为负。

(3) 年度财务会计报告被出具违法表示意见或否定意见。

(4) 年度财务报告存在虚假记载、误导性陈述或者重大遗漏,导致相关财务指标触及前述(1)、(2)项情形。

(5) 北交所认定的其他情形。

上市公司出现以上情形,1 年内会被实施退市风险警示,2 年会被强制退市。

3) 规范类强制退市

(1) 未在法定期限内披露年报或中报,且在股票停牌 2 个月内仍未披露。

(2) 半数以上董事无法保证年报或中报的真实性、准确性和完整性,且未在法定期限内改正,此后股票停牌 2 个月内仍未改正。

(3) 财务会计报告存在重大会计差错或者虚假记载,被中国证监会及其派出机构责令改正,但公司未在要求期限内改正,且在公司股票停牌 2 个月内仍未改正。

(4) 信息披露或者规范运作等方面存在重大缺陷,被北交所限期改正,但公司未在规定期限内改正,且公司在股票停牌 2 个月内仍未改正。

(5) 公司股本总额或公众股东持股比例发生变化,导致连续 60 个交易日不再具备上市条件,且公司在股票停牌 1 个月内仍未解决。

(6) 公司可能被依法强制解散。

（7）法院依法受理公司重整、和解或破产清算申请。

（8）北交所认定的其他情形。

上市公司发生前述(1)至(4)项情形被实施退市风险警示之日起 2 个月内未改正的，发生前述第(5)项情形被实施退市风险警示 6 个月内未解决的，上市公司触发前述(6)、(7)项情形的公司强制解散条件，或者被法院裁定破产的，会被实施强制退市。

4）重大违法类强制退市

（1）涉及国家安全、公共安全、生态安全、生产安全和公众健康安全等领域的重大违法行为被追究法律责任，导致上市公司或其主要子公司依法被吊销营业执照、责令关闭或者被撤销，依法被吊销主营业务生产经营许可证，或存在丧失继续生产经营法律资格的其他情形。

（2）公开发行并上市的申请文件或发行股份购买资产构成重组上市的申请文件存在虚假记载、误导性陈述或重大遗漏，被行政处罚或追究刑事责任。

（3）年度报告存在虚假记载、误导性陈述或者重大遗漏，导致连续会计年度财务类指标已实际触及财务类强制退市标准。

（4）北交所认定的其他情形。

中国资本市场坚持"建制度、不干预、零容忍"的监管政策。实行退市常态化是化解上市公司存量风险、对严重失信主体保持"零容忍"的重要制度安排；有利于把好资本市场的"入口和出口关"，形成有进有出、良性循环的市场生态，构建更加完善的要素市场化配置体制机制，推动上市公司高质量发展；是提高上市公司质量、提升资本市场治理效能、优化资本市场生态、保护投资者合法权益的重要保障。

注册制下公司债券发行与交易需要特别关注的五个方面

2020年3月1日,经过第二次修订的《中华人民共和国证券法》(以下简称《证券法》)正式实施,标志着注册制时代开启。在股票注册制改革分步实施的同时,公司债券发行也开启了注册制。

2020年3月1日,中国证监会发布了《关于公开发行公司债券实施注册制有关事项的通知》,上海证券交易所、深圳证券交易所分别发布了《公开发行公司债券实施注册制相关业务安排的通知》,正式对接注册制。

从2015年1月15日中国证监会发布的《公司债券发行与交易管理办法》实施以来,交易所债券市场平稳起步、快速发展。从2015年1月到2020年6月,公司债券托管量由1.06万亿元增长到10万亿元,占到中国债券总规模约十分之一。

1. 公开发行公司债券的条件

公开发行公司债券的4个基本条件为:

(1) 具备健全且运行良好的组织机构。

(2) 最近3年平均可分配利润足以支付公司债券1年的利息。

(3) 具有合理的资产负债结构和正常的现金流量。

(4) 国务院规定的其他条件。

在不降低发行门槛的前提下,不再有AAA评级的规定,强调了公司债券募资用途,不能用于弥补亏损和非生产性支出。

规定明确,严格限制债券发行人自融。发行人不得在发行环节直接或间接认购其发行的公司债券。发行人的董事、监事、高级管理人员、持股比例超过百分之五的股东及其他关联方,认购或交易、转让其发行的公司债券的,应当披露相关情况。

存在下列情形之一的,不得再次公开发行公司债券:

(1) 对已公开发行的公司债券或者其他债务有违约或者延迟支付本息的事实,仍处于继续状态。

(2) 违反《证券法》规定,改变公开发行公司债券所募资金用途。

2. 受理和注册

按照注册制的原则,公开发行公司债券需经由证券交易所负责受理、审核,并报中国证监会。注册制对受理、审核程序给予明确的时间要求:

(1) 证券交易所收到注册申请文件5个工作日内作出是否受理的决定。经过审核及问询环节后,自受理注册申请文件之日起 2 个月内出具审核意见。

(2) 中国证监会履行发行注册程序及问询反馈环节,一般应不超过 1 个月。中国证监会应当自证券交易所受理注册申请文件之日起 3 个月内作出同意注册或者不予注册的决定。

3. 公司债券发行

公司债券可以公开发行,也可以非公开发行。发行公司债券,可以附认股权、可转换成相关股票等条款。

公开发行公司债券,可以申请一次注册,分期发行。自注册之日起,发行人应当在 12 个月内完成首期发行,剩余金额应当在 24 个月内发行完毕。

新规则对普通投资者可参与认购交易的公募债券提出了明确要求。专业投资者和普通投资者可以参与认购的,应符合以下条件:

(1)发行人最近 3 年无债务违约或者延迟支付本息的事实。

(2)发行人最近 3 年平均可分配利润不少于债券一年利息的 1.5 倍。

(3)发行人净资产规模不少于 250 亿元。

(4)发行人最近 36 个月内累计公开发行债券不少于 3 期,发行规模不少于 100 亿元。

(5)中国证监会根据投资者保护的需要规定的其他条件。

未达到前款规定标准的公开发行公司债券,仅限专业投资者参与认购。

非公开发行的公司债券应当面向专业投资者发行,不得采用广告、公开劝诱和变相公开方式,每次发行对象不得超过 200 人。

4. 公司债券交易

公开发行的公司债券应当在证券交易场所交易。公司债券在证券交易场所交易的,应当符合证券交易场所规定的上市、挂牌条件。

非公开发行公司债券可以申请在证券交易场所、证券公司柜台转让,并遵守相应管理规定和业务规则。这也仅限在专业投资者范围内转让。

5. 投资者适当性

公司债券投资者可以分为普通投资者和专业投资者。专业投资者的分类标准按照中国证监会的相关规定执行。发行环节和交易环节的投资者适当性要求应当保持一致。

发行人的董事、监事、高级管理人员及持股比例超过 5％的股东,可视同专业投资者参与发行人相关公司债券的认购或交易、转让。

随着中国资本市场进一步扩大开放,债券市场加快了国际化步伐。Wind 数据显示,近年来外资在境内买入最多的是债券。截至 2020 年 7 月,境外机构债券托管面额超过 2.344 万亿元。中国政府债券将分步纳入(摩根大通)全球新兴市场政府债券指数系列,这意味着国际投资者继续看好中国经济的前景,看好中国资本市场的发展潜力。

关注可转换公司债券交易的投资风险

可转换公司债券是指上市公司依法发行、在一定期间内依据约定的条件可以转换成本公司股票的公司债券，属于《证券法》规定的具有股权性质的证券，包括向不特定对象发行的可转债和向特定对象发行的可转债。

2022年7月29日，上海证券交易所和深圳证券交易所分别发布了可转换公司债券交易实施细则及相关自律监管指引。可转债交易与转让基本规则如以下表1-3、表1-4等内容所示。

表1-3　交易所公司债券交易方式与匹配成交时间

上海证券交易所	深圳证券交易所
匹配成交 协商成交	匹配成交 协商成交 盘后定价成交
9:15—9:25 开盘集合匹配	9:15—9:25 开盘集合匹配
9:30—11:30　13:00—15:00 连续匹配	9:30—11:30　13:00—14:57 连续匹配
无收盘集合匹配	14:57—15:00 收盘集合匹配

表1-4　价格申报范围与涨跌幅限制

项目	上海证券交易所	深圳证券交易所
上市首日	集合匹配：发行价的±30%	连续匹配、盘中临停、收盘集合匹配：为最近成交价的±10%
	连续匹配申报价格： ≤即时揭示最低卖出价格的110%； ≥即时揭示最高买入价格的90%； 且在上述最高申报价与最低申报价平均数±30%范围内	
计价单位	计价单位为"每百元面额的价格"，申报价格最小变动单位为0.001元	
申报单位	匹配成交最小申报单位为1 000元面额整数倍，最大申报数量为1亿元面额	
涨跌幅限制	上市首日涨跌幅限制比例为+57.3%和-43.3%	
	上市次日起涨跌幅限制为前收盘价的±20%	

注：将超过价格限制的可转债申报处理方式由"暂存交易主机"调整为"无效申报"，与其他债券保持一致。

盘中临时停牌机制

可转债上市后的首个交易日内,匹配成交出现下列情形的,交易所可以对其实施盘中临时停牌。

盘中成交价格较发行价首次上涨或下跌达到或者超过 20％的,临时停牌持续时间为 30 分钟。

盘中成交价格较发行价首次上涨或下跌达到或者超过 30％的,临时停牌时间持续至当日 14:57。

盘中临时停牌具体时间以交易所公告为准,临时停牌时间跨越 14:57 的,于当日 14:57 复牌。

异常波动

连续 3 个交易日收盘价涨跌幅偏离值累计达到 ±30％的可转债属于交易异常波动。将公布异常波动期间累计买入卖出金额最大的 5 家证券营业部或交易单元的名称及买卖金额。

以下情形属于严重异常波动,将公布严重异常波动期间的投资者分类交易统计等信息:

(1) 连续 10 个交易日 3 次出现同向"异常波动"的可转债。

(2) 连续 10 个交易日收盘价涨跌幅偏离值累计达到 －50％或 ＋100％的可转债。

(3) 连续 30 个交易日收盘价涨跌幅偏离值累计达到 －70％或 ＋200％的可转债。

重点监控的异常交易行为

上交所与深交所对可能影响可转债交易价格或者交易量的异常交易行为予以重点监控,包括但不限于以下异常交易行为:

(1) 维持涨(跌)幅限制价格,即通过大笔申报、连续申报、密集申报,维持可转债交易价格处于涨(跌)幅限制状态或特定状态。

(2) 通过大额申报、连续申报、密集申报或者以明显偏离合理价值的价格申报,意图加剧可转债价格异常波动或者影响交易所正常交易秩序的。

(3) 大量或频繁进行日内回转交易,影响交易所正常交易秩序的。

(4) 中国证监会或交易所认为需要重点监控的其他异常交易行为。

特别标识

在可转债最后交易日的证券简称前增加"Z"标识。

投资风险和注意事项

可转债是一种金融投资品,兼有债券和股票的特点。如果对可转债的风险特性认识不充分,盲目投资,可能会导致严重的亏损。

第一,正股价格波动的风险。对投资者来说,可转债价格正常波动虽然不影响到期的利息收益,但是,在存续期间,可转债价格与正股价格走势会趋同,由于可转债不设涨跌幅限制,在正股价格波动较大时,可转债价格存在更大波动的可能,从而增加可转债的持有风险和时间成本。

第二,转股溢价率过高的风险。其计算公式为:转股溢价率＝(转债价格/转股价值－1)×100%,转股价值＝100/转股价×对应正股现价。当转股溢价率较高时,说明投资者对可转债的价差收益预期较高,可转债价格相对于当前的正股价格虚高的成分越高。这中间虽然有市场对正股价格进一步走高的预期,但泡沫成分越高,若正股股价大幅调整或触发可转债的部分基本条款,有可能导致投资者对可转债后市投资的预期发生重大转变。

第三,提前赎回的风险。可转换债券发行人普遍在发行可转债时会约定到期赎回和有条件赎回条款。在可转债转股期内,正股连续 30 个交易日中至少 15 个交易日收盘价不低于转股价格的 130%,将触发提前赎回。

在可转债的存续期内,如果触发了提前赎回条款,那么债权人将被减少以后利息收入次数,被动提前回收本金。同时,赎回债券往往限定了赎回价格,投资者如果在二级市场以高于赎回价格的价位买入,将承担可转债买入价格高于赎回价格部分的损失。

第四,信用风险。可转换债券是股债结合的一种投资品种,违约风险低于纯债,但只要是债券,理论上都会有违约风险。

普通投资者参与向不特定对象发行的可转债申购、交易的,应当签署《向不特定对象发行的可转换公司债券投资风险揭示书》(以下简称《风险揭示书》),签署形式可以是纸面或者电子形式。专业投资者,可转债发行人的董事、监事、高级人员及持股比例超过 5% 的股东,无须签署《风险揭示书》,可直接进行可转债相关交易。

债券、特别国债和地方政府专项债

债券是政府、金融机构、工商企业等直接向社会投资者发行，同时承诺按一定利率支付利息并按约定条件偿还本金的债权债务凭证，具有法律效力，是一种有价证券。

债券按大类可分为政府债券、政府支持机构债券、金融债券、企业信用债券、金融机构同业存单等。不同类别的债券的发行主体是有差别的。债券通过商业银行发行，或在银行间市场或交易所发行、交易。常见的付息方式包括零息债券、贴现债券、固定(浮动)利率付息债券、利随本清债券。

2020 年 3 月 27 日，中共中央政治局会议指出，要加大宏观政策调节和实施力度的应对措施，其中建议提高财政赤字率，发行特别国债，增加地方政府专项债券规模。

特别国债

特别国债是国债的一种形式，其在大类上属于政府债券，也是信用等级最高的债券。其特别之处有以下几点：

(1) 专款专用。普通国债筹集资金的目的主要是弥补财政赤字，补充国家财政资金；而特别国债则在特殊时期服务于特定用途，属于应急措施。

(2) 资金用途灵活。特别国债的资金用途没有统一的明确规定，一般是根据发行时的政策对特定项目需要做特殊安排。

(3) 不列入财政赤字。国债纳入一般公共预算，计入政府的财政赤字；而特别国债纳入政府性基金预算，不计入财政赤字。

(4) 即收即支。不同于普通国债在筹资时间与支出存在一定的时间间隔，特别国债收入与支出同时进行。

中国 1949 年以后第一次发行特别国债，为 1998 年，发行了 2 700 亿元特别国债。在亚洲金融危机后，为给工农中建四大行补充资本金，财政部定向发行了 2 700 亿元特别国债，限期 30 年。第二次是 2007 年，发行了 1.55 万亿元特别国债。为合理管理和使用外汇，解决外汇配套的资本金问题，中国投资有限责任公司成立。

2022 年政府工作报告指出，年度赤字率拟按 3.6％以上安排，财政赤字规模比去年增加 1 万亿元，同时发行 1 万亿元抗疫特别国债，这是中国第三次发行特别国债。2020 年 6 月 18 日，财政部发行首批两期抗疫特别国债，共 1 000 亿元。其中，5 年、7 年期国债各发行 500 亿元，发行利率分别为 2.41％、2.71％。发行抗疫特别国债获得的资金将通过中央对地方转移支付、安排政府性基金转移支付等方式,第一时间全部转给地方,主要用于公共卫生等基础设施建设和抗疫相关支出。

地方政府专项债券

财政部于 2015 年 4 月 2 日发布的《地方政府专项债券发行管理暂行办法》规定,地方政府专项债券是指省、自治区、直辖市政府(含计划单列市政府)为有一定收益的公益性项目发行的,约定一定期限内以公益性项目对应的政府性基金或专项收入还本付息的政府债券。2015 年,中国地方政府首次发行专项债券,规模为1 000 亿元。

单只专项债券可以对应单一项目发行,也可以对应多个项目集合发行。发行利率通过承销、招标等方式确定。

专项债券的期限可以是 1 年、2 年、3 年、5 年、7 年和 10 年,但 7 年和 10 年期债券的合计发行规模不得超过专项债券全年发行规模的 50%。

专项债券的发行情况,以及专项债券存续期内的投项目情况、募集资金使用及收益情况、偿还能力等相关信息,要通过中国债券信息网、地方政府门户网站等媒体披露。

专项债券与一般债券的区别

专项债券和一般债券虽然都是地方政府债券,但是在财政预算、资金用途、投资项目、偿还资金来源等方面存在区别。

(1)财政预算。一般债券纳入公共财政预算,计入财政赤字;专项债券纳入政府性基金预算,不计入财政赤字。

(2)资金用途。一般债券是地方政府为了缓解资金紧张问题或解决临时经费不足问题而发行的债券,也用于投向一些纯公益性项目;而专项债券则是为了建设某项具体工程,受国家政策的引导,被投向固定的、有收益的项目,专款专用,如用于铁路、轨道交通等交通基础设施、生态环保、农林水利、市政和产业园区等重大基础设施项目建设。

(3)免税待遇。企业和个人投资国债、地方债券(专项债券和一般债券)等所获得的利息收入可以免征企业所得税和个人所得税。

债券违约

尽管债券持有人有法定的还本付息的义务,债券违约事件还是时有发生,如2011 年 9 月的"城投危机"、2016 年年底的"萝卜章事件"、2019 年的"包商事件",都是典型的债券信用危机。

债券违约,综合国际三大评级公司的标准,债务违约主要包括:

(1)未在到期日偿还本金和利息。

（2）企业申请破产、清算或被托管。

（3）企业发生债务置换或重组计划等。

我国债券募集说明书中对债券违约的描述一般会涉及拖欠付款、企业解散和破产三种情况。债务发生实质性违约会触发"特殊保护条款"，一旦求偿无果，司法救济是最后的一道维权措施，投资者可以申请违约求偿和破产申请，通过法律手段保护自己的合法权益。

中国国债逐步纳入国际市场主要债券指数

自 2019 年 4 月 1 日起，以人民币计价的中国国债和政策性银行债券已被纳入彭博巴克莱全球综合指数；自 2020 年 2 月 28 日起，中国国债正式纳入摩根大通全球新兴市场政府债券指数。2020 年 9 月 25 日，富时罗素（FTSE Russell）宣布自 2021 年 10 月起，中国国债纳入其全球政府债券指数（WGBI）。

据估算，目前全球约有 2.5 万亿美元的基金追踪富时罗素的全球政府债券指数，完全纳入后中国国债在指数中的比例将达到 5.7％，预计最多可以带来 1 400 亿美元的增量资金。与其他国际指数类似，富时罗素对指数纳入同样设置了 20 个月的建仓期，纳入比例从第一个月的 5％开始，每个月增加 5 个百分点，直至 100％全部纳入。

近年来，中国人民银行、财政部、外管局、外汇交易中心、中债登等相关监管机构不断加强金融市场基础制度建设，完善了投资渠道、税收、会计制度、资金汇兑、风险对冲等多项相关政策安排。截至 2021 年 12 月末，我国境外机构持有银行间市场债券超过 4 万亿元；其中，国债、政策性金融债占其持债总额近 90％。制度创新为境外机构创造了友好、便利的投资环境，吸引了更多的境外投资者进入中国的债券市场。

证券交易所的特定债券品种有哪些[①]

短期公司债券

短期公司债券是指发行人公开或非公开发行的期限为 1 年及以下的公司债券，具体期限由发行人根据生产经营资金需求和市场情况确定。

发行人申请公开发行短期公司债券，应当具备良好的短期偿债能力，并符合下列情形之一：

（1）适用交易所公司债券优化融资监管安排，且发行人最近 3 年平均经营活动现金流量净额为正或最近 1 年末的速动比率大于 1。

（2）综合实力较强、内部控制和风险控制制度健全的证券公司。

（3）经交易所认可的其他情形。

短期公司债券的募集资金用途应当与债券期限保持合理匹配，募集资金限于偿还 1 年内到期的债务和补充流动资金，不得用于长期投资需求。

可续期公司债券

可续期公司债券是指发行人公开或非公开发行的附续期选择权的公司债券。续期选择权指发行人在约定时间有权选择将本次债券期限延长。

可续期公司债券申请在交易所上市或挂牌的，发行人主体信用评级和债项评级应达到 AA＋或以上。发行人有权机构的决议内容除符合普通公司债券的要求外，还应包括续期选择权、续期期限、利率确定和调整方式等特殊发行事项。

可续期债券的每个付息日，发行人可自行选择推迟至下一个付息日支付，且不限次数，也不被视为付息违约。

绿色公司债券

绿色公司债券是指发行人公开或非公开发行的募集资金用于支持绿色产业的公司债券。

其中确定用于绿色产业项目建设、运营、收购或偿还绿色项目贷款等的募集资金金额应不低于募集资金总额的 70％。绿色项目的识别和界定参考国家绿色债券支持项目目录。

募集资金主要用于碳中和项目的，可以在债券全称中使用"碳中和绿色公司债券"标识。

---

① 根据上海证券交易所《特定债券品种指引》整理。

募集资金主要用于支持海洋保护和海洋资源可持续利用相关项目的绿色债券,可以在绿色债券全称中添加"蓝色债券"标识。

创新创业公司债券

创新创业公司债券(以下简称"双创公司债券")是指符合条件的企业公开或非公开发行的募集资金用于支持创新创业公司发展的公司债券。

符合条件的双创公司债券发行人包括种子期、初创期、成长期、成熟期的创新创业公司、创业投资公司,以及主体信用评级或债项评级达到AA+或以上的产业类企业、园区经营公司和国有资本投资运营公司等募集资金专项用于支持创新创业企业的发行人。

双创公司债券募集资金确定用于支持创新创业公司发展的金额应不低于募集资金总额的70%。

科技创新公司债券

科技创新公司债券是指由科技创新领域相关企业发行,或者募集资金主要用于支持科技创新领域发展的公司债券。创新创业公司债券目前已纳入"科技创新公司债券"统筹管理,具有以下基本特征:

(1)发债主体范围为支持科创企业类、科创升级类、科创投资类和科创孵化类四类发行人,鼓励发行人创新发行条款和募集资金用途。

(2)债券募集资金用途应当符合国家科技创新相关发展规划和政策文件要求,重点支持高新技术产业和战略性新兴产业细分领域及引领产业转型升级领域的科技创新发展。

(3)科技创新公司债券可以在债券名称和债券简称中使用对应类别的特定标识,募集资金用于科技研发投入、国家重大科技项目等特定专项用途的,可以在债券名称中增加专项标识。

乡村振兴公司债券

乡村振兴公司债券是指发行人公开或非公开发行的募集资金用于巩固脱贫攻坚成果、推动脱贫地区发展和乡村全面振兴的公司债券,包括以下两种情形:

(1)企业注册地在脱贫摘帽不满5年的地区,且募集资金主要用于支持乡村振兴相关领域的公司债券。

(2)募集资金主要用于乡村振兴领域相关项目的建设、运营、收购,或者偿还项目贷款的公司债券。

乡村振兴公司债券,确定用于相关项目的金额应不低于募集资金总额的70%。注册制下的公司债券发行审核制度,对符合国家宏观调控政策和产业政策鼓励方向的特定债券品种的受理及审核建立专项机制,实行"专人对接、专项审核",适用"即报即审"政策。

投资者如何参加融资融券交易

融资融券业务是指公司向客户出借资金供其买入上市证券,或者出借上市证券供其卖出,并收取担保物的经营活动,其包括融资业务和融券业务两种。上交所、深交易所、北交所分别于 2010 年、2014 年和 2023 年开通融资融券业务。融资融券交易属于证券信用业务。融资融券业务有其特殊的业务模式和风险特征,该项业务存在保证金放大交易(投资杠杆率)、到期偿还债务(合约期限最长为 6 个月)、期间追加担保物和强制平仓等特有风险,因此,其在适当性管理门槛和准入要求方面要高于一般证券业务。

融资融券交易与普通证券交易的区别

1. 保证金要求不同

客户从事普通证券交易,买入证券时,必须事先有足额资金;卖出证券时,必须有足额证券。从事融资融券交易,客户只需交纳一定的保证金,即可进行保证金一定倍数的买卖。客户预测证券价格将要上涨而手头没有足够的资金时,可以向证券公司借入资金买入证券,并在高位卖出证券后归还借款;预测证券价格将要下跌而手头没有证券时,可以向证券公司借入证券卖出,并在低位买入证券归还。

2. 交易证券范围不同

客户从事普通证券交易时,可以买卖所有在证券交易所上市交易的证券;从事融资融券交易时,客户只能在与证券公司约定的范围内买卖证券。

3. 交易期限不同

客户从事普通证券交易时,可以根据自身的意愿无限期持有证券;从事融资融券交易时,受到融资融券合约期限(目前最长为 6 个月)的限制。

4. 盈亏放大比率不同

客户从事普通证券交易时,风险完全由其自行承担;从事融资融券交易时,由于存在资金和证券的借贷关系,客户的投资收益或亏损的幅度可能会被放大。客户从事普通证券交易,投资亏损不可能超过本金;客户从事融资融券交易,当亏损较大时,可能亏掉所有本金,甚至还要偿还额外负债。

申请开户条件

客户符合证券公司融资融券业务适当性管理要求;在交易所从事证券交易已满半年;在公司的资产符合最近 20 个交易日日均证券类资产不低于 50 万元;开户资料齐全、账户规范且账户状态正常,交易结算资金已纳入第三方存管;未在其他证券公司开立信用证券账户;未被交易所列入融资融券黑名单;未被人民银行列入反洗钱黑名单;证券投资经验丰富、有较大风险承受能力且无重大违约记录;客户非证券公司的股东或关联人以及满足开户所在证券公司规定的其他条件等。

资料准备

1. 个人客户需要准备资料

必备:有效身份证明文件原件。

可选:房产证原件;汽车行驶证原件;最近1年个人所得税完税证明原件;定、活期存单原件;凭证式国债原件等。

2. 机构客户需要准备资料

必备:机构有效身份证明文件原件;控股股东或者实际控制人情况说明;授权委托书;法定代表人证明书;法定代表人有效身份证明文件;授权代理人有效身份证明文件等。

可选:最近一个会计年度的财务报表原件等。

上述资料原件或复印件,需加盖公司公章、法人章、财务章等。

3. 合伙企业等非法人组织需要准备资料

必备:机构有效身份证明文件原件;合伙协议复印件或投资各方签署的创投企业合同及章程;全体合伙人或客户名单、有效身份证明文件;执行事务合伙人或负责人证明书,执行事务合伙人或负责人有效身份证明文件原件;执行事务合伙人或负责人对经办人来办理的关于申请融资融券业务的授权委托书;商务部颁发的《外商投资企业批准证书》或省级(含副省级城市)以上创业投资管理部门出具的创投企业备案文件等。

可选:最近1年经审计的财务报告或最近1期财务月报(上市公司除外)原件等。

上述资料原件或复印件,需加盖公司公章、财务章等。

办理流程

(1)适当性管理和资质审核。有融资融券业务需求的客户,需携带申请资料到证券公司业务分支机构现场开户,分支机构受理客户申请时审核客户是否符合证券公司融资融券业务适当性管理要求和交易准入标准。受理业务分支机构根据融资融券合同和融资融券交易风险揭示书等资料,对符合条件的客户进行融资融券业务培训和基础知识考试。

(2)征信。符合融资融券资格要求的客户向经纪业务分支机构提出征信申请。

(3)评级。客户向经纪业务分支机构提出评级申请。

(4)授信申请及授信确认。客户可根据自己的风险承受情况和承诺转入的担保物,申请需要的融资额度和融券额度,并确认申请的授信额度。

(5)签订融资融券合同。客户阅读并理解融资融券合同和融资融券交易风险揭示书等内容后,明确告知客户权利、义务及风险,特别是关于违约处置的风险控制安排,并分别在上述资料上签字或盖章。

(6)信用账户开立。客户申请开立信用账户时,需提供有效身份证明文件,填写信用证券账户、信用资金账户开户申请业务表单,签署信用交易结算资金银行三方存管协议。

融资融券开户、征信和授信、交易及平仓流程如图1-1所示。

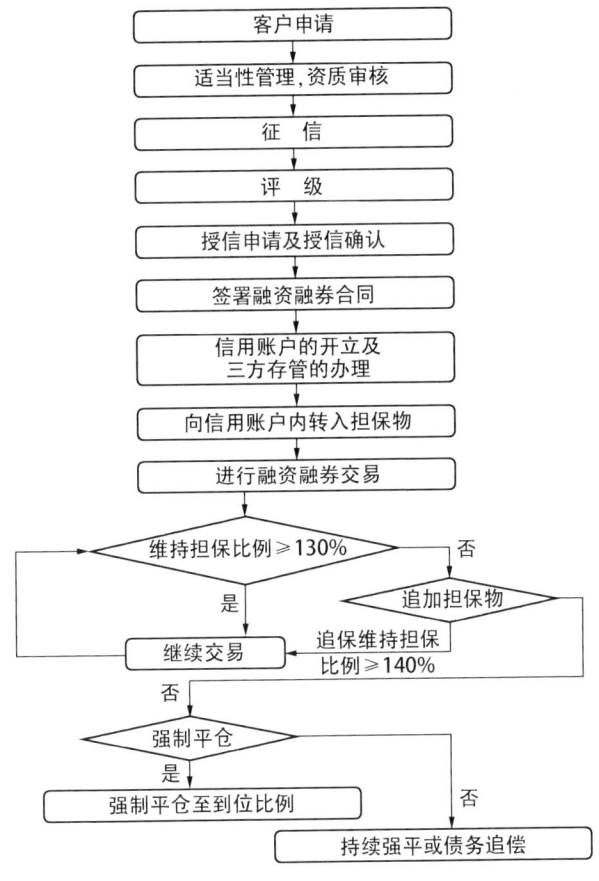

图1-1 融资融券交易业务流程图

风险提示

同普通证券交易相比,融资融券交易存在着特有风险,如证券公司是否具有开展融资融券业务资格、客户授信额度能否足额使用的不确定性风险,特别是证券投资亏损放大风险、被强制平仓的风险、交易成本增加的风险,还有交易所标的证券范围调整、暂停交易或终止上市风险等。

投资者申请融资融券交易时提供的身份证明文件、资信证明及其他相关材料,必须真实、准确、完整、一致和合法;否则,将有可能被取消融资融券交易资格,并可能因此蒙受损失。

投资者的信用证券账户与普通证券账户的姓名(或名称)、证件号必须一致;否则,将有可能被限制或取消融资融券交易资格,并可能因此蒙受损失。

投资者提供的担保物必须来源合法,且未设定其他担保,不存在任何权利瑕疵,也不存在已发生的或潜在的资产权属及其权益争议等情形;否则,将有可能被限制或取消融资融券交易资格,并可能因此蒙受经济损失

投资者如违法违规使用信用账户,或存在影响正常交易秩序的异常交易行为,将有可能被限制或取消融资融券交易资格,并可能因此蒙受经济损失。

投资者在从事融资融券交易期间,如果不能按照约定的期限清偿债务,或上市证券价格波动导致担保物价值与其融资融券债务之间的比例(即维持担保比例)低于公司规定的比例,且不能按照约定的时间足额追加担保物时,投资者的担保物将会被强制平仓,平仓的证券品种、数量、价格、时机等将由证券公司决定,由此造成的一切损失由投资者自行承担。

如果投资者交易开户的证券公司公告调整最低维持担保比例等指标,导致账户的维持担保比例低于最低维持担保比例,也应当按照约定足额追加担保物。

追加担保证券时,担保证券 T+1 日到账。投资者应确保追加的担保证券足额及时到账;否则,将面临强制平仓的风险。

融资融券业务属于中高风险等级业务。投资者开立信用账户时应符合证券经营机构对融资融券业务的投资者适当性管理要求。证券经营机构的适当性匹配意见不表明本公司对融资融券业务的风险和收益做出实质性判断或者保证。投资者应根据自身能力审慎决策,独立承担投资风险。

资产证券化的前世今生

资产证券化的一般含义

资产证券化是指银行等金融机构或企业将具有稳定预期现金流、期限和计息周期接近的信贷或债权资产,集合打包后通过证券化过程(标准化为投资理财产品)进入金融市场出售给其他投资者,从而实现将相关资产从资产负债表中转移出来并获得现金流。

资产证券化产品是机构大类资产配置的一种,兼具债券和股票特点的资本市场产品,相比公募债券,目前有较高的流动性溢价。不过对普通投资者而言,资产证券化的投资风险也不容小觑。

资产证券化的历史回溯

资产证券化作为金融创新工具的一种方式,出现于20世纪60年代,受《巴塞尔协议》银行最低资本充足率的监管约束,20世纪90年代前后在美国盛行。这种创新模式的出现,使银行从传统的"放贷并持有"转变为"放贷并出售",显著提升了融资资产的周转效率,增加了银行等金融机构的收益,刺激了金融市场的繁荣。

金融创新本来以规避市场和信用风险为目的,资产证券化初期也是一项路径清晰的金融创新。在宽松的金融监管环境下,该业务间接地为整个金融市场放大了杠杆。1999年美国出台《金融服务现代化法案》,金融混业经营成为趋势。综合性金融控股公司的出现,加速了金融业务融合和扩张。2007年美国部分金融机构的杠杆借贷比例曾高达30~75倍。资产证券化产品在后续的发展过程中,出现了过度杠杆化,这加速了流动性过剩和信贷扩张。复杂化、多重嵌套的产品不断出现,以及模型理论被滥用,使生成的债券与原始基础资产之间的关系越来越模糊,甚至严重脱节,掩盖了质量差的基础资产。加之虚高的债券评级,市场上出现了大量"有毒产品",使初期单一的信贷风险转化为证券市场风险,并且相互传递,日益衍化泛滥,导致市场风险骤然上升。一些金融机构大量创设并出售CDS(credit default swap,信用违约掉期合约)等复杂的金融衍生工具。这种类似于为债权人担保的"债权保险",出现社会履约率普遍性、大幅度下降的时候,提供信用保险的机构或持有类似产品的机构,开始面临巨大的投资风险,甚至是灭顶之灾。

在此期间,美国联邦及州政府政策不断刺激住房需求,持续上涨的房价进一步推高了次级贷款(不符合优质贷款人标准的"劣质"贷款)的风险。而贷款管理风险的转移和分散化,间接刺激了放贷机构的"道德风险"。次级贷款通过设计包装为可交易的资产证券化产品,扩散到交易对手、关联交易机构,到整个金融市场和实体经济。其大背景是长期的低利率政策使得一些金融机构的杠杆率居高不下。在美联储进入连续 17 次的加息周期后,房地产泡沫破灭,直接导致 2008 年 9 月 15 日雷曼兄弟倒闭,从而全面引发"次贷危机"。"次贷"被指责为"掠夺性贷款"。没有得到应有的监管,缺失了制度对消费者权益保护关键的一环,是发生次贷危机更深层的原因之一。

美国次贷危机爆发后迅速波及全球金融市场,大量次级债券也进入了欧盟的银行体系,加速了"欧债危机"的爆发。2008 年 10 月起,美、英、法、德、日等 11 国,累计动用 5 万亿欧元对大型金融机构、核心企业进行救助,对国民展开救济。此后,美国 2010 年《金融监管改革法案》、英国 2012 年《金融服务法案》的出台,加强了市场监管和风险防范措施,促进了国际合作,并设立了消费者金融保护机构。

次贷危机暴露出的另一原因是金融监管缺位。在全球创新浪潮下,基于传统金融业居民存款与扩张信贷功能的监管框架以金融创新的模式被规避,而游离于监管体系之外。中国 2018 年到 2020 年,国内频繁出现 P2P 爆雷,也反映出早期监管制度滞后于互联网技术进步,带来金融服务模式创新不足而导致的局部问题。中国各级政府及时强力介入,进行相应的规范、整顿、关停,到 2020 年 11 月 P2P 全部清零,使 P2P 爆雷未造成系统性的金融风险。

中国的资产证券化

在分业监管体系下,资产证券化产品(ABS)主要有银保监会主管的信贷 ABS、中国证监会主管的企业(ABS)、交易商协会资产支持票据(ABN),另外还有少量的项目资产支持计划。主要在交易所和银行间市场发行、交易的 ABS,我们称之为场内 ABS。资产支持计划分类如表 1-5 所示。

表 1-5　资产支持计划分类

分类	发起人	基础资产	SPV	登记备案
信贷 ABS	金融机构	各类信贷、租赁资产等	信托计划	人行注册,银保监会备案
企业 ABS	企业发起	各项企业债权、收益权等	券商或基金子公司专项资管计划	交易所出具无异议函,基金业协会备案
资产支持票据 ABN	企业发起	各项企业债权、收益权等	信托计划	交易商协会注册

国内资产证券化业务,从 2005 年开始试点,2008 年因次贷危机暂停,2012 年后重启,2014 年后由审批制改为负面清单的备案制。2018—2019 年,资产证券化产品规模快速增长,2019 年年末资产证券化产品存量接近 4 万亿。其中,住宅房贷担保证券(RMBS)、企业债权类(ABS)、基础设施收费类(ABS),都是作为"首单"亮相,产品规模是仅次于美国的全球第二大资产证券化市场。

信用风险缓释工具的发展与应用

信用违约互换(CDS)是一种信用风险缓释工具,国内市场的 CDS 的发展在近十年开始在摸索中起步。2010 年 10 月,中国银行间市场交易商协会(以下简称交易商协会)发布《银行间市场信用风险缓释工具试点业务指引》,推出了信用风险缓释合约(CRMA)、信用风险缓释凭证(CRMW)产品。

2016 年 9 月,交易商协会发布《银行间信用风险缓释工具试点业务规则》及配套规则,推出了信用违约互换(CDS)和信用联结票据(CLN)。

2018 年 11 月,上交所市场信用保护工具业务开始试点,国泰君安、中信、华泰、招商等券商先后参与发行信用保护合约及信用保护凭证,为企业提供债券融资支持,主要服务于实体经济。截至 2020 年 5 月中旬,上交所信用保护工具(合约+凭证)累计创设 46 单,名义本金超过 25 亿元,支持企业融资达 220 亿元。相较于成熟资本市场信用保护工具,境内的 CDS 业务还处于发展初期。

不动产投资信托基金(REITs)及其制度完善

REITs

REITs 是 Real Estate Investment Trusts 的首字母缩写,直译就是不动产投资信托基金,是欧美等金融市场的一种金融投资工具。

REITs 最初源于房地产行业,也被狭义地理解为房地产投资信托基金。其目前的投资类型包括零售物业、住宅类、办公楼、医疗中心、基础设施、自助存储中心、工业物业、数据中心、水力发电,污水处理,垃圾处理等能产生稳定现金流的项目。REITs 通过公募或私募的方式汇集投资者的资金,并交由专业的投资管理机构进行不动产投资运营管理,然后将投资收益的绝大部分返还给投资者。REITs 的运行机制如图 1-2 所示。

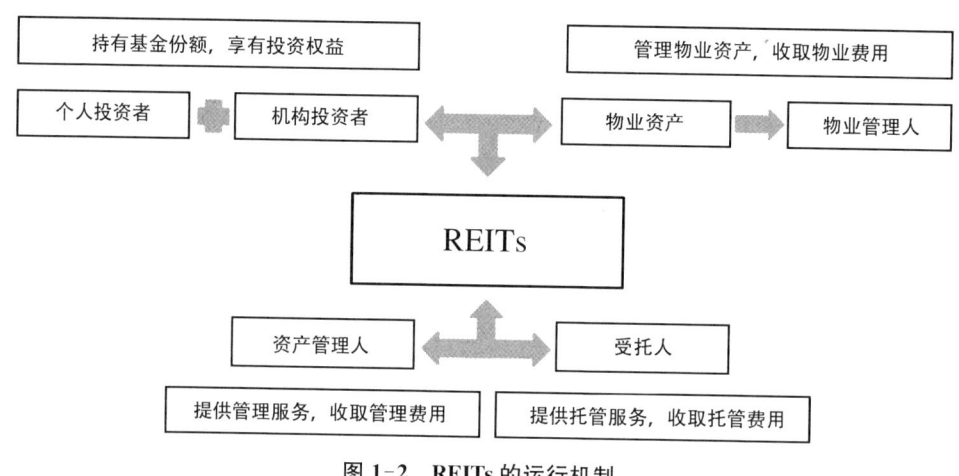

图 1-2　REITs 的运行机制

中国版基础设施公募 REITs

推出基础设施公募 REITs,一方面,可以通过引入民间资本参与到基础建设投资,提高运行效率,扩宽融资渠道,解决企业发展资金短板;另一方面,可以创新融资方式,降低地方政府杠杆率。基础设施公募 REITs 重点支持行业如图 1-3 所示。

(1)建筑行业:逐步改变大项目大投资靠国家资本和银行的局面,积极引导民间资本参与,解决基础建设领域中长期融资问题。

(2)电力行业:水、火电行业的前期投资巨大,投产后收益长期稳定,可以获得

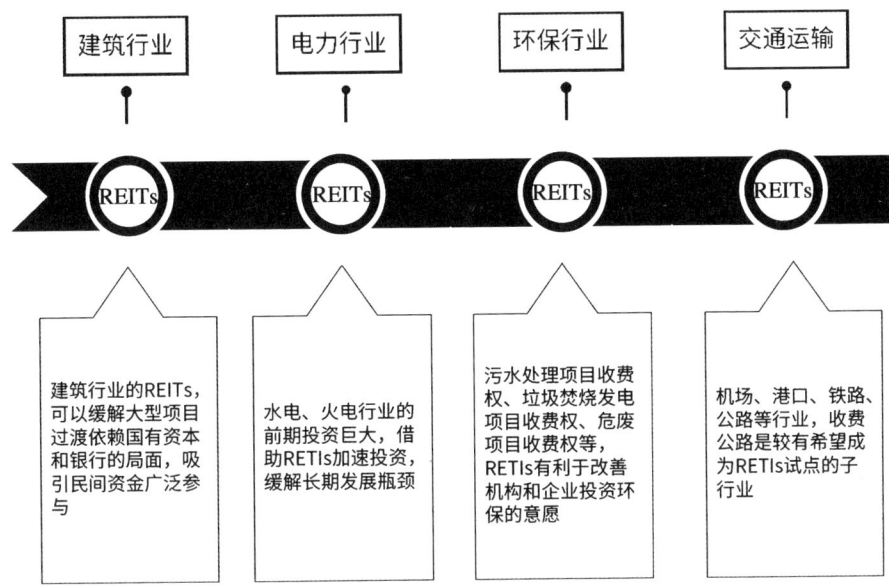

图 1-3 基础设施公募 REITs 重点支持行业

稳定的现金流和长期投资回报率。

（3）环保行业：污水处理、垃圾焚烧发电、危废处理处置等环保 REITs，有利于推动未来水环境治理、固废精细化处置投资促进社会更加清洁。

（4）交通运输：其中，机场、港口、铁路、公路等行业，收费公路是较有希望成为首批 REITs 试点的子行业。

配套制度完善

2020 年 4 月 24 日，《中国证监会 国家发展改革委关于推进基础设施领域不动产投资信托基金(REITs)试点相关工作的通知》（证监发〔2020〕40 号）明确了基础设施 REITs 试点的基本原则、试点项目要求和试点工作安排的意见。

2020 年 8 月 06 日中国证监会发布《公开募集基础设施证券投资基金指引（试行）》（中国证券监督管理委员会公告〔2020〕54 号）。

2021 年 1 月 13 日，《国家发展改革委办公厅关于建立全国基础设施领域不动产投资信托基金(REITs)试点项目库的通知》（发改办投资〔2021〕35 号）进一步明确了入库项目条件和对入库项目的政策支持和协调服务。

2021 年 1 月 29 日，上海证券交易所和深圳证券交易所，配套发布了有关公开募集基础设施证券投资基金业务的相应制度和规则适用指引，为 REITs 基金产品的募集发行和挂牌完善了配套制度。

2021 年 2 月 5 日，中国证券登记结算公司发布《公开募集基础设施证券投资基金登记结算业务实施细则(试行)》及"结算业务指引"(试行),交易及结算规则得到进一步完善。

2021年2月8日,中国证券投资基金业协会制定了《公开募集基础设施证券投资基金尽职调查工作指引(试行)》和《公开募集基础设施证券投资基金运营操作指引(试行)》,进一步细化了运营规定和操作要求。

投资者可谨慎参与 REITs 投资

REITs 基金产品的推出为金融市场供了一种新的资产配置品种。按照对金融产品的分级评价标准,通常情况下,REITs 基金产品应作为中等收益、中等风险的金融工具,其具有流动性高、收益稳定、安全性强等特点。

以公募为主的 REITs 基金产品,偏重股权融资,属于主动管理,收益方式以分红和资本增值为主,退出方式以二级市场交易为主,退出选择比较灵活。

按照中国证监会就《公开募集基础设施证券投资基金指引(试行)》的规定,基础设施基金的特征之一是80％以上基金资产投资于单一基础设施资产支持证券,并持有其全部份额;基金通过基础设施资产支持证券持有基础设施项目公司全部股权;通过资产支持证券和项目公司等特殊目的载体穿透取得基础设施项目完全所有权或特许经营权,同时通过主动运营管理基础设施项目租金、收费等稳定现金流为目的;采取封闭式运作,收益分配比例不低于合并后基金年度可供分配金额的90％。因此,REITs 基金产品有制度保障分红的特点。

基础设施公募 REITs 知多少

基础设施公募 REITs 的制度规则

基础设施公募 REITs 通过证券市场向投资者募集资金,用于投资不动产资产,获得收益。其让投资者用较少的资金参与大型基建项目,分享项目的基础收益和资产升值。项目资产的显著特点是聚焦重点区域,聚焦重点行业,聚焦优质项目,加强融资用途管理。基础设施公募 REITs 的投资价值主要体现在以下几个方面:

(1) 投资者参与门槛低,流动性预期优于债性标的。

(2) 项目筛选严格,投资者可以享受到优质稀缺资产的价值提升和运营收益。

(3) 具有稳定的分红机制及扩募机制,可以实现长期资产配置。

(4) 与其他资产相关性较低,有助于优化投资组合。

1. 基础设施公募 REITs 基金发售规则

基础设施公募 REITs 的发售对象分为战略配售、网下询价并定价、网下配售、公众投资者认购等。基金管理人或财务顾问通过向网下投资者以询价的方式确定基础设施基金认购价格后,投资者按照确定的认购价格参与基础设施基金份额认购。

2. 基础设施公募 REITs 基金份额认购方式

基础设施公募 REITs 基金份额认购的方式有三种:战略投资者配售、网下投资者配售和公众投资者认购。具体内容如表 1-6 所示。

表 1-6　基础设施公募 REITs 基金份额认购方式

分类	可参与者	准入条件	持有条件
战略投资者配售	基础设施项目原始权益人或其同一控制下的关联方,以及符合网下投资者规定的专业机构投资者	募集期结束前,应在约定的期限内,以认购价格认购其承诺认购的基金份额数量。不得参与当次基础设施基金份额网下询价	原始权益人或其同一控制下的关联方合计参与战配的比例合计不得低于发售数量的 20%,其中发售总量的 20% 持有期自上市之日起不少于60 个月,超过 20% 部分持有期自上市之日起不少于 36 个月,持有期间基金份额不允许质押。其他专业机构投资者战配比例由基金管理人合理确定,持有期限自上市之日起不少于12 个月
网下投资者配售	专业机构投资者,包括证券公司、基金管理公司、信托公司等	在询价阶段提供有效报价的投资者方可参与网下认购	网下投资者在提交认购申请后,应当在募集期内通过基金管理人完成认购资金的缴纳,并通过中国结算登记份额
公众投资者认购	普通投资者	无准入条件要求	在首次认购或买入前,签署风险揭示书。参与场内认购的,应持有沪深普通股票账户或封闭式基金账户;场外认购的,应当持有开放式基金账户

基础设施公募 REITs 与股票、基金、债券的区别

1. 基础设施公募 REITs 与股票

基础设施公募 REITs 与股票的异同如表 1-7 所示。

表 1-7　基础设施公募 REITs 与股票的异同

REITs	股票
"资产上市"后发行的有价证券	"公司上市"后发行的有价证券
持有 REITs 基金份额，间接成了基础设施项目的"股东"	持有上市公司股票，成为公司股东
市场波动相对较小	波动幅度相对较大
收益的增长空间相对有限	收益与多种因素有关
设有较高的强制分红比例，收益分配比例，不低于合并后基金年度可供分配金额的 90%，收益分配机制更为严格	是否分红取决于公司经营情况

2. 基础设施公募 REITs 与债券

基础设施公募 REITs 与债券相比：

（1）没有固定利息回报，其收益主要依靠资产本身的现金流产生能力，以及资产增值带来的份额价值提升预期，会有一定的波动。

（2）是权益投资，本息没有主体信用担保，依赖于资产本身的运营，存在由于运营不善等单位价值下跌的风险。

3. 基础设施公募 REITs 与普通公募基金

基础设施公募 REITs 与普通公募基金的异同如表 1-8 所示。

表 1-8　基础设施公募 REITs 与普通公募基金的异同

项目	REITs	普通公募基金
资金投向不同	以拥有持续、稳定经营现金流的一个或数个基础设施项目为底层基础资产	通常以上市公司股票、债券等为主要投资标的
收益来源不同	主要由不动产经营收益以及因资产增值带来的资本利得收益	除股息、利息收益外，还包括通过灵活调整投资组合获取的资本利得
产品定位不同	借助发行人、管理人在基础设施项目运营及投资管理领域的专业优势及资源积累，通过运营维护基础设施项目，获得基金价值的不断提升	主要依靠基金管理人的主动投资能力，通过灵活配置证券资产，实现投资收益，受市场波动影响大

投资直通车——内地与港澳市场互联互通

本部分介绍的主要是内地与港澳地区金融业在证券交易服务，股票、基金、债券、衍生品等投资服务方面跨市场的互联互通项目。

沪港通

为促进内地与香港资本市场共同发展，中国证券监督管理委员会、香港证券及期货事务监察委员会，决定批准上海证券交易所、香港联合交易所有限公司、中国证券登记结算有限责任公司（以下简称中国结算）、香港中央结算有限公司正式启动沪港股票交易互联互通机制试点。互联互通机制 2014 年 4 月 10 日正式开展试点，互联互通 2014 年 11 月 17 日开通，包括北向和南向两个方向。

沪股通是指投资者委托香港经纪商，经由香港联合交易所设立的证券交易服务公司，向上海证券交易所进行申报（买卖盘传递），买卖规定范围内的上海证券交易所上市的股票。

港股通是指投资者委托内地证券公司，经由上海证券交易所设立的证券交易服务公司，向香港联合交易所进行申报（买卖盘传递），买卖规定范围内的香港联合交易所上市的股票。港股通投资者仅限于机构投资者及证券账户、资金账户余额合计不低于 50 万元的个人投资者。

沪股通的股票范围是上海证券交易所上证 180 指数、上证 380 指数的成分股，以及上海证券交易所上市的 A＋H 股公司股票。港股通的股票范围是香港联合交易所恒生综合大型股指数、恒生综合中型股指数的成分股和同时在香港联合交易所、上海证券交易所上市的 A＋H 股公司股票。

深港通

深港通是深港股票市场交易互联互通机制的简称，指深圳证券交易所和香港联合交易所有限公司建立技术连接，使内地和香港投资者可以通过当地证券公司或经纪商买卖规定范围内的对方交易所上市的股票。深港通的主要制度安排参照沪港通，遵循两地市场现行的交易结算法律法规和运行模式，以及投资者适当性管理要求。

2016 年 8 月 16 日，国务院已批准《深港通实施方案》。2016 年 12 月 5 日，在积累了一定沪港通试点经验的基础上，深港通正式启动，标志着中国资本市场在法制化、市场化和国际化方向上又迈出了坚实一步。

深股通的股票范围是市值 60 亿元人民币及以上的深证成分指数和深证中小

创新指数的成分股,以及深圳证券交易所上市的 A+H 股公司股票。与沪股通标的偏重大型蓝筹股相比,深股通标的充分展现了深圳证券交易所新兴行业集中、成长特征鲜明的市场特色。

深港通下的港股通的股票范围是恒生综合大型股指数的成分股、恒生综合中型股指数的成分股、市值 50 亿元港币及以上的恒生综合小型股指数的成分股,以及香港联合交易所上市的 A+H 股公司股票。

2021 年 2 月,为持续优化互联互通机制,进一步扩大沪深港股通股票范围,上交所、深交所、港交所共同发布公告称,自 2021 年 2 月 1 日起,属于上证 180、上证 380 指数成分股及 A+H 股公司的 A 股科创板股票正式纳入沪股通股票范围,科创板上市 A+H 股公司的 H 股正式纳入港股通股票范围。同日,A 股在深交所上市的 A+H 股公司,其对应的 H 股也可通过沪港通下的港股通买卖。

2022 年 6 月 24 日,交易型开放式基金正式纳入互联互通。自公告发布日起,内地和香港投资者可以通过当地证券公司或经纪商买卖规定范围内的对方交易所上市的股票和交易型开放式基金的基金份额。这标志着在内地和香港市场在互联互通机制下,由股票拓展至基金产品。

债券通

2017 年 6 月 21 日,中国人民银行发布《内地与香港债券市场互联互通合作管理暂行办法》。此后,中央国债登记结算有限责任公司发布《债券通北向通登记托管结算业务规则》。2017 年 7 月 2 日,中国人民银行与香港金融管理局发布公告,决定批准香港与内地债券通上线。其中,"北向通"于 2017 年 7 月 3 日上线试运行。2021 年 9 月 24 日"南向通"正式开通。

跨境理财通

2020 年 6 月 29 日,中国人民银行会同香港金管局、澳门金管局发布公告,在粤港澳大湾区开展跨境理财通业务试点。2021 年 2 月 5 日,中国银保监会、中国证监会、国家外汇管理局与香港金融管理局、香港证监会、澳门金融管理局签署了关于在粤港澳大湾区开展跨境理财通业务试点的谅解备忘录。2021 年 9 月 10 日,举行跨境理财通业务试点启动仪式,同日,粤港澳三地同时发布《粤港澳大湾区跨境理财通业务试点实施细则》。

南向通,指粤港澳大湾区内地居民通过在港澳银行开立投资专户,购买港澳地区银行销售的合格投资产品;

北向通,指港澳地区居民通过在粤港澳大湾区内地银行(以下简称内地银行)开立投资专户,购买内地银行销售的合格理财产品。

2021 年 10 月 18 日,香港金融管理局(金管局)公布 19 家可开展跨境理财通业务的香港银行名单,相关银行及其内地伙伴银行(28 家)纳入试点范围,开启跨境理财通服务。

利率互换通

自 2017 年债券通开通以来,境外投资者持债规模扩大,交易活跃度上升,其利用衍生品管理利率风险的需求持续增加。2022 年 7 月 4 日,中国人民银行、香港证监会、香港金管局联合公告,开展香港与内地利率互换市场互联互通合作(简称互换通)。

互换通业务采取了类似债券通的金融市场基础设施连接方式。通过两地金融市场基础设施连接,两地投资者能在不改变交易习惯、有效遵从两地相关市场法律法规的前提下,通过境内外电子交易平台、中央对手方清算机构的互联,参与境内或香港的利率互换市场,完成交易和集中清算。

2006 年银行间市场推出人民币利率互换业务,开启互换通,这便利了境外投资者参与境内的人民币利率互换市场,不仅有利于投资者管理利率风险,也有利于巩固香港的国际金融中心地位。

港股通交易和结算风险有哪些

香港是亚洲金融中心,香港股市相对于内地,由于规则方面的差异,受国际市场多方面的影响更显著,股价波动更大。港股市场平均低估值的吸引力,以及部分两地上市股票 A 股价格的相对差异,引起不少投资者关注。港股通交易跨越香港和内地两个市场,对内地投资者来说,认识港股的投资风险是非常必要的。在香港证券市场交易的港股通标的证券,在股票选择、交易规则、结算存管、信息披露、公司行为和退市制度等方面,与沪、深证券市场存在明显差异,投资者可能需要注意或应对市场、交易和结算等方面的风险。

1. 制度差异的风险

香港与内地证券市场制度存在诸多差异,通过港股通交易和直接在香港开户交易,存在一定的差异。投资者参与港股通交易,要遵守内地与香港相关法律、行政法规、部门规章、规范性文件和业务规则,同时要对香港证券市场有所了解。

2. T＋0 回转交易股价波动的风险

投资者当日买入的港股通股票,经确认成交后,在交收前即可卖出。

港股实行 T＋0 交易机制,且不设置涨跌幅限制,加之香港市场结构性产品和衍生品种类相对丰富,因此,个股股价受到意外事件驱动的影响而表现出股价波动的幅度相对 A 股更为剧烈。尤其是部分中小市值股票,可能出现因公司基本面变化等股价发生较大波动的情形,投资者应关注可能产生的风险。

3. 交易时间差异的风险

每个港股通交易日的交易时间包括开市前时段、持续交易时段和收市竞价交易时段,具体按联交所的规定执行。每年的圣诞前夕(12 月 24 日)、元旦前夕(12 月 31 日)或除夕日为港股通交易日的,港股通仅有半天交易,且当日为非交收日。

特别是香港市场在出现台风、黑色暴雨或者联交所规定的其他情形时,联交所将可能临时停市,投资者会面临暂停港股通交易的风险。

只有香港和内地均为交易日且能够满足结算安排的交易日才为港股通交易日,具体以交易所证券交易服务公司在其指定网站公布的日期为准。

4. 两地市场交收期差异的风险

香港证券市场港股通交易的交收期为 T＋2 日。如果投资者卖出证券,在交收完成前仍享有该证券的权益;如果投资者买入证券,在交收完成后才享有该证券的权益。同时,也可能因香港出现台风或黑色暴雨等发生延迟交收的情形。

5. 订单申报差异的风险

与内地证券市场相比,联交所在订单申报的最小交易价差、每手股数、申报最大限制等方面存在一定的差异。

投资者参与联交所自动对盘系统交易,在联交所开市前时段和收市竞价交易时段应当采用竞价限价盘委托,在联交所持续交易时段应当采用增强限价盘委托。投资者应当关注因此可能产生的风险。

6. 碎股交易限制的风险

港股通投资者持有的碎股只能通过联交所半自动对盘碎股交易系统卖出。

7. 港股行情延迟的风险

通过港股通业务获得的香港证券市场免费一档行情,与付费方式获得的行情相比,在刷新频率、档位显示等方面存在差异,投资者应当关注依此进行投资决策的风险。

香港本地证券交易报价软件显示颜色,价格上涨时为"绿色",下跌时则为"红色",与内地习惯的显示颜色正好相反。投资者在使用港股行情软件的时候,应当仔细检查软件的参数设置,是否已调整至和内地习惯一致。

8. 交易股票范围存在限制的风险

港股通标的股票存在一定的范围限制,且港股通股票名单会动态调整。投资者应当关注最新的港股通股票名单。对于被调出的港股通股票,自调整之日起,投资者将不得再行买入。

而且,现阶段内地投资者通过港股通暂不能参与新股发行认购。

9. 权益证券交易限制的风险

投资者因港股通股票权益分派、转换,上市公司被收购等情形或者异常情况,所取得的联交所上市非港股通证券,只能通过港股通卖出,但不得买入;取得的联交所上市股票的认购权利,在联交所上市的可以卖出,但不得行权;取得的非联交所上市证券可以享有相关权益,但不得通过港股通买入或卖出。

同时,中国结算根据香港结算派发权益证券到账时间,在收到权益证券当日或次日进行业务处理,相应权益证券可于处理日下一港股通交易日上市交易,港股通投资者权益证券可卖首日均较香港市场晚一个港股通交易日。

10. 意愿申报时间短或不能申报的风险

中国结算在汇总境内投资者意愿并处理后再向香港结算申报。故境内申报意愿的时间较香港市场短。如香港市场意愿申报时间过短或申报期不是 A 股工作日,可能不能安排境内申报。

11. 账户透支的风险

投资者需缴纳证券组合费等,与内地证券市场费用扣收方式不同,可能会引起账户资金透支。

12. 汇率变动的风险

港股通业务过程需要换汇,而如果汇率波动将导致港股通股票日间成交价格与日终结算价格有差异,导致汇兑产生损益。如离岸人民币发生大幅波动时该风险则进一步增大。

13. 通信故障的风险

港股通交易中若联交所与深交所证券交易服务公司之间的报盘系统或者通信链路出现故障,可能导致 15 分钟以上不能申报和撤销申报,投资者应当关注因此可能产生的风险。

14. 港股通交易存在每日额度限制

在联交所开市前时段、持续交易时段、收市竞价时段的任意时段内,如果沪、深交所港股通当日额度使用完毕的,该时段投资者将面临不能通过港股通进行买入交易的风险。自港股通开通以来,双边交易额度充足,出现不能买入的情况极少。

15. 其他结算、存管风险

若证券公司与中国结算的集中交收不及时,或与投资者出现交收违约,易导致投资者应收资金或证券被暂不交付或处置;或者若证券划付指令有误,易导致投资者权益受损。目前,出现这种情况极少。

在此,提示投资者充分关注香港市场及港股通股票的交易风险,充分熟悉了解香港市场相关规定,根据港股通投资者适当性条件及自身风险承受能力,充分、全面认识以上提示风险因素,审慎参与港股通交易。尤其是港股中的中小市值股票,炒作与操纵风险很大,需要特别注意防范公司基本面变化、异常交易情形等引起的股价巨幅波动风险、退市风险等,避免造成严重投资损失。

中国与境外市场互联互通——存托凭证

2018 年 10 月，上海证券交易所和伦敦证券交易所建立互联互通机制。2019 年 6 月 17 日，"沪伦通"在英国伦敦正式开通。先后有华泰证券(601688)、中国太保(601601)、长江电力(600900)和国投电力(600886)4 家上交所上市公司成功在伦敦证券交易所发行全球存托凭证。2021 年 12 月，中国证监会启动修订《境内外证券交易所互联互通存托凭证业务监管规定》(以下简称《监管规定》)，将互联互通存托凭证业务适用范围从伦交所主板市场扩展到包括伦交所在内的境外市场，中国存托凭证的境外基础证券发行人由伦交所上市公司扩展为中国证监会认可范围内的境外证券交易所上市公司。

互联互通存托凭证业务(DR)是指符合条件的在境外证券交易所上市的境外基础证券发行人在境内发行存托凭证并在境内证券交易所主板上市，以及符合条件的在境内证券交易所上市的境内上市公司在境外发行存托凭证并在境外证券交易所上市。境内和境外发行并上市的存托凭证在存续期内的份额数量不得超过中国证监会批复的数量上限。

境外基础证券发行人到境内交易所上市

境外交易所上市企业在境内沪深交易所发行上市存托凭证(CDR)，境外基础证券发行人应当符合《证券法》，及监管法规《存托办法》关于公开发行存托凭证的相关规定，并依法履行发行人、上市公司的义务，承担相应的法律责任，还应向中国证监会提出申请获得实施行政许可。

2018 年 6 月 6 日，中国证监公布《存托凭证发行与交易管理办法(试行)》(证监会令第 143 号)。境外基础证券发行人发行上市中国存托凭证的上市条件为：在境外证券交易所市场上市满 3 年及满足中国证监会与境外证券监管机构根据境外基础证券上市地市场分层情况约定的其他上市年限条件。

存托凭证的数量达到境内证券交易所规定的主板上市条件后，境外基础证券发行人可向境内证券交易所申请将其存托凭证上市交易。存托凭证上市交易后，符合条件的境内证券公司进行跨境转换的，可以按规定向存托人申请将境外基础股票转换为存托凭证或者申请将存托凭证转换为相应的境外基础股票。

2022 年 3 月，上海证券交易所、深圳证券交易所，分别发布了与境外证券交易所互联互通存托凭证上市交易暂行办法(以下简称《暂行办法》)，明确了发行上市条件、适当性要求、差异化交易机制以及跨境转换的运作和监管要求，规定境外发行人申请中国存托凭证首次在交易所上市的条件包括：自发行申请日前 120 个交易日按收盘价计算的平均市值不低于人民币 200 亿元,境外上市年限满 3 年,初始规模在 5 000 万份及 5 亿元市值以上等。

境内投资者参与中国存托凭证业务的,应当符合境内证券交易所规定的投资者适当性管理要求。《暂行办法》对个人投资者适当性标准做了调整,规定申请权限开通前 20 个交易日证券账户及资金账户内的日均资产不低于 50 万元,且需参与证券交易 24 个月以上。

境内基础证券发行人到境外交易所上市

在境内上海证券交易所、深圳证券交易所上市的企业,申请在境外交易所发行上市存托凭证(CDR)应履行备案程序,不额外设置门槛和条件,实行"负面清单"管理。《监管规定》规定境内上市公司以其新增股票为基础证券在境外发行存托凭证,或者以其非新增股票为基础证券在境外上市存托凭证的,应当符合《证券法》、境内企业境外发行上市有关法律法规及中国证监会的规定。

对存在下列情形之一的,不得境外发行上市:

(1) 存在国家法律法规和有关规定明确禁止上市融资的情形。

(2) 经国务院有关主管部门依法审查认定,境外发行上市威胁或危害国家安全的。

(3) 存在股权、主要资产、核心技术等方面的重大权属纠纷。

(4) 境内企业及其控股股东、实际控制人最近三年内存在贪污、贿赂、侵占财产、挪用财产或者破坏社会主义市场经济秩序的刑事犯罪,或者因涉嫌犯罪正在被司法机关立案侦查或涉嫌重大违法违规正在被立案调查。

(5) 董事、监事和高级管理人员最近 3 年内受到行政处罚且情节严重,或者因涉嫌犯罪正在被司法机关立案侦查或涉嫌重大违法违规正在被立案调查。

(6) 国务院认定的其他情形。

境内上市公司在境外发行的存托凭证可以按规定与其对应的境内基础股票进行跨境转换。境外存托人和开展跨境转换业务的境外证券经营机构,应当委托境内证券公司进行存托凭证对应的基础股票交易,并向境内证券交易所备案。

境外存托人和开展跨境转换业务的境外证券经营机构,应当选择合格境外机构投资者的托管人或者具有托管资格的证券投资基金托管人托管资产,并符合相关规定要求。

CDR 持有人享有的权利

投资者应当注意,存托凭证持有人不是境外发行人登记在册的股东,不能以股东身份直接行使股东权利。根据存托协议的约定,CDR 持有人享有的权利包括但不限于:一是依法享有存托凭证代表的境外基础证券权益;二是通过存托人行使对基础证券的股东权利,包括但不限于投票,获取现金分红、股份分红及其他财产分配,行使配股权,行使表决权等;三是法律法规及存托协议约定的其他权利。CDR 持有人主要通过存托人行使其权利,存托人应按照法律法规及中国证监会规定和存托协议的约定,为 CDR 持有人行使权利提供相应服务。

境外基础证券发行人在境外注册设立并在境外交易所上市交易,其股权结构、公司治理、运行规范、信息披露安排、交易规则和税费、停复牌制度、地区时差等都会与境内市场存在较大差异。投资者应当对相关风险因素有所了解和掌握,并确信自己已做好足够的风险评估与财务安排,避免因参与中国存托凭证交易而遭受难以承受的损失。

2022 年 7 月 11 日,中国国际金融股份有限公司(以下简称中金公司)宣布,在成功布局英、瑞、德三国交易所会员资格的基础上,中国国际金融(英国)有限公司(以下简称"中金英国")在境内外证券交易所互联互通全球存托凭证机制下,完成了在深交所对英国、瑞士、德国三国,及在上交所对瑞士的跨境转换机构备案。中金英国成立于 2009 年,受英国金融行为监管局监管。中金英国为伦敦证券交易所和瑞士证券交易所首家中资会员,以及法兰克福证券交易所首家中资投行会员。

2022 年 7 月 28 日,中国证监会与瑞士财政部双方官员共同宣布中瑞证券市场互联互通存托凭证业务正式开通并致辞。中国驻瑞士大使馆、上海证券交易所、深圳证券交易所和瑞士 SIX 集团交易所等相关代表出席并发言,国家外汇管理局资本项目管理司、中国证券登记结算有限责任公司负责出席仪式。与英国、瑞士、德国三国存托凭证业务先后落地开通,表明境外互联互通的合作圈在逐步扩大。

中国债券市场"多龙治水"的监管格局

我国债券按发行主体分类包括国债、地方政府债，金融债，企业债和公司债。经历了制度和市场不断完善的过程，我国债券市场形成了多头监管的显著特点，这也使得债券的品种及分类比较复杂。对一般投资者来说，除国债外，很难区分清楚的一个问题就是：政府债、金融债、企业债和公司债都有何区别？

财政部主管的债券品种

国债的发行主体是财政部，而地方债的发行主体是省级地方人民政府，其债务发行受中央财政约束。因此，国债及地方债的主管部门均为财政部。中央政府对地方债的管理方式是限额管理：每年对各省通过地方债举措资金设置额度，实行总量管理和增量管理。

参考制度：

《记账式国债发行远程招标现场管理与监督办法》（财政部 财库〔2020〕8 号）

《储蓄国债（凭证式）管理办法》（中国人民银行 财政部 银发〔2021〕20 号）

央行主管的债券品种

中国人民银行直接主管的债券主要是银行发行的债务工具（央票、银行债券、短期融资券、同业存单等），也包括保险公司发行保险公司次级债，以及信贷资产证券化 ABS 等。

参考制度：

《全国银行间债券市场金融债券发行管理办法》（中国人民银行令〔2005〕第 1 号）

发改委主管的债券品种

发改委主要负责企业债、铁道债发行的审批。企业债的发行人主要以国有企业为主。其募集资金投向应当符合国家产业政策，且主要用于基础设施建设、固定资产投资、公益性事业等不同用途。企业债可分成以下三大类：第一类，地方政府（省市区县）的融资平台公司作为发行主体所发行的城投债，其实质就是企业债；第二类，产业类公司发行的产业债，以国家大型项目固定资产投资融资为主；第三类，项目收益债，地方基础设施和公用事业特许经营类项目和其他有利于结构调整及改善民生项目。

参考法规：

《企业债券管理条例》（1993 年 8 月 2 日国务院令第 121 号发布，根据 2011 年

1 月 8 日《国务院关于废止和修改部分行政法规的决定》修订）

中国证监会主管的债券品种

交易所公司债最早发展于 2007 年，起初只有上市公司才能在交易所发行公司债，与银行间市场相比发展缓慢。2015 年中国证监会改革了公司债的发行办法，公司债的发行主体由上市公司扩展到所有的公司制法人，公司债发行由核准制到备案制。此后公司债的发行量及存量余额逐年大幅度增长。2020 年 3 月 1 日，新修订的《证券法》实施后，企业债、公司债发行全面施行注册制。

中国证监会主管的债券品种有公司债、可转债、可交换债，以及企业资产证券化 ABS 等。这些债券品种主要是在交易所发行的，发行人为上市或非上市公司。根据发行人主体的资质条件、投资者适当性要求、发行投资者数量等，交易所的公司债发行方式可分为：大公募（公众投资者）、小公募（合格投资者）以及私募（非公开特定投资者）等。2023 年 3 月国务院机构改革，将原属于国家发改委的企业债发行审核工作划入中国证监会。

参考制度：

《公司债券发行与交易管理办法》（中国证监会令〔2014〕第 113 号）

债券的发行及交易市场

我国债券发行及交易分成两个相对独立的市场：银行间市场和交易所市场对比，如表 1-9 所示。银行间市场成员包括证券、保险、基金、财务公司及非法人机构等，银行间市场是以金融机构为主要参与方的固定收益交易市场。交易所市场由上海证券交易所及深圳证券交易所组成，与银行间市场相比，交易所市场的债券存量规模相对较小。

表 1-9　银行间市场和交易所市场对比

市场类型	银行间市场		交易所市场	
交易平台	外汇交易中心		上海证券交易所	深圳证券交易所
托管机构	中央国债登记结算	银行间市场清算所（上清所）	中国证券登记结算	
债券品种	国债、地方政府债、金融债、企业债、信贷 ABS	央票、短期融资券、同业存单等	公司债、可转债、可交换债、企业 ABS	

除了上述两大主要交易市场，还有一类交易市场是柜台债市场，主要是个人或企业通过银行营业网点或网银系统进行债券买卖。柜台债市场主要以国债为主，整个市场规模很小。

参考制度：

《商业银行柜台记账式国债交易管理办法》（中国人民银行公告〔2014〕第 28 号）

根据人民银行网站发布的《2021 年金融市场运行情况》：截至 2021 年 12 月末，债券市场托管余额 133.5 万亿元，债券市场现券成交活跃。目前，我国是仅次于美国的全球第二大债券市场。我国债券融资规模中政府债和金融债占七成以上，这一点和美债市场以公司债（约占 1/4）和资产支持证券（约占 1/3）为主有很大区别。

债券市场作为直接融资渠道之一，对支持实体经济发展发挥了非常重要的作用。目前我国债券市场的债券种类日趋齐全，结构更加合理。2017 年 7 月，内地与香港债券市场互联互通的创新合作机制（债券通）的推出，吸引了更多境外机构投资者进入中国债券市场，国际投资者配置主要以国债、政策性金融债为主。

参考制度：

《内地与香港债券市场互联互通合作管理暂行办法》（中国人民银行令〔2017〕第 1 号）

《关于进一步便利境外机构投资者投资中国债券市场有关事宜》（中国人民银行、中国证监会、国家外汇管理局公告〔2022〕第 4 号）

中国人民银行　国家外汇管理局关于印发《境外机构投资者投资中国债券市场资金管理规定》的通知（银发〔2022〕258 号）

企业融资活动中常用的融资增信措施

增信指的是一种信用增进措施。例如,信用等级相对较低的企业,为了获得贷款或发债融资时为降低融资成本,往往需要引入优质企业或担保公司为其担保,以提高其信用等级。

此外,交易结构比较复杂的金融工具,如资产支持证券、基础设施公募 REITs 基金等,也常实施信用增进措施。通过增信,信用等级较低的企业可以得到融资,债券投资者也获得多重保障。

内部信用增级

1. 结构化分层

结构化分层就是按照优先/次级结构划分,是常用的内部信用增级手段。简单来说,优先/次级结构就是将资产支撑的证券按不同信用品质优劣分档评级。针对不同的档级划分,偿还顺序可以是按比例偿还,也可以是将损失先分配给次级档。高档级的支持档,又经常被称为夹层档。这种结构建立了对优先档的额外支持,所以也称超级优先/次级结构。

2. 超额抵押

超额抵押是另一种常用的信用增级形式,是指在债权设定抵押时,抵押所担保债权大于抵押物价值的情形。超额抵押的信用增级结构利用了额外利差来支付债券本金。额外利差是在支付了所有费用和债券息票成本之后的金额。这种支付结构也称涡轮结构,因为它加速了债券本金的偿还,从而为可能导致损失建立了一个超额抵押的缓冲。

3. 超额利差账户

超额利差账户在债权类基础资产中使用较多。超额利差来自基础资产池所产生的超额利息流。额外利差以现金形式在储备账户中被积累起来,并且被以某些短期合格投资的形式进行再投资。当现金流不足时,以现金储备账户内的资金弥补投资者损失。

外部信用增级

1. 通过主体信用担保

保证担保是最常见和通用的外部增信措施,也是法律基础最强的外部增信措施,包括原始权益人差额支付承诺、第三方担保、资产(土地房产证券)抵押等。其常见的合同要件为"保证合同",一般由原始权益人、计划管理人和保证人三方签署,通过签署方各主体信用来为"合同"增进信用。

2. 第三方信用证

当发行人的信用评级低于发行证券的要求时,第三方可以提供信用证对发行人一定量或者一定比例的信用损失进行担保。发行人在基础资产产生的超额现金流中提取一部分作为对第三方提供信用增级的报酬。

3. 资产出售方提供追索权

这种方法主要用于非银行发行者,用资产出售方的特定保证来吸收发行人基础资产一定范围内的最大信用风险损失。

4. 债券担保

这种方法以第三方发行的债券为担保,该债券通常由 AAA 级的保险公司发行,可提供资产支持证券交易中本金和利息支付金额的 100% 的比例担保。

5. 保证保险承诺

保证保险承诺是较为少见的外部增信措施,常见的合同要件为"保证保险条款"和"保证保险业务合作协议",二者需要作为交易文件上报监管机构,后者一般由原始权益人、计划管理人和保险人三方签署。

6. 回购承诺

回购承诺是由原始权益人向目标证券投资者承诺,待证券到期,无论产生的现金流能否足够偿还本息,均以现金方式回购目标证券。

这里,附带介绍一下信用增级机构。此类机构负责提升证券化产品的信用等级,通常要向特定目的机构收取相应费用,并在证券违约时承担赔偿责任。和信用评级机构的作用一样,信用增级机构是通过收集资料、尽职调查、信用分析及后续跟踪,对原始权益人和增信主体的信用水平、基础资产的信用质量、产品的交易结构进行分析,并开展现金流分析与压力测试,出具初始评级报告和跟踪评级报告。

全国规范的区域性股权交易市场有哪些

A 股坚持服务金融改革、服务实体经济发展,在国家经济建设和创新驱动发展战略和扩大开放中,有着举足轻重的地位和作用。中国企业的融资结构仍以银行信贷间接融资为主,其占比超过八成,通过金融市场直接融资的占比只有不到两成,中小企业融资难始终是民生经济中的突出问题。因此,国家除了建立以上海证券交易所、深圳证券交易所为主的主板、创业板、科创板市场、北交所及全国中小企业股份转让系统为主的新三板市场等主渠道,还在全国一些主要地区建立了区域性股权交易市场(以下简称区域股权市场),为特定区域内的企业提供股权、债券的转让和融资服务,区域股权市场是我国多层次资本市场的重要组成部分。区域股权市场对促进区域内的中小微企业股权交易和融资,鼓励科技创新和激活民间投资,引导社会资本支持和发展实体经济,具有直接的促进作用。

区域性股权市场属于场外交易市场(OTC),也称柜台市场。在一段时间里,非上市私募股权交易十分活跃,中间也出现了良莠不齐的现象。交易主体混乱、股权交易和信息披露不规范,甚至出现了影响较大的虚假交易、欺诈投资人等违法违规案件。一些地区"原始股"交易泛滥,导致投资者遭受较大损失。

从 2012 年起,为了清理、整顿、规范区域性市场的混乱局面,国务院陆续发布了《国务院关于清理整顿各类交易场所切实防范金融风险的决定》(国发〔2011〕38 号)、《国务院办公厅关于清理整顿各类交易场所的实施意见》(国办发〔2012〕37 号)。2017 年 1 月 20 日,国务院发布《国务院办公厅关于规范发展区域性股权市场的通知》(国办发〔2017〕11 号),明确了区域性股权市场是主要服务于所在省级行政区域内中小微企业的私募股权市场;由所在地省级人民政府按规定实施监管,并承担相应风险处置责任;由中国证监会依法依规对区域性股权市场行使监管工作的指导、协调和监督。

中国证监会按照国务院通知的要求,逐步完善了区域性股权市场的监管指导意见、业务管理办法和信息技术管理规范等制度体系,实行合格投资者制度。2017 年 5 月,中国证监会发布了《区域性股权市场监督管理试行办法》(中国证监会令第 132 号)。2018 年 2 月,中国证券监督管理委员会公布《区域性股权市场信息报送指引(试行)》(中国证监会公告〔2018〕3 号)。此前,2012 年 8 月中国证监会还发布了《关于规范证券公司参与区域性股权交易市场的指导意见(试行)》(中国证监会公告〔2012〕20 号)。

2018 年 8 月,中国证监会在成都召开了首次全国性的关于区域性股权市场规范发展座谈会。国务院有关部委、司局,中国证监会有关部门,各省、自治区、直辖市、计划单列市金融监管部门、证监局,以及全国 34 家区域性股权市场运营机构负责人参加了会议。

根据国办发〔2017〕11 号、中国证监会令第 132 号的有关规定,区域性股权市场运营机构名单由省级人民政府实施管理并予以公告,同时向中国证监会备案。从 2018 年 4 月 27 日起,中国证监会网站分批次公示"全国区域性股权市场运营机构备案名单"。

2018 年 4 月 27 日公布备案的 21 个地区:

北京	北京股权交易中心有限公司
河北	石家庄股权交易所股份有限公司
内蒙古	内蒙古股权交易中心股份有限公司
辽宁	辽宁股权交易中心股份有限公司
上海	上海股权托管交易中心股份有限公司
江苏	江苏股权交易中心有限责任公司
安徽	安徽省股权托管交易中心有限责任公司
福建	海峡股权交易中心(福建)有限公司
江西	江西联合股权交易中心有限公司
湖南	湖南股权交易所有限公司
广西	广西北部湾股权交易所股份有限公司
重庆	重庆股份转让中心有限责任公司
四川	天府(四川)联合股权交易中心股份有限公司
陕西	陕西股权交易中心股份有限公司
甘肃	甘肃股权交易中心股份有限公司
青海	青海股权交易中心有限公司
宁夏	宁夏股权托管交易中心有限公司
新疆	新疆股权交易中心有限公司
大连	大连股权交易中心股份有限公司
宁波	宁波股权交易中心有限公司
厦门	厦门两岸股权交易中心有限公司

2018 年 07 月 27 日公布备案的 9 个地区:

天津	天津滨海柜台交易市场股份公司
浙江	浙江股权交易中心有限公司
山东	齐鲁股权交易中心有限公司
河南	中原股权交易中心股份有限公司
湖北	武汉股权托管交易中心有限公司
广东	广东股权交易中心股份有限公司
海南	海南股权交易中心有限责任公司

深圳　　深圳前海股权交易中心有限公司

青岛　　青岛蓝海股权交易中心有限责任公司

2019 年 07 月 26 日公布备案的 4 个地区：

山西　　山西股权交易中心有限公司

吉林　　吉林股权交易所股份有限公司

黑龙江　哈尔滨股权交易中心有限责任公司

贵州　　贵州股权交易中心有限公司

2022 年 1 月 7 日公布 1 个地区：

云南　　云南省股权交易中心

根据《证券法》规定，证券交易所、国务院批准的其他全国性证券交易场所的设立、变更和解散由国务院决定。"证券交易所"为专属字样，其他任何单位或者个人不得使用证券交易所或者近似的名称。投资者参与证券投资交易，必须在经国家特许批准并依法监管的证券交易场所进行，才受法律保护。除此之外的证券发行和交易活动都是非法证券活动。与沪深市场和北交所有所不同，区域性股权市场提供的证券服务为非公开发行证券的发行、转让。

截至 2022 年年底，全国共有 35 家区域性股权市场运营机构经中国证监会备案公示，成为各省（区、市）的重要金融基础设施，并且培育了一批优秀企业在证券交易所市场、全国股转系统（新三板）挂牌交易。

全面实行股票发行注册制，把选择权交给市场

　　2023 年 2 月 1 日，中国证监会启动全面实行股票发行注册制改革，并在 2 月 17 日宣布正式实施。全面注册制改革充分借鉴科创板、创业板试点注册制经验，推广实践证明行之有效的制度，进一步完善注册制安排。一是优化注册程序。二是统一注册制度。三是完善监督制衡机制。全面注册制改革的最后突破点是 A 股主板的发行、交易和退市制度的系统改革，同时将主板、科创板、创业板的注册制度体系，在维持市场平稳过渡的前提下，整体制度体系保持大体统一。

　　全面实施注册改革后，主板交易制度以更加市场化、便利化为导向，进一步改进，主要措施有：一是新股上市前 5 个交易日不设涨跌幅限制。自新股上市第 6 个交易日起，日涨跌幅限制继续保持 10％不变。二是优化盘中临时停牌制度。盘中临时停牌，设置 ±30％、±60％两档，各停牌 10 分钟（同时适用于退市整理首日、重新上市首日）。三是新股上市首日即可纳入融资融券标的，优化转融通机制，扩大融券券源范围。四是维持主板现行投资者适当性要求不变，对投资者资产、投资经验等不作限制。

　　全面实施注册改革后，主板、科创板、创业板的板块定位更加清晰，对主板的首发上市完善了市值及财务指标三套标准，发行上市条件更加包容。

　　主板突出"大盘蓝筹"特色，重点支持业务模式成熟、经营业绩稳定、规模较大、具有行业代表性的优质企业。

　　科创板面向世界科技前沿、面向经济主战场、面向国家重大需求。优先支持符合国家战略，拥有关键核心技术，科技创新能力突出，主要依靠核心技术开展生产经营，具有稳定的商业模式，市场认可度高，社会形象良好，具有较强成长性的企业。

　　创业板深入贯彻创新驱动发展战略，适应发展更多依靠创新、创造、创意的大趋势，主要服务成长型创新创业企业，支持传统产业与新技术、新产业、新业态、新模式深度融合。

　　全面实施注册改革后，首发上市的基本条件，有以下四个方面：一是组织机构健全，持续经营满 3 年，相关机构和人员能够依法履行职责。二是会计基础工作规范，最近 3 年由注册会计师出具无保留意见的审计报告，内控制度健全有效。三是发行人股权清晰，无重大权属纠纷，资产及业务完整、团队稳定并具有直接面向市场独立持续经营的能力。四是生产经营合法合规，符合国家产业政策，相关主体不存在《注册管理办法》规定的违法违规记录。发行的证券范围包括股票、可转换公司债券、存托凭证以及国务院认定的其他品种。

全面实施注册改革后,在发行审核环节,交易所承担全面审核判断企业是否符合发行条件、上市条件和信息披露要求的责任,并形成审核意见。交易所通过问询等方式开展发行上市审核工作,形成发行人是否符合发行条件和信息披露要求的审核意见。审核过程中,发现在审项目涉及重大敏感事项、重大无先例情况、重大舆情、重大违法线索的,及时向证监会请示报告。证监会对发行人是否符合国家产业政策和板块定位进行把关。审核标准、流程、进度、反馈意见及发行人的回复情况、审议意见等全流程重要节点均对社会公开,接受社会监督。发行注册环节,收到交易所审核意见及相关资料后,中国证监会基于交易所审核意见依法履行注册程序,在 20 个工作日内对发行人的注册申请作出予以注册或者不予注册的决定。

全面实施注册制后,统一股票退市程序和要求,分为强制终止上市和主动终止上市。强制中止上市,分为交易类强制退市、财务类强制退市、规范类强制退市和重大违法类强制退市等四类情形。主动终止上市,是指经上市公司股东大会决议股票从交易所主动退市,或因收购、并购交易完成后不再具备上市条件向交易所申请终止上市。对于 A 股主板而言,退市条件的分类细化,对于不达标的上市公司退市的可能性增大。从制度层面上有利于加快市场出清,从根本上遏制炒小、炒差、炒重组的市场投机行为,促进上市公司高质量发展。

全面实施注册制后,严格信息披露是注册制的核心。注册制改革仅保留了企业公开发行股票必要的资格条件、合规条件,充分贯彻以信息披露为核心的理念,把选择权交给市场。对信息披露的基本要求:一是明确发行人必须保证信息披露真实、准确、完整,无论规则是否明确规定,凡是投资者作出价值判断和投资决策所需的信息,都必须充分披露;二是严格落实发行人及其董事、监事、高级管理人员、控股股东、实际控制人,以及保荐人、证券服务机构及相关人员在信息披露方面的责任;三是针对不同板块的企业特点,规定企业应当按照拟上市板块要求进行专门披露;四是规定存在特别表决权股份的,应当在招股说明书中披露相关情况和风险,中介机构需对特别表决权股份设置是否合规发表专业意见。

全面实施注册制后,证监会将转变职能,加强对交易所审核工作的统筹协调和监督。一是统一审核理念、标准,保持审核尺度一致。二是在交易所审核过程中,按标准选取或按一定比例随机抽取在审项目,关注交易所审核理念、标准的执行情况。三是督促交易所建立健全"防火墙"、加强质控部门和上市委、重组委把关责任等内部制衡机制。四是对交易所发行上市审核工作定期或不定期开展检查。

注册制改革是一场涉及监管理念、监管体制、监管方式的深刻变革。改革后股票发行上市全过程更加规范、透明、可预期。全面实行注册制,主板准入门槛打开,为技术创新提供重要支撑,助力国家产业结构的升级。随着主板退市制度与科创板、创业板接轨,强制退市力度会大大加强,个股风险也越来越大。观察发达国家证券市场注册制下投资者结构的变化，A 股市场中小散户 90％的高占比将逐步转向机构专业投资者稳步提升的长期趋势，更多普通中小投资者将转向以产品投资为主的时代。随着 A 股的去散户化进程加快，券商传统经纪业务亦将重塑版图。

第二章 投资适当性就是做适合自己的投资

投资者适当性，怎么做才"适当"

投资者适当性管理是现代金融服务的基本原则和要求，是基于对证券市场中小投资者的一种制度和规则性的保护，具有"公益性"的特征，也是全球成熟市场普遍采用的保护投资者权益和管控创新风险的做法。

投资者适当性管理的概念和实际运用，发端于 2009 年 11 月创业板股票的发行上市，深交所《创业板市场投资者适当性管理暂行规定》(现已废止)正式确定了这一概念。此后，在融资融券、私募债券、股指期货等业务规则中，开始设立普通投资者的进入门槛。2010 年中国证监会发布的《关于加强证券经纪业务管理的规定》(现已废止)明确了证券公司应当建立健全客户适当性管理制度，为客户提供适当的产品和服务，并在此后的证券公司投顾业务规定、基金销售管理、资产管理业务、代销金融产品，以及交易所债券市场投资者管理中引入投资者适当性管理的规定条款。2012 年 12 月，中国证券业协会发布《证券公司投资者适当性制度指引》，从 2009 年到 2017 年，经历了相当长的过渡期。

为落实《国务院办公厅关于进一步加强资本市场中小投资者合法权益保护工作的意见》(国办发〔2013〕110 号)和《国务院关于进一步促进资本市场健康发展的若干意见》(国发〔2014〕17 号)关于健全适当性制度的要求，2016 年 12 月 12 日中国证监会公布《证券期货投资者适当性管理办法》(中国证监会令第 130 号)，自 2017 年 7 月 1 日起，全面实行投资者适当性管理制度。此后在 2020 年 10 月、2022 年 8 月，根据相关法律法规的修订和新法颁布，中国证监会同步对《证券期货投资者适当性管理办法》进行了修订和重新发布。2023 年 1 月 13 日，中国证监会公布《证券经纪业务管理办法》，进一步明确了对投资者分类、风险匹配等适当性管理的具体要求。

以上规定如何定义"证券投资者"呢？根据 2022 年 8 月 12 日新修订的《证券期货投资者适当性管理办法》(中国证监会令第 202 号)，"本办法所称投资者，包括《证券法》规定的投资者，《证券投资基金法》规定的投资人、基金份额持有人，以及《期货和衍生品法》规定的交易者等"，这里面包括了自然人投资者、机构投资者，还包括依法设立的金融产品。投资者适当性管理制度将投资者划分为普通投资者和专业投资者，通过监管法规实施区别保护，引导市场各方把合适的产品或服务提供给合适的投资者，做到"卖者有责，买者自负"。

证券期货投资者适当性管理的含义

向投资者销售公开或者非公开发行的证券、公开或者非公开募集的证券投资基金和股权投资基金(包括创业投资基金)、公开或者非公开转让的期货及其他衍生品,或者为投资者提供相关业务服务的,应当按照投资者的风险承受能力分类与产品或服务的风险等级相匹配,把合适的产品或服务提供给合适的投资者。其根本目的是要强化经营机构投资者适当性义务,维护投资者合法权益,不断提高投资者的金融知识水平和风险意识,向投资者传递"卖者尽责、买者自负"的理念。

适当性管理办法对"了解投资者的信息"的规定

了解投资者的信息,包括投资者姓名(名称)等基本信息,收入、资产、债务等财务状况,投资知识和投资经验,投资期限、品种、期望收益等投资目标;风险偏好及可承受的损失;诚信记录,实际控制人和交易实际受益人,投资者准入相关信息等。应当以此确定普通投资者的风险承受能力和分类管理。重点客户应强化身份识别。

投资者不提供或提供信息不真实、不准确、不完整的,依法承担相应责任,经营机构有权拒绝向其销售产品或者提供服务。

资产门槛和交易经验是投资者适当性的基本条件

按照不同证券业务的复杂程度、专业要求和风险特征,投资者在申请开通相关证券业务权限时应具备一定投资经验和金融资产起点要求。一般而言,多数证券业务对"投资经历""证券交易"的知识经验要求不低于 24 个月,对特定业务则必须通过相应业务测试;持有金融资产的门槛,在业务开通认定前 20 个交易日内日均不低于 10 万或 50 万元(不包括通过融资融券业务融入的证券和资金)。认定资产的范围包括银行存款、股票、债券、基金份额、资产管理计划、银行理财产品、信托计划、保险产品、期货及其他衍生产品等。除此之外的法律合规准入要求包括:不存在严重不良诚信记录;不存在法律、行政法规、规章和交易所业务规则禁止或者限制从事金融期货交易的情形。

自 2017 年 7 月 1 日起,凡是购买基金或者理财产品、新开通业务权限,休眠账户激活的必须重新进行风险承受能力测评和等级划分;投资者风险测评可通过证券公司网、App 或者营业部现场临柜办理。已开通权限的,无特殊情形无须再次测评,但后续至少每 2 年重新评估一次。

投资者风险承受能力评估分类和最低风险承受能力客户的认定

根据投资者的专业知识、投资经验和风险承受能力特征,监管规定将投资者分为普通投资者和专业投资者。普通投资者根据问卷调查评分划分为以下五种:C1 保守型、C2 谨慎型、C3 稳健型、C4 积极型、C5 激进型。

普通投资者经评估为保守型且符合下列情形之一的自然人,将被认定为保守型(最低类别):

(1) 不具有完全民事行为能力。

(2) 没有风险容忍度或者不愿承受任何投资损失。

(3) 法律、行政法规规定的其他情形。

对于这一类投资者,要求在信息告知、风险警示、适当性匹配等方面享有特别保护。在评估问卷调查中,凡勾选以上选项并确认的投资者仅能参与低风险的产品或服务,应取消其相关交易合格投资者的权限,禁止其参与高于其风险承受能力的产品或服务。

对专业投资者(多为专业投资机构和一般法人机构,也包括自然人)会有相对较高的分类标准。

哪些情况下必须进行"双录"

通过营业网点柜台、见证方式办理以下业务,向普通投资者进行的告知、警示,应当全过程录音或者录像:

(1)普通投资者申请成为专业投资者时。

(2)公司主动调整投资者分类及匹配意见向普通投资者告知投资风险提示信息时。

(3)向普通投资者销售高风险产品或提供相关服务时:具体适用业务范围包括:分级基金、创业板、新三板、融资融券、股票质押、港股通、期权、贵金属等投资,签约投资顾问协议、风险警示、退市整理、期货 IB 开户、普通投资者转化为专业投资者等,以及监管机构要求的其他情形。

"双录"的工作质量要求为:

讲解人应当与客户同时、连续出现在录制画面,要求可清晰辨别两人面部特征,双录文件不能中断、不可编辑。

录制前应核实客户本人身份,事前沟通并取得客户配合,按照公司标准话术讲解,真实记录风险提示与讲解全过程。讲解人员需具备从业资格,讲解人与该笔流水系统记录人应为同一人,并要严格遵守客户资料保密制度。

产品或服务分级、投资者分类和匹配规则

金融机构发行和销售资产管理产品,应当坚持"了解产品"和"了解客户"的经营理念,加强投资者适当性管理,向投资者销售与其风险识别能力和风险承担能力相适应的资产管理产品。禁止欺诈或者误导投资者购买与其风险承担能力不匹配的资产管理产品。

产品或服务的风险评级分类,分为 R1 低风险、R2 中低风险、R3 中风险、R4 中高风险、R5 高风险。其对应于普通投资者的风险承受能力分类,分别为保守型、谨慎型、稳健型、积极型和激进型。对专业投资者一般不做强制匹配要求。

金融产品或服务的一般匹配规则如图 2-1 所示。

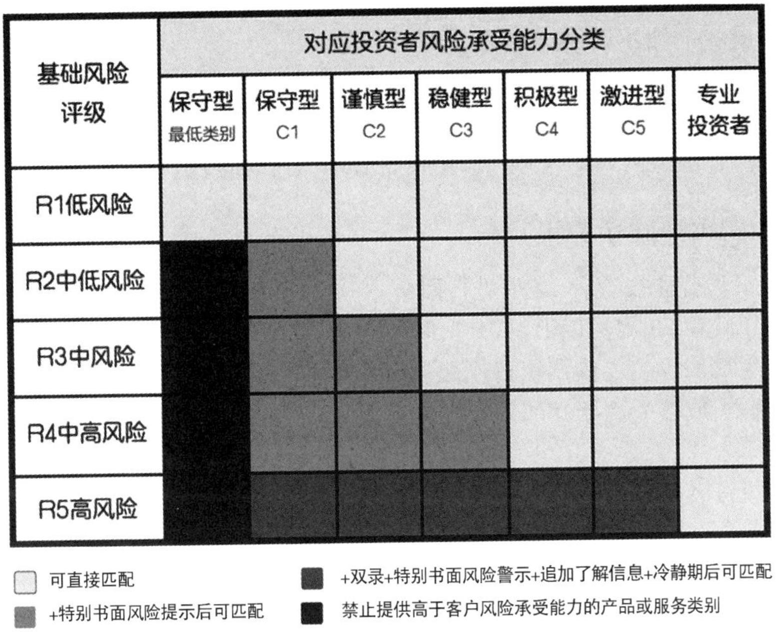

图 2-1　金融产品或服务的一般匹配规则

证券信用业务及其风险分级和适当性匹配要求

证券信用业务一般指融资融券业务、股票质押式回购交易业务、约定购回式证券交易业务、转融通业务。其一般被划分为"中高风险"等级,仅限不低于稳健型及以上级别投资者参与。其中,稳健型投资者在开通权限时必须签署风险警示确认书。保守型、谨慎型级别投资者则被禁止参与。

投资者应当主动拒绝哪类产品

对非依法发行、无明确的投资安排和风险管控措施、风险收益特征不清晰、难以对其风险状况做出合理判断的产品,经营机构应不予代销,投资者应当拒绝购买。

适当性管理的原则要求:不允许向不匹配的客户主动推介,不允许在公开媒体面向不确定对象推介,不允许承诺投资收益和保本等;对法规中明确的风险承受能力最低类别客户提供特别保护,不得向其推介,且应当严格限制其购买中级及以上风险等级的金融产品或金融服务。

适当性匹配对投资者有哪些限制

对不配合履行适当性义务、无法或没有能力确认其身份或资金来源的投资者,不得向其销售产品或提供服务;对存在恶意投诉、恶意诉讼、严重失信等不良诚信记录的投资者,审慎向其销售产品或提供服务。

根据司法判例,对于投资者恶意提供虚假资料信息,金融机构按照监管要求履行了应尽审核义务但超出专业判断能力外而未能甄别的,导致评估结果不符合实际情况,造成"不适当匹配"后果的,由投资者本人自负责任。

客户适当性回访要求

对于下列普通投资者,必须进行回访,一般以客服电话回访并录音存档:

(1) 年龄在 70 周岁以上的,开户时不满 16 周岁的。

(2) 生活来源主要依靠积蓄或社会保障的。

(3) 购买或接受高于其风险承受能力的产品或服务;购买或接受高风险产品或服务的。

(4) 投资者日常投资交易行为明显与其基本情况和风险承受能力评估结果不相符的。

(5) 中国证监会、协会和公司认为必要的其他投资者。

适当性匹配的禁止行为

适当性匹配的禁止行为包括:

(1) 向不符合准入要求的投资者销售或者提供服务。

(2) 向投资者就不确定事项提供确定性的判断,或是告知投资者有可能使其误认为具有确定性的意见。

(3) 向普通投资者主动推介风险等级高于其风险承受能力的产品或者服务。

(4) 向普通投资者主动推介不符合其投资目标的产品或者服务。

(5) 向风险承受能力最低类别的投资者销售或者提供风险等级高于其风险承受能力的产品或者服务。

(6) 其他违背适当性要求,损害投资者合法权益的行为。

资产管理产品合格投资者定义

2018 年 4 月 27 日,《人民银行 银保监会 证监会 外汇局关于规范金融机构资产管理业务的指导意见》(银发〔2018〕106 号),将资产管理产品定义为银行非保本理财产品,金融机构发行的资产管理产品等(含公募产品和私募产品,不包括资产证券化业务,养老金产品);将资产管理产品的投资者分为不特定社会公众和合格投资者两大类。其中,合格投资者是指具备相应风险识别能力和风险承担能力,投资于单只资产管理产品不低于一定金额且符合下列条件的自然人和法人或者其他组织。其具体要求如下:

(1) 具有 2 年以上投资经历,且满足以下条件之一:家庭金融净资产不低于

300万元,家庭金融资产不低于500万元,或者近3年本人年均收入不低于40万元。

(2) 最近1年末净资产不低于1 000万元的法人单位。

(3) 金融管理部门视为合格投资者的其他情形。

合格投资者投资于单只固定收益类产品的金额不低于30万元,投资于单只混合类产品的金额不低于40万元,投资于单只权益类产品、单只商品及金融衍生品类产品的金额不低于100万元。

该文件还明确规定,投资者不得使用贷款、发行债券等筹集的非自有资金投资资产管理产品;金融机构不得通过拆分资产管理产品的方式,向风险识别能力和风险承担能力低于产品风险等级的投资者销售资产管理产品。

金融产品的风险等级划分和适当性匹配

依据《中华人民共和国证券法》《证券期货投资者适当性管理办法》和《关于规范金融机构资产管理业务的指导意见》(以下简称资管新规)等法律法规及文件的要求,对普通投资者设参与市场的有"门槛"要求,客户应当配合开户机构进行风险承受能力评估分级和适当性匹配;对金融产品或服务应当做出风险等级划分并将其与客户的风险承受能力相匹配。这是产品管理人和代销机构的一项专业性工作。

金融产品风险评级依据

根据产品的风险特征和复杂程度,对产品风险评级依据以下几方面因素综合考虑:

(1) 产品管理人的成立时间,治理结构,资本金规模,管理基金规模,投研团队稳定性,资产配置能力、内部控制制度健全性及执行度,风险控制完备性,是否有风险准备金制度安排,从业人员合规性,股东、高级管理人员及基金经理的稳定性等。

(2) 产品的结构、投资方向、投资范围和投资比例,募集方式及最低认缴金额,运作方式,存续期限,过往业绩及净值的历史波动程度,成立以来有无违规行为发生,产品估值政策、程序和定价模式,申购和赎回安排,杠杆运用情况等。若产品涉及投资组合或资产配置的,应当按照投资组合或资产配置的整体风险对该产品进行风险等级评估、分级。

(3) 当某个金融产品存在下列因素时,应特别予以关注并审慎评估其风险等级:①金融产品合同存在特殊免责条款、结构性安排、投资标的具有衍生品性质等导致普通投资者难以理解的;②金融产品不存在公开交易市场,或因参与投资者少等因素导致难以在短期内以合理价格顺利变现的;③金融产品的投资标的流动性差、存在非标准资产投资导致不易估值的;④金融产品或者服务投资杠杆达到相关要求上限、投资单一标的集中度过高的;⑤管理人、实际控制人、高管人员涉嫌重大违法违规行为或正在接受监管部门或自律管理部门调查的;⑥存在影响投资者利益的其他重大事项等。

金融产品的风险等级,可以是管理人依据一定标准进行分类评定的结果,金融产品代销机构也应当依据销售适当性原则,对管理人进行审慎调查后,据评估方案对产品进行风险评价或重新评级。评级是指依据一定标准对金融产品进行分析,从而做出优劣评价并划分风险等级。投资人在投资产品时,可以适当参考产品评级结果,但切不可把评级作为选择产品的唯一依据。此外,对产品管理人过往的业绩表现做出评价,并不代表其未来长期业绩的表现。

金融产品风险评级的方法

如何做到"不要把鸡蛋放在一个篮子里"? 深入了解金融产品的基本分类和风险评级方法,对投资者管理个人的资产配置是有帮助的。一般情况下,金融产品可以按大类划分为权益类、固定收益类、混合类、商品及金融衍生品类等,而后依据产品的不同类型和资产配置的比例,参照行业惯例设定一个金融产品的初始得分,具体如表 2-1 所示。

表 2-1　金融资产类别及资产配置比例

金融产品类型	相应类别资产比例	初始得分
权益类	股票、非上市股权类资产不低于80%	80
固定收益类	存款、债券等债权类资产不低于80%	货币市场 100 债券类 90
商品及金融 衍生品类	商品及金融衍生品的持仓合约价值的比例不低于80%, 且衍生品账户权益不低于20%	60
混合类	资产的比例未达到前三类产品标准的	80

产品管理机构或代销机构可以在监管要求的框架下制定风险评估方案,细化分项评估要素,并根据自身的风险管理能力水平,建立产品分级和匹配的标准。

针对拟销售产品的设计方案,在产品初始得分的基础上对该产品的各个评估项目进行加减分,得出该产品的最终得分后,按照不同的得分区间来划分产品的初始风险等级,经过审核确认程序后生效,具体如表 2-2 所示。

表 2-2　金融产品风险等级和客户风险承受能力匹配参考

最终得分(R)	金融产品风险等级	客户风险承受能力
$R \geqslant 90$	R1	C1
$80 \leqslant R < 90$	R2	C2
$70 \leqslant R < 80$	R3	C3
$60 \leqslant R < 70$	R4	C4
$R < 60$	R5	C5

金融产品销售的适当性匹配

金融产品销售应当把合适的产品或服务提供给合适的投资者,其目的是要做到"卖者有责,买者自负"。按照金融产品销售的适当性管理要求,预先纳入销售推介范围的目标客户,其风险承受能力应当与产品的风险等级以及投资目标和投资期限等相匹配;客户按照销售流程签署产品销售协议书和风险揭示书等一系列相关文件后,自主下单完成产品购买服务。对不同产品,还可以设置"冷静期",即允许客户在规定时间内撤回已经提交的购买申请。

通常不允许向不匹配的客户主动推介金融产品,不允许在公开媒体面向不确定对象推介金融产品,不允许承诺投资收益和保本等。对法规中明确的风险承受能力最低类别客户,还应提供特别保护,不得向其推介,且应当严格限制其购买中级及以上风险等级的金融产品或金融服务。

投资者应当配合金融机构的投资者适当性管理工作的必要工作程序,如实提供有效证明资料,签署投资风险揭示书。投资者不按照规定提供相关信息,提供信息不真实、不准确、不完整的,或者信息更新不及时的,提供虚假材料有意规避投资者适当性管理要求的,金融服务机构有权拒绝或限制其交易权限,且投资者要依法承担相应责任。

投资者开通不同类别证券业务权限
都有哪些适当性要求

投资者申请开通相关证券业务权限时应具备一定投资经验和金融资产门槛要求。除主板 A 股交易权限未作要求外,多数证券业务对投资经历或证券交易的知识经验要求不低于 24 个月;持有金融资产的门槛,在业务开通认定前 20 个交易日不低于 10 万或 50 万元。认定资产的范围包括银行存款、股票、债券、基金份额、资产管理计划、银行理财产品、信托计划、保险产品、期货及其他衍生产品等。以下介绍了投资者开通不同类别证券业务权限的基础条件。

主板

符合证券账户开户条件即可,对投资者没有资产和投资经验不作限制。

科创板

(1)申请权限开通前 20 个交易日证券账户及资金账户内的资产日均不低于人民币 50 万元(不包括该投资者通过融资融券融入的资金和证券)。

(2)参与证券交易 24 个月以上。

创业板

(1)申请权限开通前 20 个交易日证券账户及资金账户内的资产日均不低于人民币 10 万元(不包括该投资者通过融资融券融入的资金和证券)。

(2)参与证券交易 24 个月以上。

港股通

申请权限开通前 20 个交易日证券账户及资金账户内的资产日均不低于人民币 50 万元(不包括该投资者通过融资融券融入的资金和证券)。

股票期权

(1)申请权限开通前 20 个交易日证券账户及资金账户内的资产日均不低于人民币 50 万元(不包括该投资者通过融资融券融入的资金和证券)。

(2)交易经验满 6 个月,且具有融资融券交易经历或 6 个月以上的金融期货交易经历。

可转债

（1）申请权限开通前 20 个交易日证券账户及资金账户内的资产日均不低于人民币 10 万元（不包括该投资者通过融资融券融入的资金和证券）。

（2）参与证券交易 24 个月以上。

股转·基础层

（1）申请权限开通前 10 个交易日证券账户及资金账户内的资产日均不低于人民币 200 万元（不包括该投资者通过融资融券融入的资金和证券）。

（2）参与证券交易 24 个月以上。

股转·创新层

（1）申请权限开通前 10 个交易日证券账户及资金账户内的资产日均不低于人民币 100 万元（不包括该投资者通过融资融券融入的资金和证券）。

（2）参与证券交易 24 个月以上。

北交所

（1）申请权限开通前 20 个交易日证券账户及资金账户内的资产日均不低于人民币 50 万元（不包括该投资者通过融资融券融入的资金和证券）。

（2）参与证券交易 24 个月以上。

退市整理板

（1）申请权限开通前 20 个交易日证券账户及资金账户内的资产日均不低于人民币 50 万元（不包括该投资者通过融资融券融入的资金和证券）。

（2）参与证券交易 24 个月以上。

存托凭证

（1）申请权限开通前 20 个交易日证券账户及资金账户内的资产日均不低于人民币 50 万元（不包括该投资者通过融资融券融入的资金和证券）。

（2）参与证券交易 24 个月以上。

融资融券

（1）申请权限开通前 10 个交易日证券账户及资金账户内的资产日均不低于人民币 50 万元。

（2）参与证券交易 6 个月以上。

债券合格投资者

（1）申请资格认定前20个交易日名下金融资产日均不低于500万元，或者最近3年个人年均收入不低于50万元。

（2）具有2年以上证券、基金、期货、黄金、外汇等投资经历，或者具有2年以上金融产品设计、投资、风险管理及相关工作经历，或者属于"经有关金融监管部门批准设立的金融机构，包括证券公司、期货公司、基金管理公司及其子公司、商业银行、保险公司、信托公司、财务公司等；经行业协会备案或者登记的证券公司子公司、期货公司子公司、私募基金管理人"的合格投资者的高级管理人员、获得职业资格认证的从事金融相关业务的注册会计师和律师。

（3）机构合格投资者需同时符合以下条件：①最近1年末净资产不低于2 000万元；②最近1年末金融资产不低于1 000万元；③具有2年以上证券、基金、期货、黄金、外汇等投资经历。

私募合格投资者

（1）具有相应风险识别能力和风险承担能力；投资于单只私募基金的金额不低于100万元。

（2）金融资产不低于300万元或者最近3年个人年均收入不低于50万元的个人，或者投资于所管理私募基金的私募基金管理人及其从业人员。金融资产包括银行存款、股票、债券、基金份额、资产管理计划、银行理财产品、信托计划、保险产品、期货权益等。

（3）机构合格投资者需符合以下条件之一：①净资产不低于1 000万元的机构；②社会保障基金、企业年金、慈善基金；③依法设立并受国务院金融监督管理机构监管的投资计划；④依法设立并在中国基金业协会备案的私募基金产品。

资管新规是如何定义资产管理产品、产品分类和适当性匹配的

资管新规对资产管理产品的定义

《人民银行 银保监会 证监会 外汇局关于规范金融机构资产管理业务的指导意见》（银发〔2018〕106 号）在金融业内简称"资管新规"。其中明确"资产管理产品包括但不限于人民币或外币形式的银行非保本理财产品，资金信托，证券公司、证券公司子公司、基金管理公司、基金管理子公司、期货公司、期货公司子公司、保险资产管理机构、金融资产投资公司发行的资产管理产品等"（含公募产品和私募产品，不包括资产证券化业务，养老金产品）。

资管新规对资产管理产品的分类

资产管理产品按照投资性质的不同，分为固定收益类产品、权益类产品、商品及金融衍生品类产品和混合类产品。

固定收益类产品，投资于存款、债券等债权类资产的比例不低于 80%。

权益类产品，投资于股票、未上市企业股权等权益类资产的比例不低于 80%。

商品及金融衍生品类产品，投资于商品及金融衍生品的比例不低于 80%。

混合类产品，投资于债权类资产、权益类资产、商品及金融衍生品类资产且任一资产的投资比例未达到前三类产品标准。

非因金融机构主观因素导致突破前述比例限制的，金融机构应当在流动性受限资产可出售、可转让或者恢复交易的 15 个交易日内调整至符合前述比例要求。

金融机构在发行资产管理产品时，应当按照上述分类标准向投资者明示资产管理产品的类型并按照确定的产品性质进行投资。在产品成立后至到期日前，产品管理人不得擅自改变产品类型。混合类产品投资债权类资产、权益类资产和商品及金融衍生品类资产的比例范围，应当在发行产品时予以确定并向投资者明示，在产品成立后至到期日前不得擅自改变。产品的实际投向不得违反合同约定，如有改变，除高风险类型的产品超出比例范围投资较低风险资产外，应当先行取得投资者书面同意，并履行登记备案等法律法规以及金融监督管理部门规定的程序。

这里需要指出的是，市场上销售的理财产品中，有推出"固收＋"的概念，并不属于产品的标准分类。其中的"＋"代表产品中权益投资占比在 10%～30%，这部分权益类资产包括股票投资、打新、可转债等，用来增强收益。按照监管指导，如果权益投资占比超过 30%，则这类产品不能被称作"固收＋"，同时也不能按照"固收＋"的特征进行宣传。

资管新规对资产管理产品的适当性匹配要求

资产管理产品的投资者分为不特定社会公众和合格投资者两大类。其中,合格投资者是指具备相应风险识别能力和风险承担能力,投资于单只资产管理产品不低于一定金额且符合下列条件的自然人和法人或者其他组织。其具体要求如下:

(1)具有2年以上投资经历,且满足以下条件之一:家庭金融净资产不低于300万元,家庭金融资产不低于500万元,或者近3年本人年均收入不低于40万元。

(2)最近1年末净资产不低于1 000万元的法人单位。

(3)金融管理部门视为合格投资者的其他情形。

合格投资者投资于单只固定收益类产品的金额不低于30万元,投资于单只混合类产品的金额不低于40万元,投资于单只权益类产品、单只商品及金融衍生品类产品的金额不低于100万元。

投资者不得使用贷款、发行债券等筹集的非自有资金投资资产管理产品。

金融机构不得通过拆分资产管理产品的方式,向风险识别能力和风险承担能力低于产品风险等级的投资者销售资产管理产品。

私募基金投资八问八答

一问：私募基金的产品类型有哪些？

答：先了解私募投资基金（以下简称私募基金）的定义，私募基金是指在中华人民共和国境内，以非公开方式向投资者募集资金设立的投资基金。私募基金财产的投资包括买卖股票、股权、债券、期货、期权、基金份额及投资合同约定的其他投资标的。

私募投资基金的类型主要有私募证券投资基金、私募股权投资基金、资产配置类私募投资基金。

私募证券投资基金，基金资产主要投资于公开交易的股份有限公司股票、债券、期货、期权、基金份额以及中国证监会规定的其他资产。

私募股权投资基金，基金资产主要投向未上市企业股权、上市公司非公开发行或交易的股票以及中国证监会规定的其他资产。

资产配置类私募投资基金，基金资产主要采用基金中基金的投资方式，主要对私募证券投资基金和私募股权投资基金进行跨类投资。

监管规定：私募基金管理人不得直接或者间接从事民间借贷、担保、保理、典当、融资租赁、网络借贷信息中介、众筹、场外配资等任何与私募基金管理相冲突或者无关的业务（经中国证监会批准的除外）。

二问：私募基金的特点是什么？

答：私募投资基金运作分为募、投、管、退四个阶段，有以下特点：

第一，私募基金姓"私"。不得向合格投资者之外的单位和个人募集资金，不得通过公众传播媒体或者讲座、报告会、分析会和布告、传单、短信、微信、博客和电子邮件等方式向不特定对象宣传推介。

第二，私募基金要登记备案。各类私募基金管理人均应当向基金业协会申请登记；募集完毕均应当向基金业协会办理备案手续。但基金业协会的登记备案，不构成对私募基金管理人投资能力、持续合规情况的认可，不作为对基金财产安全的保证。

私募基金管理人应当在名称中标明"私募基金""私募基金管理""创业投资"字样，并在经营范围中标明"私募投资基金管理""私募证券投资基金管理""私募股权投资基金管理""创业投资基金管理"等体现受托管理私募基金特点的字样。

第三，私募基金非"债"。私募基金管理人和产品销售机构不得向投资者承诺资本金不受损失或者承诺最低收益，这类产品一般不具有固定收益证券的特点。

第四，私募投资重"匹配"。参与私募基金产品的投资者必须是"合格投资者"，从资产规模或收入水平、风险识别能力和风险承担能力、单笔最低认购金额有明确的规定和标准，投资者要如实填写风险调查问卷，承诺资产或者收入情况，确保委托资金来源合法，不得非法汇集他人资金投资私募基金。

要求对投资者的风险识别能力和风险承担能力进行评估，并由投资者书面承诺符合合格投资者条件；对私募基金产品，应当进行风险评级，且只可向风险识别能力和风险承担能力相匹配的投资者推介私募基金产品。

第五，私募运作要"透明"。私募基金管理人应当制定并同投资者签订基金合同，充分揭示投资风险；明确是否约定安排基金托管机构；如不委托第三方机构进行托管，应当明确保障私募基金财产安全的制度措施和纠纷解决机制；私募基金管理人应当坚持专业化管理、建立防范利益冲突和利益输送；应当严格按照基金合同约定如实向投资者披露信息。

三问："伪私募"有哪些特点？

答：（1）公开募集。通过公众传播媒体或者讲座、报告会、分析会和布告、传单、短信、微信、博客、电子邮件等形式向不特定对象宣传推介。故意模糊投资者适当性管理要求，向非合格投资者募集资金。

（2）保本保息。虚构或夸大投资项目，以投资标的大股东个人担保、投资标的关联机构担保等方式，承诺给予投资者保本，承诺给予投资者固定收益，承诺定期付息等。

（3）名基实贷。没有主动的风险管理，约定由基金管理人关联方、投资标的大股东或关联方溢价回购，从而达到变相从事放贷业务，违规为实控人自融的目的。

（4）未到基金业协会备案。以私募基金名义宣传、募集，但并未到基金业协会办理产品备案手续。

监管规定：私募基金管理人的出资人不得有代持、循环出资、交叉出资等情形，不得隐瞒关联关系或者将关联关系非关联化。同一单位、个人控股或者实际控制两家及以上私募基金管理人的，应当具有设立多个私募基金管理人的合理性与必要性，全面、及时、准确披露各私募基金管理人业务分工，建立完善的合规风控制度。

四问：如何避开私募基金销售中的宣传"套路"？

答：投资者参与私募基金的投资，应具有一定的经济实力，了解资本市场的规则体系，能结合自身的分析判断作出投资决策，并对私募管理机构和托管机构给予持续关注和监督。

高风险是私募基金的本质属性，揭示风险是私募机构的义务。对推介业务时过度包装、过度宣传，且不敢或刻意回避讲风险、讲隐患的私募机构，投资者要警

惕,谨防以下宣传"套路":

一是以"登记备案"信息的增信行为。宣传中将登记备案等同于监管部门的信用背书行为,利用备案信息自我宣传,是不当增信行为。

二是以"托管人托管"的增信行为。私募基金不强制要求托管,以"××银行/券商托管"为宣传噱头,是不当增信行为。

三是宣传承诺保本保收益或者高收益、定期付息;虚构或夸大投资项目、以虚假宣传造势、利用亲情诱骗、广设网点传销式销售、高额销售奖励等手段,骗取投资者的资金;故意夸大投资标的大股东个人增信、关联机构增信等。

监管规定:私募基金不得有向合格投资者之外的单位、个人募集,或者是违规"拼单"的行为;不得利用公开媒体、向不特定对象的宣传推介,承诺保本、固定比例损失、最低收益等行为,或在宣传中有片面性、误导性表述。

五问:私募基金投资应注意哪些事项?

答:第一,购买渠道要正规。切忌通过非法渠道购买,警惕违规募资,切记"你看中的是别人的收益,别人惦记的却是你的本金"。

私募基金管理人及其产品应当在基金业协会登记备案。做出投资决定前,应先在基金业协会官网进行查询,仔细阅读相关产品介绍,了解买的是谁的产品、与谁签约、资金划到何处、资金投向何处等,如发现异常,及时咨询基金业协会或监管部门。

第二,投资要量力而行。私募基金有高风险、高收益特征,同时还有初始投资额的要求,应审慎购买。

私募基金合格投资者标准,除单只私募基金投资额不低于100万元外,单位净资产不低于1 000万元,个人金融资产不低于300万元或者最近3年个人年均收入不少于50万元,同时应当具备足够的风险识别和承受能力,经过风险承受能力评估,并和所认购的产品风险等级相匹配。

第三,决策要理性谨慎。要保持清醒的头脑,切勿因高收益的吸引而放松警惕、盲目投资。

警惕以高收益为噱头,甚至打着私募基金的名义的诈骗、非法集资。投资者要自觉抵制"一夜暴富""快速致富""高收益无风险""保本保收益"等噱头诱惑,在充分了解风险的基础上,审慎决策。

六问:如何查证私募机构及其产品的真实信息?

答:私募机构及募集产品必须向监管机构登记备案,投资者在认购前可在中国证券投资基金业协会官网上查询私募机构及其备案的私募基金的基本情况,在全国企业信用信息公示系统上查询工商登记信息。

一是初步判断合规水平。

投资者可以登录基金业协会网站查阅相关信息,结合登记备案信息的质量对私募机构的合规运作情况进行初步判断,同时还应查看监管部门是否对私募管理人采取过监管措施等情况。

二是了解执业能力。

从媒体曝光和查处的案例看,私募基金行业从业背景复杂,有的在设立之初就是打着私募基金的招牌从事非法活动,以博取违法收益为目的。因此,对公司执业能力的判断应关注公司高管人员的教育背景及从业经历,对从业人员无执业能力的私募机构应持谨慎态度。

三是细看合同。

其一,注意合同约定的权利义务是否合理;合同文本是否完整(缺页漏页、一式多份的合同每份合同内容是否完全一致等);要仔细阅读条款,对不懂的概念、模糊的表述及时要求管理人解释说明;警惕短期限、定期付息,以及潜藏夸大、虚假宣传、忽悠蒙蔽的招数。其二,关注期限与收益的匹配,私募基金尤其是私募股权基金投资期限较长,"短期高利"往往不符合股权投资特征,可能存在"庞氏骗局"等较大违法违规风险,需提高警惕。

四是投后要持续关注。

投资者在认购私募基金产品后,要持续关注私募基金产品投资、运作情况,要求私募基金管理人按照约定履行信息披露义务。若发现管理人失联、跑路,基金财产被侵占、挪用,基金存在重大风险等情况,要及时向基金业协会或私募基金管理人注册地所在地证监局反映,或者在纠纷发生后及时通过仲裁、诉讼途径维护自身合法权益;若发现涉嫌诈骗、非法集资等犯罪线索,要及时向公安、司法机关报案。

七问: 如何识别非法集资行为?

答:"非法集资"犯罪在私募基金领域主要有非法吸收公众存款罪、集资诈骗罪两种。

2021年1月26日国务院颁布的《防范和处置非法集资条例》(国务院令第737号)规定:非法集资是指未经国务院金融管理部门依法许可或者违反国家金融管理规定,以许诺还本付息或者给予其他投资回报等方式,向不特定对象吸收资金的行为。

非法集资的三要件:一是"未经国务院金融管理部门依法许可或者违反国家金融管理规定",即非法性;二是"许诺还本付息或者给予其他投资回报",即利诱性;三是"向不特定对象吸收资金",即社会性。

《防范和处置非法集资条例》规定,除法律、行政法规和国家另有规定外,企业、个体工商户名称和经营范围中不得包含"金融""交易所""交易中心""理财""财富管理""股权众筹"等字样或者内容。

集资诈骗罪与非法吸收公众存款罪的区别主要在于犯罪的主观故意不同:集

资诈骗罪是行为人采用虚构事实、隐瞒真相的方法意图永久非法占有社会不特定对象的资金,具有非法占用的主观故意。

八问:非法集资行为有哪些方面的特点?

答:(1)募集对象。非法集资通常向社会不特定对象吸收资金,没有合格投资者标准、人数限制。

(2)募集方式。非法集资通常通过媒体、推介会、传单、手机短信等途径向社会公开宣传,特别是组织者通过发展下线,下线再发展同事、朋友、亲属等,以吸取公众资金。

(3)运作方式。非法集资一般没有真实的投资项目,通常以月、季、年为期,给付本金和利息,本质上是利用新投资人的钱向老投资人支付利息和短期回报。

(4)风险承担方式。非法集资通常保本保息,以高息、返利为诱饵,承诺在一定期限内还本付息或者给予固定回报。

监管规定:私募基金管理人及其从业人员从事私募基金业务,不得将基金资产和其他资产混同管理,不得将不同基金混同运作,不得变相开展资金池业务,不得有为实控人或项目提供自融等行为,不得将基金资产用于借贷、担保、明股实债等基金投资活动(有特别规定的除外)。

投资者应当学法、遵法、懂法、守法、用法。若出现私募基金管理人跑路、涉嫌非法集资等违法违规情况,或者出现投资者与管理人在履约过程中发生争议的情况,投资者应通过以下途径理性维护自身合法权益:通过邮件、现场投诉等方式向基金业协会反映;第一时间向管理人所在地公安机关报案;通过司法途径向法院起诉。

第三章 证券指数、期货和衍生品

中国 A 股市场的代表性指数有哪些

股市指数是由证券交易所或金融服务机构编制的表明股票行市变动的一种供参考的指示数字。在此，重点介绍 A 股市场以下几个主要指数。

沪深 300 指数

沪深 300 指数由沪深市场中规模大、流动性好的最具代表性的 300 只证券组成，于 2005 年 4 月 8 日正式发布，以反映沪深市场上市公司证券的整体表现。该指数以 2004 年 12 月 31 日为基日，基点为 1 000 点。

1. 样本空间

由同时满足以下条件的非 ST、＊ST 沪深 A 股和红筹企业发行的存托凭证组成：

（1）科创板证券、创业板证券：上市时间超过 1 年。

（2）其他证券：上市时间超过 1 个季度，除非该证券自上市以来日均总市值排在前 30 位。

2. 选样方法

（1）对样本空间内证券按照过去 1 年的日均成交金额由高到低排名，剔除排名后 50％的证券。

（2）对样本空间内剩余证券，按照过去 1 年的日均总市值由高到低排名，选前 300 名的证券作为指数样本。

需要注意的是，以上公司需经营状况良好，无违法违规事件，财务报告无重大问题，证券价格无明显异常波动或市场操纵。

3. 指数计算

$$报告期指数 = 报告期样本的调整市值/除数 \times 1\,000$$

此处，"除数"是指同组样本的基期市值。

其中：

$$调整市值 = \sum (证券价格 \times 调整股本数)$$

4. 调整周期

每半年审核 1 次沪深 300 指数样本，根据审核结果调整指数样本。调整实施时间分别为每年 6 月和 12 月的第二个星期五的下一交易日。特殊情况下，对指数样本做临时调整。

中证 500 指数

中证 500 是中证小盘 500 指数的简称，该指数以 2004 年 12 月 31 日为基日，以 1 000 点为基点。

1. 样本空间

中证 500 指数的样本空间同沪深 300 指数的样本空间，即由沪、深市场中规模大、流动性好的最具代表性的 300 只证券组成样本。

2. 选样方法

（1）在样本空间中剔除沪深 300 指数样本以及过去 1 年日均总市值排名前 300 的证券。

（2）对样本空间内剩余证券按照过去 1 年日均成交金额由高到低排名，剔除排名后 20％ 的证券。

（3）将剩余证券按照过去 1 年日均总市值由高到低进行排名，选取排名前 500 的证券作为指数样本。

3. 指数计算

$$报告期指数 = 报告期样本的调整市值/除数 \times 1\,000$$

此处，"除数"是指同组样本的基期市值。

其中：

$$调整市值 = \sum (证券价格 \times 调整股本数)$$

4. 调整周期

样本每半年调整 1 次，样本调整实施时间分别为每年 6 月和 12 月的第二个星期五的下一交易日。每次调整的样本比例一般不超过 10％。特殊情况下，对指数进行临时调整。

中证 1000 指数

中证 1000 指数选取中证 800 指数样本以外的规模偏小且流动性好的 1 000 只证券作为指数样本，与沪深 300 和中证 500 等指数形成互补。该指数以 2004 年 12 月 31 日为基日，以 1 000 点为基点。

1. 样本空间

指数样本空间由同时满足以下条件的非 ST、＊ST 沪深 A 股和红筹企业发行的存托凭证组成：

（1）科创板证券：上市时间超过 1 年；

（2）其他证券：上市时间超过 1 个季度，除非该证券自上市以来日均总市值排在前 30 位。

2. 选样方法

（1）剔除样本空间内中证 800 指数样本及过去 1 年日均总市值排名前 300 名的证券。

（2）将样本空间内证券按照过去 1 年的日均成交金额由高到低排名，剔除排名后 20％的证券。

（3）将样本空间内剩余证券按照过去 1 年日均总市值由高到低排名，选取排名在 1 000 名之前的证券作为指数样本。

3. 指数计算

$$报告期指数 = 报告期样本的调整市值/除数 \times 1\,000$$

此处，"除数"是指同组样本的基期市值。

其中：

$$调整市值 = \sum (证券价格 \times 调整股本数)$$

4. 调整周期

指数样本每半年调整 1 次，样本调整实施时间分别为每年 6 月和 12 月的第二个星期五的下一交易日。每次调整的样本比例一般不超过 10％。特殊情况下，对指数进行临时调整。

上证综合指数

上证综合指数由在上海证券交易所上市的符合条件的股票与存托凭证组成样本，反映上海证券交易所上市公司的整体表现。该指数以 1990 年 12 月 19 日为基日，以 100 点为基点。

1. 样本空间

上证综合指数的样本空间由在上海证券交易所上市的股票和红筹企业发行的存托凭证组成。ST、＊ST 证券除外。

2. 选样方法

上证综合指数选取所有样本空间内证券作为指数样本。

3. 指数计算

指数计算公式：

$$报告期指数 = 报告期样本总市值/除数 \times 100$$

此处，"除数"是指同组样本的基期市值。

其中：

$$总市值 = \sum (证券价格 \times 发行股本数)$$

4. 调整周期

上市以来日均总市值排名在沪市前 10 位的证券于上市满 3 个月后计入指数，其他证券于上市满 1 年后计入指数。样本被实施风险警示的，从被实施风险警示措施次月的第二个星期五的下一交易日起将其从指数样本中剔除；被撤销风险警示措施的，从被撤销风险警示措施次月的第二个星期五的下一交易日起将其计入指数。当样本退市时，将其从指数样本中剔除。

上证 180 指数

上证 180 指数以沪市证券为样本空间，在行业内选取综合排名最靠前的 180 只证券作为样本，旨在建立一个反映上海证券市场的概貌和运行状况，能够作为投资评价尺度及金融衍生产品基础的基准指数。该指数以 2002 年 6 月 28 日为基日，以 3 299.06 点为基点。

1. 样本空间

指数样本空间由同时满足以下条件的非 ST、* ST 沪市 A 股和红筹企业发行的存托凭证组成：

（1）科创板证券：上市时间超过 1 年。

（2）其他证券：上市时间超过 1 个季度，除非该证券自上市以来日均总市值排在前 18 位。

2. 选样方法

按照以下四个步骤选择经营状况良好、无违法违规事件、财务报告无重大问题、股票价格无明显异常波动或市场操纵的公司：

（1）根据总市值和成交金额对证券进行综合排名。

（2）按照行业的自由流通调整市值比例分配样本只数。

（3）按照行业的样本分配只数，在行业内选取综合排名最靠前的证券。

（4）对各行业选取的样本作进一步调整，使样本总数为 180 只。

3. 指数计算

$$报告期指数 = \frac{报告期样本的调整市值}{除数} \times 3\,299.06$$

此处，"除数"是指同组样本的基期市值。

其中：

$$调整市值 = \sum (证券价格 \times 调整股本数)$$

4. 调整周期

指数样本每半年调整 1 次，调整实施时间分别为每年 6 月和 12 月的第二个星期五的下一交易日。每次调整的样本比例一般不超过 10%。特殊情况下，对指数进行临时调整。

上证 50 指数

上证 50 指数是以上证 180 指数样本为样本空间,挑选上海证券市场规模大、流动性好的最具代表性的 50 只证券作为样本,综合反映上海证券市场最具市场影响力的一批龙头企业的整体表现。该指数以 2003 年 12 月 31 日为基日,以 1 000 点为基点。

1. 样本空间

上证 50 指数样本空间同上证 180 指数的样本空间,即以行业内综合排名最靠前的 180 只证券为样本。

2. 选样方法

对样本空间内的证券按照过去一年的日均总市值、日均成交金额进行综合排名,选取排名前 50 位的证券组成样本。

3. 指数计算

$$报告期指数 = \frac{报告期样本的调整市值}{除数} \times 1\,000$$

此处,"除数"是指同组样本的基期市值。

其中:

$$调整市值 = \sum (证券价格 \times 调整股本数)$$

4. 调整周期

指数样本每半年调整 1 次,样本调整实施时间分别为每年 6 月和 12 月的第二个星期五的下一交易日。每次调整的样本比例一般不超过 10%。特殊情况下,对指数进行临时调整。

科创 50 指数

上证科创板 50 成分指数由上海证券交易所科创板中市值大、流动性好的 50 只证券组成,反映最具市场代表性的一批科创企业的整体表现。该指数以 2019 年 12 月 31 日为基日,以 1 000 点为基点。

1. 样本空间

上证科创板 50 成分指数样本空间由满足以下条件的科创板上市证券(含股票、红筹企业发行的存托凭证)组成:

(1)上市时间超过 6 个月;待科创板上市满 12 个月的证券数量达 100 只至 150 只后,上市时间调整为超过 12 个月。

(2)上市以来日均总市值排名在科创板市场前 5 位,定期调整数据考察截止日后第 10 个交易日时,上市时间超过 3 个月。

（3）上市以来日均总市值排名在科创板市场前 3 位,不满足前一条件,但上市时间超过 1 个月并获专家委员会讨论通过。

需要注意的是,存在以下情形的公司被排除在外:①被实施退市风险警示;②存在重大违法违规事件、重大经营问题、市场表现严重异常等不宜作为样本的情形。

2. 选样方法

（1）对样本空间内的证券按照过去 1 年的日均成交金额由高到低排名,剔除排名后 10% 的证券作为待选样本。

（2）对待选样本按照过去 1 年的日均总市值由高到低排名,选取排名前 50 的证券作为指数样本。

3. 指数计算

$$报告期指数 = \frac{报告期样本的调整市值}{除数} \times 1\,000$$

此处,"除数"是指同组样本的基期市值。

其中:

$$调整市值 = \sum(证券价格 \times 调整股本数 \times 权重因子)$$

4. 调整周期

样本每季度调整 1 次,样本调整实施时间为每年 3 月、6 月、9 月和 12 月的第二个星期五的下一交易日。每次调整数量比例原则上不超过 10%。特殊情况下,对指数样本进行临时调整。

深证成分指数

为了反映深圳证券市场的整体运行特征,提供表征中国新兴成长性企业的业绩基准和投资标的,编制深证成分指数。该指数以 1994 年 7 月 20 日为基日,以 1 000 点为基点。

1. 选样空间

在深圳证券交易所上市交易且满足下列条件的所有 A 股:

（1）非 ST、＊ST 股票。

（2）上市时间超过 6 个月,A 股总市值排名位于深圳市场前 1‰ 的股票除外。

（3）公司最近 1 年无重大违规、财务报告无重大问题。

（4）公司最近 1 年经营无异常、无重大亏损。

（5）考察期内股价无异常波动。

2. 选样方法

（1）计算入围选样空间股票在最近半年的 A 股日均总市值和 A 股日均成交

金额。

（2）对入围股票在最近半年的 A 股日均成交金额按从高到低排序,剔除排名后 10％的股票。

（3）对选样空间剩余股票按照最近半年的 A 股日均总市值从高到低排序,选取前 500 名股票构成指数样本股。

（4）在排名相似的情况下,优先选取行业代表性强、盈利记录良好的上市公司股票作为样本股。

3. 指数计算

深证成分指数采用派氏加权法,依据下列公式逐日连锁实时计算:

$$实时指数 = 上一交易日收市指数 \times \frac{\sum (样本股实时成交价 \times 样本股权数)}{\sum (样本股上一交易日收市价 \times 样本股权数)}$$

4. 调整周期

指数样本股每半年调整 1 次,每年 6 月和 12 月的第二个星期五的下一个交易日实施。每次样本股调整数量不超过样本总数的 10％。特殊情况下,可能对样本进行临时调整。

创业板指数

为了反映创业板市场的运行特征,提供表征中国创新创业企业的业绩基准与投资标的,编制了创业板指数。该指数以 2010 年 5 月 31 日为基日,以 1 000 点为基点。

1. 样本空间

在深圳证券交易所创业板上市交易且满足下列条件的所有 A 股:

（1）非 ST、＊ST 股票。

（2）上市时间超过 6 个月,A 股总市值排名位于深圳市场前 1％的股票除外。

（3）公司最近 1 年无重大违规、财务报告无重大问题。

（4）公司最近 1 年经营无异常、无重大亏损。

（5）考察期内股价无异常波动。

2. 选样方法

（1）计算入围选样空间股票在最近半年的 A 股日均总市值和 A 股日均成交金额。

（2）对入围股票在最近半年的 A 股日均成交金额按从高到低排序,剔除排名后 10％的股票。

（3）对选样空间剩余股票按照最近半年的 A 股日均总市值从高到低排序,选取前 100 名股票构成指数样本股。

（4）在排名相似的情况下，优先选取行业代表性强、盈利记录良好的上市公司股票作为样本股。

3. 指数计算

深证 100 指数采用派氏加权法，依据下列公式逐日连锁实时计算：

$$实时指数 = 上一交易日收市指数 \times \frac{\sum（样本股实时成交价 \times 样本股权数）}{\sum（样本股上一交易日收市价 \times 样本股权数）}$$

4. 调整周期

指数样本股每半年调整 1 次，每年 6 月和 12 月的第二个星期五的下一个交易日实施。每次样本股调整数量不超过样本总数的 10%。特殊情况下，可能对样本进行临时调整。

三板做市成分指数

三板做市指数聚集于新三板市场中交投更为活跃的做市股票，兼顾表征性与投资功能需求，并于盘中实时发布，是新三板的首批指数之一。该指数以 2014 年 12 月 31 日为基日，以 1 000 点为基点。

1. 样本空间

三板做市指数样本空间由在审核截止日同时满足以下条件的全国中小企业股份转让系统挂牌公司组成：

（1）在审核截止日以前已采用做市交易方式。

（2）股票挂牌以来有成交。

（3）非 ST 的挂牌公司股票。

2. 选样方法

三板做市指数样本是按照以下方法选择经营状况良好、无违法违规事件、财务报告无重大问题、股票价格无明显异常波动或市场操纵的挂牌公司：

（1）计算样本空间内挂牌公司最近 3 个月（新股为挂牌第 4 个交易日以来）的日均成交金额与日均总市值。

（2）对样本空间内挂牌公司按照过去 3 个月日均成交金额和日均总市值进行排名，所得排名相加得到综合排名；根据综合排名升序排列，按照市值覆盖样本空间内挂牌公司总市值的 85% 来确定指数的样本数量。

（3）根据在新三板市场挂牌且交易方式为做市交易的所有公司的投资型二级行业来分配三板做市指数中各行业的样本数量。

各行业公司的分配比例如下：

$$第 i 行业分配公司数量 = 85\% \times 总市值覆盖确定的样本数量 \times \frac{第 i 行业做市交易公司数量}{全部做市交易挂牌公司数量}$$

按照行业的样本分配数量,在样本空间的行业内选取综合排名靠前的股票,构成最新一期三板做市的指数样本股。

3. 指数计算

$$报告期指数 = 报告期成分股的调整市值/除数 \times 1\,000$$

此处,"除数"是指同组样本的基期市值。

其中:

$$调整市值 = \sum (股价 \times 流通股本数 \times 权重上限因子)$$

权重上限因子使得单个二级行业权重上限为 25%,个股上限为 5%。

4. 调整周期

该指数每季度调整 1 次,样本股调整实施时间为 3 月、6 月、9 月和 12 月的第二个星期五收盘后下一个交易日。特殊情况下,可对指数样本股做临时调整。

北证 50 成分指数

北证 50 成分指数定位于反映北交所市场最具代表性的 50 只证券的整体表现,兼顾表征性和投资性,为市场提供投资基准及指数产品标的。该指数编制计算与主流指数基本保持一致。该指数以 2022 年 4 月 29 日位基日,以 1 000 点为基点。

1. 样本空间

北证 50 指数样本空间由在审核截止日同时满足以下条件证券组成:

(1) 上市时间超过 6 个月(推出初期),上市以来日均总市值排名在北交所市场前 5 名且发行总市值超过 100 亿元的除外。

(2) 非退市风险警示及其他风险警示类上市公司证券。

2. 选样方法

北证 50 指数样本按照以下方法选择经营状况良好、无违法违规事件、财务报告无重大问题、价格无明显异常波动或市场操纵的上市公司证券:

(1) 对样本空间内的证券按照过去 6 个月的日均成交金额由高到低排名,剔除排名后 20% 的证券。

(2) 对剩余证券按照过去 6 个月的日均总市值由高到低排名,选取排名前 50 的证券,构成最新一期北证 50 指数样本。

3. 指数计算

$$报告期指数 = \frac{报告期成分股的调整市值}{除数} \times 1\,000$$

此处,"除数"是指同组样本的基期市值。

其中：

$$调整市值 = \sum(证券价格 \times 调整股本数 \times 权重因子)$$

权重因子介于 0 和 1 之间，以使单个样本权重不超过 10%，前五大样本权重合计不超过 40%。

4. 调整周期

每季度审核一次样本，并根据审核结果调整指数样本。样本定期调整的参考依据为 6 个月日均数据。每次调整数量比例一般不超过 10%。排名前 40 的候选新样本优先进入指数，排名在前 60 名的老样本优先保留。临时调整按照相关规则处理。

此外，受到国内外投资者关注度较高的 2 个和 A 股相关的指数，一个是在新加坡交易所上线交易的"富时中国 A50 指数"，一个是在港交所上线交易的"MSCI 中国 A50 互联互通指数"。

富时中国 A50 指数，由富时罗素公司编制，以沪深两市按流通比例调整后市值最大的 50 家 A 股公司为样本进行编制，其占有合格 A 股市场流通市值约 33.2%，代表中国股市的发展方向。该指数以 2003 年 7 月 21 日为基期，以 5 000 点为基点，每年 1 月、4 月、7 月和 10 月对样本股进行定期调整。

MSCI 中国 A50 互联互通指数，由 MSCI（明晟）所编制，追踪 50 只通过沪港通和深港通交易的主要沪深股票表现的指数。该指数根据宽基基准指数 MSCI 中国 A 股指数（母指数）构建，从满足互联互通条件的股票中选取 50 家，在 11 个 GICS 行业板块中选出 2 只权重最大的股票，剩余的 28 只成分股按市值选，每季度调整 1 次。

投资者所熟悉的上证 50 指数、富时中国 A50 指数都属于大盘宽基指数。富时中国 A50 期货的交易时间比较长，中国法定节假日正常交易，因此可以用于观察 A 股休市时的市场表现。而 MSCI 中国 A50 互联互通指数采用创新方法编制，改变了长期以来金融板块比例过高的状况，提升了新能源和医药等板块的占比，力求更加均衡代表广泛的中国 A 股市场。

股票指数分类与基金选择

按照指数的编制主体来划分,国内的证券指数可划分为四大系列,分别是中证系列、上证系列、深证系列和国证系列,由两家指数公司进行研发:中证指数公司和深证证券信息有限公司。进一步往下细分,国内的证券指数还可划分为规模指数、行业指数、风格指数、主题指数、策略指数和综合指数。

股票指数的分类

本篇重点介绍跟 A 股有关的几个指数。其按照编制方法和性质,可以分为规模指数、行业指数、风格指数、主题指数和策略指数。

1. 规模指数

规模指数是指数体系中最为重要也是最为核心的一个指数类别,参考价值最大,主要是以成分股的市值和流动性作为筛选标准,比如投资者比较熟悉的上证50、沪深 300、中证 500 指数都属于中证规模指数,跟踪规模指数的基金规模较大,几乎占据市场的一半。

2. 行业指数

行业指数先把股票按照一定的行业分类规则分入不同的行业,再把这些股票按照一定的规则编制成指数,比如银行、保险、证券、医药、能源和消费行业指数等。

一般地,我们习惯称规模指数为宽基指数,称行业指数为窄基指数。相对于窄基指数,宽基指数是市场上覆盖股票面广泛,具有相当代表性的指数,跟踪行业指数的基金也是较为常见的一类。

3. 风格指数

风格指数是按照股票的风格划分为成长和价值、大盘和小盘等不同类型,比如300 成长、300 价值等,跟踪这类指数的基金数量和规模较小,其中最有名的是沪深300 价值,规模虽然不大,却在市场中很受专业投资者的关注。

4. 主题指数

市场从不缺热点,每一阶段都有热点出现。主题指数就是发现这些热点趋势并将能够受惠的相关产业和上市公司所对应个股编制成指数。主题指数和行业指数定义类似,行业指数有具体规范的行业划分与定义,而主题的定义和划分,比如低碳、新材料、人工智能、新能源汽车、央企改革创新等,则较难统一。主题指数的内容很丰富,各种类型的主题都有,跟踪这类指数的基金数量也很多,仅次于前面的跟踪规模类指数的基金,但基金资产规模相对要低一些。

5. 策略指数

相较于前几类指数,策略指数要更复杂一些,其以普通规模指数为基础,根据不同投资策略挑选出符合要求的成分股,然后编制成指数。通俗来看,其在被动投资的基础上融入了部分主动投资理念,比如"红利低波指数"就是比较常见的策略指数。目前跟踪策略指数的基金数量比较少,规模比较小,主要集中在一些策略基金。

股票指数及基金的选择

上述 5 种类别的股票指数很清晰地代表了不同类别的投资偏好,通过它们,我们可以很方便地选择自己偏好投资的指数。指数基金严格跟踪指数,指数的表现基本决定了基金的表现,所以在投资指数基金之前,投资者需要先了解指数。

第一,选择大类基金,如果没有明显看好的行业,想投资市场整体或某个局部市场整体,期望获取对应市场的平均收益,可以选择规模指数,跟着大势走,看好整个 A 股市场就可以买入沪深 300 指数基金,看好创业板就可以买入创业板 ETF;如果明确看好某个行业或主题,可以选择行业或主题指数,更有针对性。

第二,甄选同类基金。需要注意两个点,一个是覆盖市场的不同。同样是消费指数,上证消费、深证消费只投资一个市场,中证消费、国证消费则是全市场选股。另一个是行业主题的不同。即使是投资同样主题的指数,它们的覆盖面和聚焦点也可能不一样。只有充分了解了指数的不同,才能在类似主题的产品中精准找到自己想要的那只。

证券指数加权方式

　　股票指数多种多样,股票指数可以作为金融产品业绩基准和投资者资产配置的参考,那么,股票指数加权计算有哪些方式?

派氏加权

　　派氏加权是加权综合公式的一种。1874 年,德国统计学家帕舍(Paasche)提出了用报告期消费量加权计算总指数,这一公式被称为派氏公式,采用计算期发行量或成交量作为权数,其适用性较强,使用广泛,很多著名股价指数,如标准普尔指数等都采用这一方法。其计算公式为:报告期指数 = 报告期样本股的调整市值/基期样本股调整市值×基期指数。

价格加权

　　价格加权指数是指数中样本股票价格的算术平均。这是最简单的一种指数加权方法,用成分股股价的平均价格计算即可。价格加权指数在实务中被广泛运用,比如我们熟知的道琼斯工业指数与日经 225 指数就是采取这种方法构建的。这种加权方法的一个缺点是容易受到高价股票的影响。

等权重加权

　　等权重指数给予所有的成分股票相同的权重。因为买入量相同意味着各成分股的持有市值相同,无论股价高低,相同幅度的价格变动对指数的影响也会相同,这就消除了价格权重带来的高价股影响的问题。

市值加权

　　为了消除等权重法下引入的小盘股影响偏差,可以采用市值加权方式:每一个证券的权重等于该证券市值在整个组合市值中的权重。采用这种加权方法,市值越大,权重越高,对指数的影响越大。如国内市场的上证 50、沪深 300、中证 500 等指数,均采用市值加权方式。而作为投资标的,市值加权指数存在一个缺陷,即被动地持有过多被高估的股票,却持有过少被低估的股票,会使指数化资产持有者在承担了更多风险的同时减少了收益。

基本面加权

　　基本面加权即成分股的权重根据基本面指标(净利润、分红、净资产、营收、现金流等指标)进行分配,也称为基本面权重法。比如股票净利润越高,股票权重越高。与市值权方式相比,基本面权重法确定的权重往往不会受到指数成分股票的股价变化影响(但是长期来看,又与股价有关)。基本面权重法确定权重时可以以一个基本面信息或者多个基本面信息为依据。因为公司的基本面是客观的,不会受到股票市场上股票供需关系的影响,也不会受到高估市值股票的影响。

自由流通市值加权

现在市场上使用比较多的方法是构建自由流通市值加权的指数。自由流通市值是可供公众交易的股份,不包含控股股东不愿意出售而持有的股份数,比如伯克希尔公司的流通股就会去除巴菲特以及其他大股东持有的份额,计算的时候通常也会删除政府以及母公司持有的份额,以及不对境外投资者开放的份额。

证券公司客户参与期货业务的桥梁
——中间介绍制度

中间介绍制度

中间介绍(introducing broker, IB)制度是指机构(比如证券公司)或者个人接受期货经纪商的委托,介绍客户给期货经纪商并收取一定佣金的业务模式。IB制度起源于美国,在全球金融期货交易发达的国家和地区得到普遍推广。2007年修订的《期货交易管理条例》明确,为期货公司提供IB等业务的,应当取得国务院期货监督管理机构批准的业务资格,具体管理办法由国务院期货监督管理机构制定。

目前,我国现行的IB制度,即券商介绍客户给期货公司模式,其初衷是方便投资者有序参与股指期货市场,联通证券与期货两个方面资源。期货公司与客户之间是"经纪关系",券商和期货公司之间是"介绍关系"。对建立IB业务关系的证券公司、期货公司,各自应成立或指定"IB业务管理部门"和专职岗位,负责业务管理和对接。

2007年4月,中国证监会颁布《证券公司为期货公司提供中间介绍业务试行办法》(以下简称《IB办法》),对证券公司从事IB业务的资格条件、业务范围、业务规则、监管制度等内容进行了较为详细的规定。从2008年年初开始,中国证监会开始陆续核准证券公司为期货公司提供IB业务资格。

证券公司IB业务范围和职责

按照《IB办法》的规定,证券公司受期货公司委托从事介绍业务,应当提供下列服务:一是协助办理开户手续;二是提供期货行情信息、交易设施;三是中国证监会规定的其他服务;四是协助期货公司向客户提示风险等。

1. 证券营业部协助开户的职责

(1) 受理客户开户申请。

(2) 解释介绍业务委托关系。

(3) 实名制审核。

(4) 适当性制度的操作审核和综合评估,包括确认不属于禁止开户对象、进行知识测试、核实投资者交易经历、进行综合评估、特别风险揭示等。

(5) 揭示风险、揭示合同、交易流程。

(6) 指导客户阅读和签署开户资料,包括风险说明书、客户须知、开户申请表、期货经纪合同、银证转账协议书、资信调查评估表、IB业务客户须知等。

(7) 采集客户影像资料。

(8) 将开户资料提交期货公司审核。

2. 证券营业部专职 IB 业务人员的基本职责

（1）熟悉期货风险管理系统的构成及操作、期货合约的即时保证金率、风险度的计算方法、期货行情系统、了解客户的相关信息等。

（2）关注期货行情及 IB 客户的持仓、账户风险度，从服务客户的角度提醒客户注意持仓风险。

（3）加强与期货公司风控人员之间的沟通，做到责任清晰、衔接顺畅、风控有效。

（4）联合办法中约定的其他相关工作。

证券公司和期货公司 IB 制度的主要法规和规章

2007 年 3 月，国务院发布《期货交易管理条例》(2007 年、2012 年修订)。

2007 年 4 月，中国证监会发布《证券公司为期货公司提供中间介绍业务试行办法》。

2007 年 10 月，中国证券业协会和中国期货业协会联合发布《证券公司为期货公司提供中间介绍业务协议指引》(2010 年修订)。

2010 年 1 月，中国证监会发布《关于进一步加强证券公司为期货公司提供中间介绍业务管理的通知》。

2010 年 1 月，中国证监会发布《证券公司为期货公司提供中间介绍业务操作指引》(2022 年修订发布)。

需要注意的是，沪深 300 股指期货是以沪深 300 指数为标的物的期货品种，在 2010 年 4 月 16 日由中国金融期货交易所推出。上证 50 股指期货是以上证 50 指数作为标的物的期货品种，在 2015 年 4 月 16 日由中国金融期货交易所推出。中证 500 指数期货是以中证 500 指数作为标的物的期货品种，在 2019 年 4 月 16 日由中国金融期货交易所推出。中证 1000 股指期货合约和期权合约，跟踪中证 1000 指数，挂牌交易时间为 2022 年 7 月 22 日，由中国金融期货交易所推出。

期权的风险、投资者适当性和分级交易权限

期权风险的划分

1. 一般风险

期权是具有杠杆性、跨期性、联动性、高风险性等特征的金融衍生工具。期权业务不同于股票交易业务,期权业务采用保证金交易方式,除参与市场的一般风险因素外,潜在损失可能被成倍放大,损失的总额可能超过全部保证金。

因此,在办理期权业务前,应当充分理解期权投资者应当具备的经济能力、专业知识和投资经验,全面评估自身的经济承受能力、投资经历、产品认知能力、风险控制能力、身体及心理承受能力等。投资者应当了解期权的基础知识、相关法律、法规、规章、交易所业务规则和各类公告信息、中国结算业务规则和各类公告信息以及期权经营机构的相关法律文件,审慎决定是否参与期权业务。

2. 交易风险

(1) 期权的买方在行权交收前不享有作为合约标的持有人应当享有的权利。与股票、期货等投资工具相比,期权交易的不同之处在于其非线性的损益结构的特点,期权合约标的价格波动、期权价格波动及其他市场风险都可能造成投资的损失。比如,期权标的价格波动导致期权不具行权价值,期权买方将损失付出的所有权利金;期权卖方需承担行权履约义务,因合约标的价格波动导致的损失可能远大于其收取的权利金。此外,期权的涨跌幅限制的计算方式也与现货涨跌幅计算方式不同,投资者应当关注期权合约的每日涨跌停价格。

(2) 期权买入交易时,可选择将期权合约平仓、持有至到期行权或者任由期权合约到期但不行权;持有权利仓的客户在合约到期时选择不行权的,客户将损失其支付的所有投资金额,包括权利金及交易费用。

(3) 期权合约可能难以或无法平仓的风险及其可能造成的损失,当市场交易量不足或者连续出现单边涨跌停价格时,期权合约持有者可能无法在市场上找到平仓机会。

(4) 客户的持仓量超过规定限额的,还将导致其面临被限制卖出开仓、限制买入开仓以及强行平仓的风险。

3. 结算交割的主要风险

(1) 客户未履行资金、合约标的的交收义务,将面临被限制开新仓、未平仓合约被强行平仓、无法获得应收合约标的的风险。

(2) 当保证金余额不足时,应在规定时间内存入所需保证金或者自行平仓;否则,客户将面临被限制开新仓以及未平仓合约被强行平仓等风险。

（3）提示客户在期权合约的最后交易日，有可能因期权合约交易停牌而无法进行正常的开仓与平仓。

（4）提示客户当合约标的发生暂停或终止上市，深交所有权将未平仓的期权合约提前至合约标的暂停或终止上市前最后交易日的前一交易日到期并行权。

（5）临近到期日时买入严重虚值期权，期权到期日时，如果期权没有处于实值状态，买方将损失全部权利金。

期权开户的适当性要求

期权交易者可以分为普通交易者和专业交易者。由于期权业务的复杂性和相对较高的风险特征，股票期权交易实行更为严格的交易者适当性制度。

个人投资者期权开户应当遵循的适当性管理要求"五有一无"，具体要求如下：

（1）有资产：申请开户前20个交易日证券账户及资金账户内的资产日均不低于人民币50万元（不包括该投资者通过融资融券融入的资金和证券）。

（2）有经验：在证券公司开户6个月以上并具备融资融券业务参与资格或者金融期货交易经历；或者在期货公司开户6个月以上并具备金融期货经历。

（3）有知识：具备期权基础知识，通过交易所的相关测试。

（4）有相应的风险承受能力：通过适当性综合评估，客户分级在稳健型及以上。

（5）有模拟交易经历。

（6）无不良记录：无不良诚信记录和法律、行政法规、部门规章、规范性文件及交易所业务规则禁止或限制从事期权交易的情形。

普通机构投资者参与期权交易，应当符合下列条件：

（1）申请开户前20个交易日证券账户及资金账户内的资产日均不低于人民币100万元（不包括该投资者通过融资融券融入的资金和证券）。

（2）净资产不低于人民币100万元。

（3）相关业务人员具备期权基础知识，通过本所认可的相关测试。

（4）相关业务人员拥有本所认可的期权模拟交易经历。

（5）无严重不良诚信记录和法律、行政法规、部门规章、规范性文件及本所业务规则禁止或者限制从事期权交易的情形等。

投资者在办理期权业务前，必须承诺开展期权业务机构制订的《股票期权风险揭示书》的各项内容，本人/单位已仔细阅读并完全理解，愿意自行承担股票期权交易的风险和损失，由客户仔细阅读并签字确认内容。

期权投资者交易权限的分级管理

以上海证券交易所股票期权为例，个人投资者申请的交易权限级别分为一级、二级、三级交易权限。

具有一级交易权限的个人投资者,可以进行下列期权交易:

(1)在持有期权合约标的时,进行相应数量的备兑开仓。

(2)在持有期权合约标的时,进行相应数量的认沽期权买入开仓。

(3)对所持有的合约进行平仓或者行权。

参考策略:备兑开仓策略、保险策略。

具有二级交易权限的个人投资者,可以进行下列期权交易:

(1)一级交易权限对应的交易。

(2)买入开仓。

参考策略:买入看涨/看跌期权、买入跨式/宽跨式价差等。

具有三级交易权限的个人投资者,以及普通机构投资者、专业机构投资者,可以进行下列期权交易:

(1)二级交易权限对应的交易。

(2)保证金卖出开仓。

参考策略:牛市价差、熊市价差、蝶式价差等。

股票、股指期权产品在国内主要交易所的挂牌情况

根据《期货和衍生品法》的规定,股票期权合约品种的上市应当符合中国证监会的规定,由证券交易所依法报经中国证监会注册。股票期权合约品种的中止上市、恢复上市、终止上市应当向中国证监会备案。

国内已上市股票、股指期权品种如表 3-1 所示。

表 3-1　国内已上市股票、股指期权品种

(截至 2022 年 12 月)

交易所	股票期权产品	合约标的	ETF 基金管理人	上市日期
上海证券交易所	50ETF 期权	上证 50ETF	华夏基金	2015-2-9
	300ETF 期权	华泰柏瑞 300ETF	华泰柏瑞基金	2019-12-23
	500ETF 期权	南方中证 500ETF	南方基金	2022-9-19
深圳证券交易所	300ETF 期权	嘉实沪深 300ETF	嘉实基金	2019-12-23
	500ETF 期权	嘉实中证 500ETF	嘉实基金	2022-9-19
	创业板 ETF 期权	易方达创业板 ETF	易方达基金	2022-9-19
	深证 100ETF 期权	易方达深证 100ETF	易方达基金	2022-12-12
中国金融期货交易所	沪深 300 股指期权	沪深 300 指数		2019-12-23
	中证 1000 股指期权	中证 1000 指数		2022-7-22
	上证 50 股指期权	上证 50 指数		2022-12-19

股指期货与商品期货、股票交易、融资融券有何不同

股指期货(share price index futures，SPIF)是指以某种股价指数为标的物的标准化期货合约，其以标的指数做期货交易，合约到期后通过现金结算差价进行交割，是金融期货的一个类型。推出股指期货具有健全股票市场价格(发现)形成机制和对冲股票市场价格风险的功能，可以提高资本市场运行的质量。

股指期货交易实行严格的投资者适当性制度，如果投资者具备相应的专业知识和研究能力，可以通过不同交易策略和资产配置策略的应用，改变风险报酬，获得更多收益。股指期货交易过程中，投资者可能会遇到市场风险、操作风险、现金流风险、流动性风险和技术风险等，因此，必须正确认识股指期货的产品特征和风险特征。

股指期货与商品期货的主要区别

第一，标的物不同。商品期货的标的是实物的标准化合约；而股指期货的标的是虚拟的股票价格指数。

第二，报价单位不同。商品期货的报价单位是价格，如：元/吨、元/克，等等；而股指期货的报价单位是指数点。

第三，交割形式不同。商品期货到期采取实物交割，即空方提交实物商品，多方全额支付货款并提走商品；股指期货到期采取现金价差交割，不涉及股票交易。

股指期货与股票的区别

第一，投资杠杆不同。股指期货采取保证金交易，投入资金的盈亏对指数涨跌均有放大效果(杠杆比率可达到5～8倍)；而股票交易是全额支付，投入资金的盈亏等于股价涨跌。

第二，交易方向不同。股指期货可以做多，也可以做空；股票交易只能单向做多。

第三，交易模式不同。股指期货是T+0交易的，买入(卖空)后当日可以卖出(买回)；A股市场的股票交易是T+1的，买入后必须到下一个交易日才能卖出。

第四，结算方式不同。股指期货采取当日无负债结算制度，每天收盘后都会按照结算价计算持仓盈亏，并体现在账户的可用现金上；股票交易的盈亏则只有在股票卖出后才进行结算。

第五，存续时限不同。股指期货每张期货合约都有到期时间，到期自动进入结

算;股票则没有到期时间。

股指期货和融资融券在产品特征上的区别

第一,股指期货以特定指数为标的;而融资融券是对单只股票的杠杆交易或者卖空操作。

第二,投资者只要拥有金融期货账户就可以直接交易股指期货;而融资融券的资金或者股票通常来自证券公司,投资者每次进行信用交易都需要向证券公司申请额度并获得许可。

第三,按照中金所现行规定,股指期货保证金比例不低于12%,这就意味着股指期货最大可以提供8倍以上的杠杆;而融资融券的杠杆率(资金放大效果)比股指期货低得多。

股指期货买入套期保值与卖出套期保值的应用

股指期货的应用主要可以分为四类:套期保值(规避系统性风险)、套利(规避单边风险和增厚收益)、投机(做差价)、资产配置或投资组合。

关于套期保值的应用简要介绍如下:

套期保值就是买入(卖出)与现货市场数量相当、但交易方向相反的期货合约,以期在未来某一时间通过卖出(买入)期货合约,用期货头寸的价格变动来补偿现货市场价格变动带来的实际价格风险。套期保值可以化解股票投资的风险(非系统性风险和系统性风险)。

(1)适用买入套期保值的条件:空仓时预期市场上涨,通过买入股指期货合约、持有多头头寸,锁定股票建仓成本,这也被称为"买入套期保值"。

投资者可以应用买入套期保值的情况有:①看好大盘,但是资金暂时短缺;②控制短期集中建仓的市场冲击成本;③早盘时间段提前买入。

(2)适用卖出套期保值的条件:持有股票时预期市场下跌,通过卖出股指期货合约、持有空头头寸,弥补股票下跌中可能遭受的损失,这也被称为"卖出套期保值"。

投资者可以应用卖出套期保值的情况有:①规避持仓较重股票的价格下跌的风险;②基金管理人应对基金分红或大规模赎回;③非流通股持有人预防有限制条件股票解禁变现前的股价下跌风险;④防范股票交易时间之外的风险。

股指期权、ETF 期权有哪些区别

股票期权诞生于 20 世纪 80 年代初的芝加哥期权交易所（CBOE）。在此后近 50 年里取得了迅猛的发展。从欧美到亚洲的主要资本市场都从事股票期权交易，股票期权成为金融市场交易最活跃的衍生品。

2015 年 2 月 9 日，上海证券交易所上市了上证 50ETF 期权（华夏上证 50ETF），在这之后深圳证券交易所、中国金融期货交易所陆续上市了股指期权和股票期权产品。

产品性质比较

股指期权和 ETF 期权产品特性存在一定差异。

（1）标的资产不同。股指期权标的为股票指数，沪深 300 指数期权标的为沪深 300 指数。ETF 是具体存在于市场的"有形"证券，而指数只是衡量市场的一种指标。在市场中，ETF 期权标的为股票指数 ETF，沪深 300ETF 期权标的为上市的 300ETF。

（2）上市标准不同。ETF 与股票个股相同，只有达到了一定条件，比如流通市值、流通股份、近期交易量、交易价格、流动性和波动性等达到某一标准，才可以作为期权的标的。通常，有条件作为 ETF 标的的指数都符合股指期权的标的指数的标准。因此，ETF 期权的上市标准要比相应指数期权的高。

（3）交割规则不同。股指期权是欧式期权，采用现金交割，期权到期之后行权是以现金进行交收。而 ETF 期权属于股票期权，是美式期权，采用实物交割，ETF 期权到期之后行权得到的是对应的 ETF 份额。ETF 期权的卖方随时有可能被要求履行合约，这要比股指期权复杂。

（4）最小波动不同。股指期权最小波动是 0.2 点，也就是每跳动一下是 20 元；ETF 期权的最小波动是 0.000 1 点，每跳动一下是 1 元。

上市条件比较

ETF 期权和股指期权上市条件不同。交易所挂牌股指期权时，必须得到标的指数编制机构的授权；而挂牌 ETF 期权时，则无须得到任何机构的授权。

投资者结构比较

在市场中，股指期权合约规模一般较大，采用现金交割，交割相对方便，更适用于机构投资者，股指期权适配风险容忍度较高的投资者。

而 ETF 期权合约规模一般较小,合约乘数较小,买方支付的权利金总额和卖方缴纳的保证金也就相应较少,且采用 ETF 实物交割,与 ETF 市场关联紧密,更适用于 ETF 投资者,ETF 期权适配风险容忍度较低的投资者。

ETF 期权和股指期权合约规模比较如图 3-1 所示。

图 3-1　ETF 期权和股指期权合约规模比较

对标的资产影响比较

股指期权是欧式期权,采用现金多割;ETF 期权通常是美式期权,采用实物交割,其交易通常会导致标的 ETF 成交的增加或者交付。股指期权交易对标的指数的影响程度没有 ETF 期权明显。这是 ETF 期权和股指期权最主要的区别。

期权应用的比较

股指期权无法实现或难以实现一些交易策略。ETF 期权与对应的股票指数之间有一定的差别。ETF 期权可直接与对应的指数进行对冲及套利操作,ETF 期权投资者可以使用期现套利、增强收益(备兑开仓)等。

开户时间不同

股指期权开户时间短,需要连续 5 个交易日期货账户的可用资金不低于 50 万元(因为涉及周末,实际资金占用为 1 周)。ETF 期权开户时间长,需要连续 20 个交易日日均资产不低于 50 万元,如果算上周末休息日,就需要 1 个月的时间才能开通。

ESG 和 ESG 指数化投资的应用

ESG

ESG,即环境、社会和公司治理。ESG 从整体上看是代表公司的非财务指标,指的是衡量公司可持续发展的 3 大核心要素,可以把它理解成一个企业是否具有可持续金融发展的价值。

E 代表 environmental(环境),即与自然环境相关的因素,例如,污染排放、废弃物排放、废物回收、自然资源、气候变化等。

S 代表 social(社会责任),即与社会和民众相关的因素,例如,供应链体系、产品质量、员工福利、劳务纠纷、人力资源、为社会创造的价值等。

G 代表 governance(公司治理),即与公司治理相关的因素,例如,股权结构、董事会结构、激励机制、分红记录等。

传统的企业评价主要是基于公司的财务指标,包括营业收入、净利润、盈利水平、现金流状况、偿债能力等;但当一家小公司成长为一家大公司,甚至是成长为一家在全球都具有强大影响力的跨国型企业时,其应具备的特质就不应该只是公司运营得好,还应该承担更多的责任,比如社会担当和环境保护的责任。在全球化的大背景下,ESG 概念就应运而生了。ESG 原则逐渐受到各国政府和监管部门的重视,ESG 投资也逐渐得到主流资产管理机构的青睐。

ESG 的核心概念中包含了部分公益的成分,企业的发展要考虑公益和企业利润的一个平衡,这也是企业管理和投资的难题之一。上市公司的环境、道德等非财务领域的风险也逐渐成为大众投资者们不可忽视的重要风险,ESG 投资更提倡通过研究非财务指标实现长期持续回报,所以 ESG 投资对排查公司的风险事件、促进企业的可持续发展有巨大帮助,在某种程度上可以避免投资者踩雷,从而获得更高的回报。

ESG 指数化投资的应用

对投资者来说,ESG 投资分析有助于多角度、更全面地了解上市公司,既可以为投资者提供更多信息作为投资决策依据,也可以培养投资者长期投资、价值投资的理念,降低投资组合的风险,有助于在长期获得更加稳定的回报,减少大幅度的回撤。因此,ESG 逐渐成为各个国家主权投资基金、养老基金等大体量且关系重大的基金重点参考的指标,正在成为投资分析中重要的"排雷"工具。

MSCI 是全球知名的指数编制公司,其发布的 ESG 指数也是目前全球 ESG 投资者重要的考量对象。2016 年 MSCI ESG 研究部门的一些相关跟踪研究案例中,

ESG 研究部门事先都充当了完美预警者的角色,或调低评级,或将问题公司从 ESG 指数中进行剔除,并且相关企业的表现后来也得到了市场的验证。通常来说,ESG 评分高的公司,风险控制能力更强,合规制度更加完善,发生违法违规、法律诉讼等负面事件的概率更低,投资者遭股价暴跌的风险也就更低。因此,关注 ESG 指标,能够帮助投资者更精准、高效地筛除潜在"爆雷股",规避风险,降低遭遇"黑天鹅"事件的可能性。

对上市公司而言,增强公司 ESG 信息的披露,有助于公司监督自身生产运营的各个环节,更多地关注自身的企业形象、社会责任、员工激励和环境保护,提高公司的公信力,让企业具备长期可持续发展的能力。目前,在中国,越来越多的公司发布了自己的 ESG 报告,2020 年约 27% 的 A 股公司发布了 ESG 相关报告,其中沪深 300 公司的发布比例超过 86%。

中国的 ESG 研究和实践现状

国内指数编制公司陆续发布了 ESG 的指数,如 ESG100、ESG 领先、300ESG 基准指数等,但现阶段国内与 ESG 相关的资产管理机构的投资策略,大多处于以负面筛选机制来防范风险的阶段,而国际上很多国家已超越规避风险阶段,把 ESG 真正作为自身价值链的组成部分。中国的 ESG 评分制度还不完善,研究和实践都还处于起步阶段。中国 ESG 整体评价体系还存在明显不足,主要表现在:

第一,信息披露不完整。在评价上市公司信息披露的表现时,从数据的可得性、可用性和可靠性这三个评价维度来看,目前这三个维度的信息披露都有欠缺。究其原因,我国还是实行自愿披露。很多上市公司从成本的角度考虑,不大愿意披露,因为要额外付出成本;还有一些公司选择性地进行披露,对自己有利的信息进行披露,对自己不利的信息则不进行披露,其信息披露的报告对很多内容都是定性描述。

第二,中国 ESG 产品的规模总体上偏小。

第三,现有的一些 ESG 基金,基本上还是概念性的,真正运用 ESG 的技术进行筛选整合这样一些专业策略的基金数量很少。

第四,ESG 评价主要应用于股权投资,应用于债券投资的比重很小,理财产品用到 ESG 的也不多。另外,ESG 有关的衍生品在中国还是空白。

ESG 在中国的发展突破取决于对上述问题进行多方协调、多方位推动的过程。我们还需要由专业机构及行业协会一道,共同组织构建一套权威的、完整的中国 ESG 评价体系。

第四章 量化投资那些事儿

掀开神秘面纱——量化投资风起云涌的 50 年

　　近几年,量化金融机构逐渐掀开神秘面纱,以量化投资技术为工具,不同类型的量化私募机构和基金产品陆续推出。在国外,量化基金产品已经成为资产管理领域的重要一员,在资本市场的占比不断提升。

　　以下主要介绍国外量化发展阶段和国外的量化资管机构。

国外量化投资发展阶段概览

萌芽期(1969—1989 年):

1969 年,第一支量化基金成立。

1988 年,文艺复兴公司开始引入量化投资,大奖章基金成立。

成长期(1990—2007 年):

1991 年,alpha 系统策略出现。

1993 年,Fama 发表论文《股票和债券收益率的常见风险因素》。

1998 年,对冲基金长期资本管理公司破产。

1999 年,美国政府引入 *Hedge Fund Disclosure Act*。

2000 年,美国对股票价差的最小变化单位进行调整。

2006 年,Reg NMS 法案制定。

动荡期(2007—2008 年):

2007 年 8 月,市场中性基金突然开始出现亏损。

2008 年 9 月,美国证券交易委员会禁止金融公司卖空。

2008 年,金融危机出现。

成熟期(2010 年至今)

2010 年,智能 Beta 基金突破 1 000 亿美元。

从这时起,主动量化、宏观对冲、人工智能等全面开花,阿尔法狗诞生。

文艺复兴科技公司

　　文艺复兴科技公司(Renaissance Technologies Corp.,以下简称文艺复兴)成立于 1982 年,管理规模 705 亿元(2020.3),基于模型的"算法交易"为核心,是当之无愧的算法交易先锋。文艺复兴的创始人秉承"只寻找那些可以复制的微小获利瞬间,而绝不以市场终将恢复正常为赌注投入资金"的投资理念,公司几乎不雇用华尔街的分析师,其投资团队以数学博士、物理博士和自然学博士为主,他们通过数学模型捕捉市场机会,由电脑做出交易决策。2013 年,文艺复兴及其旗下多家关联子公司在北京和上海成立了代表处。

创始人詹姆斯·西蒙斯(James Simons)：2010年已从文艺复兴退休；MIT数学系学士，加州伯克利大学数学博士；与华裔数学大师陈省身合作创立了Chern-Simons几何理论；美国数学界OswaldVeblen几何学奖获得者；担任美国数学协会的主席、哈佛大学数学系讲师、纽约州立石溪大学数学系主任。

代表产品：大奖章基金(Medallion Fund)；RIEF(机构股票基金)；RIDA(机构多元化阿尔法基金)。

著名的大奖章基金成立于1988年，以隐马尔可夫模型的择时策略为核心，拥有史上最棒的长期表现，但并不对外开放。1988—2015年，其年化回报率高达35%，较索罗斯等同期的投资表现高出10个百分点，是标普500指数收益率的3倍以上；在最低谷的2008年次贷危机，大奖章基金实现了98.2%的收益，而同期标普500指数暴跌38.5%；2001—2013年，最差的年度收益是21%(扣除5%的管理费和44%的业绩提成后)，两项费用均高出同类基金1倍以上。大奖章基金、标普500指数和伯克希尔股票收益率对比如图4-1所示。

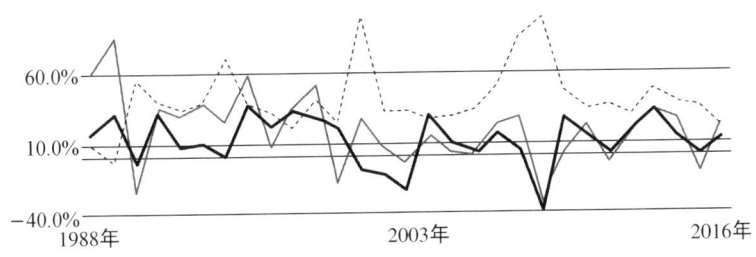

　　---- 大奖章基金扣除费用后的年化收益率

　　—— 股息再投资的标普500指数收益率

　　—— 伯克希尔哈撒韦股票收益率

图4-1　大奖章基金、标普500指数和伯克希尔股票收益率对比

德勋基金

德勋基金(D.E. Shaw Group)成立于1982年，管理规模291亿美元(2020.1)，大部分的投资基于复杂的数学模型，旨在找出隐藏的市场趋势或定价异常，不过德勋基金也进入私人股本领域和自下而上的价值驱动型投资领域，尤其是在量化投资与传统基本面策略(如选股)结合方面处于领先地位。

创始人大卫·肖(David Shaw)：毕业于加州圣地亚哥分校，斯坦福计算机博士，哥伦比亚大学前计算机科学教授，专注于研究如何用计算机进行自动投资。

代表产品：Oculus；Composite Fund(自2013年来不对新投资者开放)；

Valence(以股票为主)。

桥水联合基金

桥水联合基金(Bridgewater Associates)成立于 1975 年,管理规模 1 600 亿美元(2022.1),主要服务对象为机构投资者,其客户涵盖全球最大、最具影响力的 300 多家机构,包括各国央行、主权基金、大学捐赠基金、家族办公室等。桥水联合基金目前交易着 170 多个全球发达和新兴市场。桥水联合基金是多种创新投资策略,如货币管理外包、分离 α 和 β 策略、绝对收益产品及风险评价等的先锋者。

创始人瑞·达利欧(Ray Dalio):毕业于长岛大学、哈佛商学院。达利欧十分擅长分散投资,通过引进不相关资产而提高收益/风险成为其"投资的圣杯"。经过 40 多年的发展,桥水联合基金在达利欧的带领下,逆势避开 2008 年金融危机等大大小小各式危机,盈利颇丰,为投资者创造了巨额收益。

代表产品:全天候基金(The All Weather Fund),采用桥水联合基金最出名的策略——全天候策略,开创性地运用风险平价技术去管理投资组合;绝对阿尔法(Pure Alpha)。

千禧年基金

千禧年基金(Millennium Management)成立于 1989 年,管理规模 534 亿美元(2022.3),拥有 270 多个投资团队,公司员工 4 000 余人,国内头部量化机构的基金经理中,多位有在此机构(或者团队)的从业经历,如九坤、明汯、灵均、诚奇、申毅等。与高风险对高收益相比,千禧年基金更倾向于在一定的风险之下获得较高的收益,采用 MOM 的方式管理多个策略。千禧年基金创造出 30 年正回报业绩,主要源于其采用市场中性的多策略投资方法,对风险敞口和业绩回撤进行严格管控。

创始人伊斯雷尔·英格兰德(Israel Englander):毕业于纽约大学金融学专业,"对冲基金纯粹主义者",在同行均收取管理费和业绩提成双重费用时,千禧年基金仅收取与其他对冲基金同行相同的 20% 提成。

千禧年基金的主要投资策略包括五个大的类别,即相对价值股权投资、统计套利/量化策略、并购套利/事件驱动、固定收益、大宗商品。

城堡基金

城堡基金(Citadel Investment Group)成立于 1990 年,管理规模 322 亿美元(2019.12),Citadel 致力于高频交易策略,主要采取多种投资策略,跟千禧年基金相似,执行多经理的管理模式,通过基本分析和量化分析建立了严谨的投资组合和风险管理框架。股票投资策略为通过自下向上的公司分析选择投资目标,构建 beta 中性的资产组合,获取 alpha 收益,并擅长使用高杠杆,放大收益。

创始人肯尼斯·格里芬(Kenneth Griffin):Glenwood Capital Investments,毕

业于哈佛大学,肯尼斯·格里芬是典型的交易型对冲基金管理者,不关心股票的基本面或内在价值,只关心价格波动,通过大量信息以及各种数学模型来分析交易心态,从中寻找机会。

代表产品:威林顿(Wellington);肯辛顿(Kensington)。

应用量化研究资产管理

应用量化研究资产管理(AQR Capital Management)成立于 1998 年,管理规模 2 489 亿美元(2020.5),拥有近千名员工。AQR 将金融理论和实际应用相结合,即利用市场的无效性进行赚钱,源自创始人克里夫的导师研究的市场有效假说。AQR 不仅拥有千亿美元级别的管理资产,同时每年还不断发表优质的原创研究论文,是少有的"学术研究+量化投资"双轮驱动型公司。

创始人克里夫·阿斯内斯(Cliff Asness):宾夕法尼亚大学商学院和工程与应用科学双学士,芝加哥大学金融学博士,诺贝尔经济学奖尤金·法玛的学生。阿斯内斯发现通过价值挖掘和跟随趋势可以持续跑赢市场并取得长期利润。

代表产品:绝对回报基金(Absolute Return Fund);多空股票公募基金(Long-Short Equity Fund)。

两西格玛投资公司

两西格玛投资公司(Two Sigma Investments,LP)成立于 2001 年,管理规模 580 亿美元(2022.3),拥有 4 500 余名员工,是一家科技驱动型对冲基金公司。其以技术驱动业务,运用机器学习、分布式计算以及其他技术在数据中寻找交易规律。Two Sigma 的投资策略主要有基于统计学的策略、封闭式基金套利、基本面驱动策略、事件驱动策略、多空策略、波动率套利和交易策略、结构化信用交易策略等。

创始人约翰·欧文德克(John Overdeck)和 David Siegel:均为 D.E.Shaw 的前员工。约翰·欧文德克 16 岁获得国际数学奥林匹克银牌,是斯坦福大学数学和统计学学士,曾受 David Shaw 亲自指导。

代表产品:指南针基金(Compass Fund),管理期货产品,投资范围包括各品种期货以及外汇,采用的策略主要是趋势跟踪;EclipseFund;SpectrumaFund。

世坤资产管理

世坤资产管理(World Quant Asset Management,以下简称世坤)成立于 2007 年,有 700 余名员工,世坤只专注于量化交易,应用工业化流水线作业方式,在全球招聘优秀的数学、统计学、计算机、物理系等专业人才,进行数据挖掘,寻找股票市场的超额收益因子,再由投资组合基金进行资金配置投资,获取股票市场的超额收益。整个交易都由计算机操作,完全自动化,不需要人为干预。

创始人伊戈尔·图钦斯基(Igor Tulchinsky)：毕业于休斯敦大学学士，德州大学奥斯丁分校计算机系硕士，沃顿商学院 MBA。在 World Quant 成立之前，创始人伊戈尔在千禧年合伙投资(Millennium Partners)担任董事总经理。2007 年，伊戈尔离开后创办世坤资产，使用"极限利用新兴市场人力资源＋纯数据挖掘"的投资模式在全球进行投资。源于伊戈尔对千禧年基金的贡献以及千禧年基金对伊戈尔投资能力的认可，世坤管理的大部分投资都来自千禧年基金。

国内量化投资的发展

与国外 30 多年的量化投资历程相比，国内的量化私募的发展也不过十几年。可以看到的是，不论是国外的头部机构还是国内的量化私募，都在纷纷抢筹 A 股的量化投资这片蓝海，国外机构纷纷在我国国内设立办事处或者办公室，"招兵买马"挖掘"获利"因子，而许多量化投资领域人才也从海外"取经"后回国在 A 股"开疆拓土"。

第一阶段：量化的启蒙。

2006 年，国内首家阳光量化私募机构——深国投·天马成立，受限于量化工具和开发经验，该阶段的主要策略为量化择时和量化选股。

第二阶段：量化的发展——海归回流。

2010 年，沪深 300 股指期货上市，给量化对冲策略应用带来发展的空间，一批量化私募管理人如雨后春笋般在这一期间诞生，这一时期的量化策略以中低频的交易为主，主要依靠套利、对冲、多因子策略获利。2010 年至 2014 年，比较有代表性的公司有"鸣石""金锝""九坤""锐天""明汯""灵均""天演"。这些公司的创始人，都有海外高学历和在国际主流投资机构工作的背景，或管理过对冲基金产品。

第三阶段：量化本土的崛起和未来。

2015 年，中证 500 指数期货上市，这意味着量化基金的发挥空间进一步得到扩展。与此同时，两融业务的标的扩容到 900 只，两融资金门槛从最初的 50 万元降至零资金门槛，这一时期的量化投资更加精细化和高频化。2016 年和 2017 年，经历股灾后，股指期货投资受到一定限制，加之市场偏向"大票"，量化投资经历了两年的小年。2018 年开始，由于不错的对冲防御效果，其逐步受到市场认可。2019 年、2020 年和 2021 年，伴随着股指期货交易的松绑，从事私募量化投资的机构都取得了不错的超额收益。在此期间，行业的规模扩容明显，出现了"幻方""启林""致诚卓远""衍复"等相对领先的本土量化管理团队。

截至 2021 年年末，国内在中国证券投资基金业协会登记注册的管理资产规模在百亿元以上的量化私募机构超过 30 余家，随着量化资管机构的不断增加，高频因子的获得超额失效会更快，长期还得回到低频和复合策略上，能获利的因子也会向智能化、非线性化、结构化发展，变得更为复杂，有效性持续时间也会缩短，任何独门技术终究拼的还是专业人才、投研实力和技术设备的投入。

量化之因子理论发展与多因子选股模型

因子理论发展

金融在步入数量化领域之前,得益于其他基础学科的发展和复合运用。布朗运动、扩散方程、维纳过程、伊藤引理这些来源于随机微积分、概率统计、优化理论的严谨理论,是后续量化金融的理论体系基础。因子投资的思想最早可以追溯到20世纪60年代,从资产的配置与定价开始,然后逐步深化穿透,寻找资产定价的最小单位的贡献来源——因子。

1952年,Markowitz建立均值-方差模型(Mean-Variance Optimization,MVO),这是早期定量化投资分析中最重要的理论基础之一。MVO的基本思想是:假定投资者是风险厌恶的,根据各类资产的预期收益和方差,以及资产之间的相关系数,就能够确定既定风险水平下收益最大化,或者既定收益水平下风险最小化的投资组合。未经优化的MVO存在较大缺陷,比如对输入变量高度敏感,风险量化考虑情形比较理想化,忽略负债,不能解决跨期投资等。后续针对上述问题,很多大类资产配置模型提出了附加约束条件、重抽样、逆向优化等优化方法。

大类资产配置的传统框架的基础是资产,但是自2008年的金融危机爆发后,投资界意识到,从资产的视角看,即使是风险很分散的投资组合也受到了很大的冲击,由此投资界开始重视"穿透"资产,寻找资产配后"因子"的逻辑。Bender于2013年将因子定义为"特征",即能够解释并且影响资产风险和收益的那些"特征"。

1960年,资本资产定价模型(Capital Asset Pricing Model,CAPM)建立。基于CAPM模型的理论认为,一项资产的回报,取决于它对市场投资组合回报(市场因子)的风险敞口。也就是说,市场风险是能够获得回报的因子。但紧接着,理论界发现CAPM模型无法充分地解释资产回报,距离投资实用还有一段距离。

1975年,Rosenberg指出,除市场因子外,资产还受其他因子的影响,继而开始了寻找CAPM例外情况(Market anomalies,市场异象)与解释因子的研究。依据有效市场理论(EMH)假设,任何一种股票或其组合的平均超额收益都该为零,但许多统计检验却出现了与之相冲突的股票价格异常现象,即证券市场异象。

1976年,除基于CAPM模型的理论外,另一种重要的定价理论是由Stephen Ross建立的套利定价理论(arbitrage pricing theory,APT)。APT给出的定价模型与CAPM一样,都是均衡状态下的模型;不同的是,APT的基础是因素模型,这扩大了资产定价的思考范围,相比CAPM是建立在一系列假设之上的非常理想化的模型,APT所作的假设少得多:个体是非满足,而不需要风险规避的假设。

1990 年,在固定收益以及其他资产领域,因子问题同样引发了关注。例如,Leibowitz 和 Nozari 提出久期在债券组合中的应用。

1992 年,Fama 发现了三因子模型,这是一个资本资产定价模型的改进理论,三个因子包括市场(market)、规模(small minus big)和价值(high minus low)。后来该三因子模型被运用于美国以外的国际市场,并被扩展到五因子模型(增加了利润率和投资两个因子)。

1995 年,Carhart 在 Fama 和 French 三因子模型的基础上加入了动量(momentum)并提出他的四因子模型,得到了广泛的关注。

2008 年后,为了进一步深挖资产价值背后的逻辑,一系列多因子框架被提出。多因子定价模型认为每一只股票的预期超额收益是由股票的因子头寸决定的,每一个因子都存在一个因子回报预测值,而股票的预期超额收益就等于所有的因子头寸与因子预测的乘积之和。不同机构和学者对因子框架的认定,存在较大差别,当然模型构造的最核心部分也是在这块。

(1) Bender(2013)介绍了 MSCI 采用的被理论与实务界广泛接受的 6 种因子:价值、规模、动量、低波动、股利、质量。在此基础上,MSCI 还进一步开发了 6 种因子指数。

(2) Pappas(2015)介绍了 Vanguard 采用的"7 因子"分析框架,包括股票市场、价值、规模、动量、低波动、期限利率、信用利差。

(3) Shores(2015)介绍了 BlackRock 关于股票 Smart Beta 因子构成,包括价值、规模、动量、低波动、质量。

(4) Ang(2017)介绍了 BlackRock 采用的 6 种宏观因子,包括经济增长、实际利率、通胀、信用、新兴市场、商品。

(5) Barr Rosenberg 基于自己的研究成果创办了一家咨询公司,与合伙人 Grinold 创建了一套模型(BARRA Risk Model),认为任何股票的收益率可归因于几个不同的风险因子上,包括市场(国家)、风格和行业。Barra 风险模型经过几十年的不断完善,现已经有针对全球多个不同国家和地区的不同版本。

(6) Cliff Asness 作为 Fama 的学生,创办了对冲基金 AQR,AQR 是少有的"学术研究+量化投资"双轮驱动型公司。AQR 的多因子模型则主要基于四个因子:价值,动量,低波动和利差。

量化多因子选股模型

随着对定价模型研究的不断深入,因子也不断扩展:从基本面因子扩展到技术因子,再扩展到分析师预测的因子,再进一步扩展到非结构化因子。随着近年来技术不断进步以及金融工具的不断创新,市场有效性不断增强,基于高频数据、人工智能、非线性的因子也应运而生。这一系列"升级"背后的本质是股票的收益率被股票因子所解释。

量化投资多因子选股,强调在收益、风险和交易成本之间取得平衡,关于资产因子回报的研究是金融界一大创新和进步。这类研究最大的贡献是让投资者了解到可能提供超额回报的源头,并且让普通投资者有机会和途径以比较低廉的价格去获得这些因子回报。

多因子选股模型,一般来说有两类判断方法。

1. 打分法

该方法按照一定的权重对股票的各个因子进行加总,然后根据加总分对股票进行筛选。对于因子模型优劣的评价,可以通过回测筛选出的股票组合收益率进行。打分法的优点在于其相对比较稳健,不容易受到极端值的影响。但也存在一些局限性:首先,各个因子的权重的设定偏主观;其次,因子的有效性在不同市场环境中会发生变化,因此需要模型本身不断迭代改进,以适应不同市场环境;最后,也需要综合考量模型的交易成本和风险控制。

2. 回归法

该方法通过过去的股票收益率数据对多因子进行回归,得到回归方程,再将最新的因子数据代入方程,得到对未来股票收益率的预测值,然后以此为依据进行选股,形成投资组合。回归法的优势是其能够比较及时地调整股票对各个因子的敏感性,其不同于打分法,不同的股票对不同因子的敏感性可以不同;回归法的缺点则是其容易受极端值影响。

2010—2016年,量化机构多采用常见因子,如财报数据等,以期获得超额收益,并对常见的因子市值、盈利等进行持续暴露,并在2015年至2016年上半年时取得较好的收益,但当因子风险发生时无法处理。模型改进后采取传统多因子学习+特异因子结合的方式,以避免过度竞争的传统因子体系,但由于即时性较高的特异因子开发难度高且容量有限,稳定性难以评估。所以在采用特异因子获得差异化优势的同时,还是需要有传统多因子来打底,并在正确的时间进行正确的暴露,挖掘市场机会。

随着信息技术的不断发展,机器学习和人工智能技术在量化领域的运用已经是常态,运算效率的提升已经使得成千上万个因子的输入、筛选及运用成为可能,深度学习的多因子选股模型已经具备高度的学习能力和优化能力,量化策略的赛道已经呈现出专业化、差异化的态势。

量化投资的"土壤"

如何理解量化投资？我们经常会听到关于量化投资更为通俗易懂的比喻——"薅羊毛""拣硬币"，积小赢成大胜。那是不是量化投资就无往不胜呢？其实不然，还需综合考量成本与收益才能得出量化投资的胜率结果，而成本与收益的高低都离不开量化投资的"土壤"——市场环境。

一般来说，市场环境的分析可以从以下几个方面进行。

1. 市场流动性及活跃度

这方面有市场交易量、市场风险偏好、指数换手率等指标。市场流动性越高，交投越活跃，就意味着"失序"或"非理性"交易存在数量越多，那么，擅长挖掘捕捉"机会"的量化投资进行交易的"基数"就越大，换言之，策略的容量就更大，这让量化投资得以规模化发展。

例如，图4-2呈现了自2019年以来，量化投资发展迅猛与市场日均成交量"超万亿"常态有很大的关系。

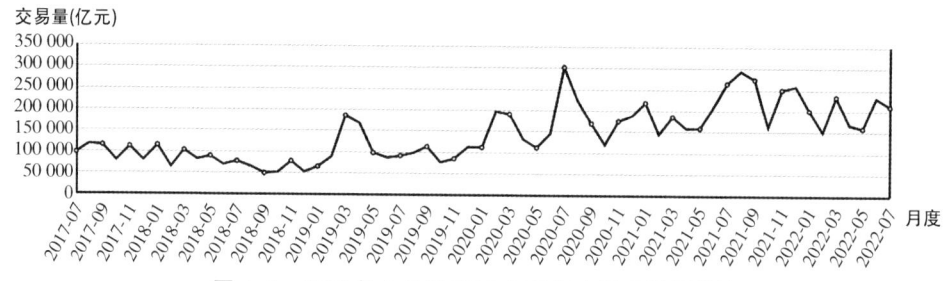

图4-2　2017年7月至2022年7月市场交易量统计

2. 行业风格

这方面有市值、成长、价值、头部市值股票成交额占比、行业资金流变动、行业轮动等指标。注重分散的量化投资，在中小盘强势的市场风格下更有利。因为规模指数大多采用市值加权法，市值越大的成分股的价格波动对指数影响越大，所以对于业绩基准对标规模指数，比如沪深300、中证500等，在选股域更为开放的量化投资而言，在中小盘风格盛行、风格/行业因子稳定性较强的市场环境下，更容易做出超额业绩。反之，在"二八行情""行业轮动风扇"或是"泥沙俱下"的情形下，量化投资就相对处于弱势，较难作出超额业绩。当市场行情风格轮换过快，整体更偏向于周期等行业，量化多头类产品难免会遭遇较大市场回撤。

3. 波动率

这方面有时序波动、横截面波动（个股收益偏离度）等指标。对于市场出现差异,无论是投资者认知差、预期差还是信息差,都会形成价格波动,而波动是交易存在的前提,也是量化投资所喜好的。风险与收益同源,时序波动和横截面波动为量化投资带来时间和空间两个维度捕捉超额的机会。

关于"分歧"与"统一",古语有云"天下大势,分久必合,合久必分",其实说的就是均值回归及随机游走的道理。其有个形象的比喻:遛狗的时候,狗狗与主人的距离或远或近,但狗狗总是在狗绳范围之内运动,这里的狗绳就代表均值回归的力,量化投资就是市场均值回归的"力"之一,这也是中心极限定理的表现之一。

4. 对冲成本

这方面有基差、跨期价差、融券利率等指标。量化投资中,有较大部分会采用对冲策略,既然做对冲,就必然面临着成本。目前市场上有融券、期权、期货等几种对冲方式,每一类型在对冲精度、成本和容量上有所差别。其中,较为主流的是采用期货进行对冲,由于量化产品规模最大的领域在股票,期货中主流的对冲品类是股指期货,股指期货占比较高的对冲品种是中证 500 股指期货(或 ETF 期货)。基差是对冲类策略产品主要的成本,自然也是制约量化对冲类产品发展的重要因素。

关于融资融券利率,一般融资利率在 8% 左右,券商最低在 4.5% 左右,融券利率在 9% 左右,最低 2%;但是对量化投资而言,大规模的融券成本反而更高,尤其是券源稀少的个股或是存在较大风险溢价的个股。

5. 指数估值

指数估值,有指数风险溢价率、PE/PB/PS 等相对值及绝对值、指数成长性、行业分散度以及前十大个股集中度等指标。还有就是对标的指数市场表现与产品最终收益等。

这里补充说明一下,指数风险溢价率＝指数回报率－无风险收益率。其中,指数回报率＝指数盈利收益率(E/P)＋指数分红率;无风险收益率一般取 10 年期国债到期收益率。

量化投资的参与者

量化投资的"套利"属性决定了其本身有一定的规模限制,比如,"打新"、T0、小品种套利等产品的规模,给量化投资的操作空间并不大;再加上策略复制的低门槛,当一个领域"拣硬币"的人多了,每个人的收益自然也就降低了,在饱和的情况下,成本与收益达到平衡。所以,对量化投资而言会有"赛道拥挤"之说,其天花板就是基于投资标的的策略容量,这也是如今量化投资走向"高频、非结构化、人工智能、高投入"的原因所在。

总结来看,投资是兼顾收益与成本的一件事,量化投资的发展需要相对宽松的政策环境、高端人才和模型不断创新,同时也离不开交投活跃、规模巨大的交易市场来提供交易支撑。

量化策略：量化策略分类

伴随着金融市场的不断发展,投资品种和投资方式在不断地丰富和深化,投资策略和盈利模式逐步发生了改变,量化策略这一专业复杂领域也开始逐步走向大众的视野。

量化策略的分类因依据不同而有所差异,从投资范围和风险收益属性特征差异的角度,可以将市场上的量化策略划分为市场中性策略(Alpha)、指数增强(Alpha+Beta)、量化选股多头/空头(Alpha+Smart Beta)、CTA策略、套利类策略、期权策略以及量化多策略等。量化公募产品的主要策略类型以量化选股和指数增强为主,量化私募产品的主要策略类型以中性策略、指数增强和CTA策略为主。

量化策略特征

不同的量化策略类型呈现不同的特征,具体如表4-1所示。

表4-1　不同量化策略类型的不同特征

量化策略类型	策略特征
市场中性策略	超额收益;承担对冲成本;风险因子暴露
指数增强策略	超额收益;承担指数波动;跟踪误差的控制
量化选股策略	选股收益;承担指数择时损益;风格因子择时损益
套利策略	包括ETF、期限套利等;策略容量有限
CTA策略	依赖商品期货波动性;以趋势策略为主;和股票呈低相关性;高杠杆;低胜率;持有期长
量化多策略	基于不同量化策略的低相关性;策略配置能力的稀缺性

量化策略简介

1. 市场中性策略

市场中性策略也称阿尔法全对冲策略,策略的原理是买多一揽子股票,通过股指期货、期权或融券等方式卖空以此达到对冲Beta的目标。市场中性策略的表现主要受超额获取、基差和风险暴露三个方面影响。风险场景:指数出现"抱团"行情;基差损失扩大;策略同质化;风格切换下不完全对冲。该策略目前市场容量较大,适合于情绪稳定的市场。

2. CTA策略

CTA(commodity trading advisors)策略指以期货为主要交易标的的投资策略或资产管理产品。其从交易策略上可分为趋势跟踪策略、反转策略和套利策略。其核心收益来源于低频、小概率的大幅正收益,需长期持有,适应于趋势比较明显的市场,比如在市场上涨时买多,在下跌时卖空。

3. 指数增强策略

公募基金的指增产品以宽基为主,如沪深300、上证50等;私募基金的指增产品多以中证500和中证1000为主。二者在持仓要求、收益来源、激励机制等方面均有所不同。

4. 量化选股策略

相比指增产品,量化选股主要通过多因子、风格轮动和行业轮动使策略在Beta上的暴露更为灵活。该策略下的产品收益不仅来源于阿尔法,还来源于Beta收益,且Beta收益敞口时刻在变化。量化选股策略对择时的要求比较高,适合股票市场上涨的市场。

5. 套利类策略

套利类策略包括无风险套利策略和统计套利策略。无风险套利策略包括期限套利如封闭式基金转开放式基金,和ETF套利策略等。相比无风险套利策略的市场容量在逐步收敛,策略运用收益大,但与此同时风险更大,容量也更大,在极度活跃和波动性大的市场,极度情绪化会破坏市场的有效性,更有助于套利策略的盈利。

不同的量化策略有不同的适配客群和适配场景,投资者在选择对应产品时不仅需要对产品管理人、投资经理有深入了解,更多地需要对策略本身有一定的认知。

量化策略容量

一般来说,容量越小的策略,其收益幅度越小,策略出现速度越快,比如高频期货策略。而偏基本面的策略,虽然投资机会出现的次数不多,但单次收益幅度更高,策略的容量更大。由此可以看出,产品的策略容量跟底层投资的标的品种、投资的分散度、市场的流动性、交易周期与频次等息息相关。在了解完策略容量相关因素后,就明白规模与产品收益有最佳适配区间,这个区间的天花板就是容量。规模太大时,策略容易失效,择时能力的发挥能力减弱。

对量化策略而言,因为量化管理人在行业配置和持股数上较为分散,其最终规模与小市值股票的容量有关。如果量化策略产品选择赚"风格"的钱是没有容量限制的(或者说容量很大)。但实际上量化赚取超额收益才是稳定的,想要超额稳定并且不受风格影响,产品规模一定就会受到限制。

对主动管理而言,比如公募,当管理规模达到很高水平的时候,必然面临着只能购买大市值股票的结果,其选股范围会大大缩小,这也就意味着可能部分投资策略无法执行。

对投资经理而言,策略容量上限代表着能力范围,在既定的策略类型和市场背景下,把管理规模控制在容量范围内是一种长期持续的价值观。在能力范围内的规模增长是一种良性的正向反馈,规模越大,意味着管理人在投研力量和硬件实力投入上有更多空间。

量化产品：Alpha 策略 & Smart Beta 策略

Alpha 策略

Alpha 策略是一种主动型投资策略，与市场波动无关，最核心的关键在于选股，才有可能获得超越大盘的收益。理解 Alpha 策略离不开 Alpha 因子，获得强于指数的收益来源，主要有五个方面：宏观层面、基本层面、技术层面、交易层面、信息层面。

1. 宏观经济因子

量化策略中考虑的宏观经济因子，包括工业与固定资产投资（工业增加值、固定资产投资完成额、发电量等）、消费与价格指数（CPI、PPI 等）、货币（M0、M1、M2）、银行（贷款余额、新增存款等）、利率及利差（不同期限国债利率）、市场景气度（PMI、消费者信心指数）、海外市场（美国 10 年期国债、人民币汇率、美元指数、WTI 原油、非农就业人数）、权益市场、国民经济等。一般而言，股市中投资者的投资风格、市场的风格偏好等都会因宏观经济环境的变化而发生明显的转换。

2. 基本面因子

基本面因子包括 PE、PB、ROE 等财务指标。早期量化领域最普遍关注的因子是基本面因子，就是通过数理统计规律提高行业内筛选优质公司的效率，并利用分散持股降低组合整体波动率，以期获得稳定超额收益。但随着模型同质化的增加以及量化机构的涌入，基本面因子的超额收益大幅下降。加之基本面因子属于低频因子，较难对短期股价波动进行解释，造成超额稳定性不够，以及在模型对冲时，股指期货的负基差严重，在高贴水的情况下，以基本面因子为主的 Alpha 策略较难获得正收益。

3. 技术面因子

技术层面因子主要指量价因子，如动量因子、波动因子、量能因子、趋势因子、资金因子、市值因子等。相比基本面因子，量价因子数据来源丰富，因子变动频率也更快，从超高频的 tick 级数据到分钟、小时、日、周、月的数据，形成庞大的数据量。通过对量价指标进行分析，可以从中寻找对股价变动规律解释有效的变量，从早期的动量、反转到后期的 K 线图组合识别和资金流数据等，都被认为会为交易找到一些规律，比如短时间内交易所的资金流可以用来判断大体板块和市场偏好，如果量化程序能追踪到小资金流操作，可以判定是散户交易行为，因此可以通过反向操作获得超额收益。

4. 交易层面因子

比如短期价差因子，算是一种变相的 T0 交易，一般将结合高频来做，其原理是"高抛低吸",通过合理地选择买卖时机,减少买入成本,增加卖出收益,获取超越竞争对手的 Alpha。一般来说,交易层面收益增厚既可以通过交易员实现,也可以通过算法交易设计实现,主要考虑的是冲击成本与时间风险的平衡。

5. 信息层面因子

信息层面因子,比如市场上的舆情信息、热搜因子、热评因子、龙虎榜因子。随着信息技术的进步和信息处理能力的逐步提高,对于非结构化数据,比如图片、声音等的处理也慢慢成为现实。因此,通过爬虫技术等捕捉一些媒介信息或者多样化的信息数据,进而挖掘形成因子也成为可能。

量化投资策略追求的目标就是"绝对收益能力",也可以称之为"阿尔法能力"。在不同的时间和场景,因子的有效性都不一样。

Smart Beta 策略

Smart Beta 策略是指数投资中的一类重要策略,是介乎于被动投资和主动选股的一种新型投资策略。它以非市值加权为代表,通过透明的、基于规则或量化的方法,投资特定领域或目标,以捕捉风险溢价,获取较好的风险调整收益,实现组合分散化的目标。

1. Smart Beta 策略的特点

相比传统市值加权指数策略,Smart Beta 策略对指数的管理更加主动化。其通过系统性方法,结合主动管理方式,对指数成分选股和权重进行优化以获取战胜市场的超额收益;与传统的主动管理相比,Smart Beta 策略具有明显的指数化投资的优点:规则化、透明化、低成本、高效率。传统被动管理、主动管理和 Smart Beta 策略比较如表4-2所示。

表4-2 传统被动管理、主动管理和 Smart Beta 策略比较

维度	传统被动管理(Beta)	Smart Beta 策略	主动管理(Alpha)
加权方式	市值加权	特定的非市值加权	无特定加权方式
产品成本	低	中	高
透明度	基于规则,透明度高	基于规则,透明度高	不透明
交易效率	较高	较高	低
风险控制	难	较易	不确定
超额收益	无	有潜力获取	有,不确定因素多

2. Smart Beta 的种类

Smart Beta 指数可从两个维度进行分类,一是样本选择,二是加权方式。样本选择方面,以单一或多因子指标为选股依据形成组合,由此获得因子的超额回报,比如价值、成长、红利、动量、低波动率、质量、规模和混合财务指标等。加权方式则是打破按市值加权的指数构建局限,以指数成分股为基础,而各成分股的权重则选

取其他方法,如基本面加权、等权重加权、风险平价加权、最小方差加权和最大多元化加权等。

(1)基于现代投资理论,Smart Beta 可以分为三类,如表 4-3 所示。

表 4-3　基于现代投资理论对 Smart Beta 的分类

理论	策略因子	收益来源
风险理论	质量、动量、规模等	风险溢价和特定因子敞口
Mispricing 理论	基本面、低波动、最小方差、红利、等风险贡献、等权重、动量	均值回归
市场异象	低波动、事件驱动	价格偏差、低关注度

(2)按照指数的权重方式划分,Smart Beta 可以分为三类,如表 4-4 所示。

表 4-4　基于指数的权重方式对 Smart Beta 的分类

类别	因子指标
基本面指数	由多个财务指标来衡量,如营业收入、现金流、净资产和分红等
因子策略指数	单一因子指标策略指数: ① 价值(估值):PB、PE、PS; ② 成长(业绩):净利润增长率、营收增长率; ③ 规模:总资产、总市值; ④ 动量(价格和交易量变化):相对回报、历史 Alpha; ⑤ 红利:股息率; ⑥ 质量(财务质量、资本结构):ROE、资产负债率、财务杠杆; 多因子指标策略指数:多个因子之间分配权重
风险加权指数	(1)低波动、等风险、最小方差:标准差、方差、beta; (2)等权重

在我国,中证指数有限公司已推出了多只 Smart Beta 指数产品,包括单因子指数、基本面指数、等权重指数、风险加权指数系列等,但更为复杂的 Smart Beta 指数产品仍然不多见,对比国外量化研究的发展阶段,未来发展空间巨大,相应的因子挖掘也将呈现高频化、智能化、行为化、大数据化的态势。

量化产品：T0 交易

在量化交易中会接触到一个概念：T0 交易。其也称日内回转交易，原理是利用已持有的底仓资产，针对同一标的在同一个交易日内完成一次或多次买入和卖出的周转，其目的是尽可能多地进行买卖操作，赚取差价收益，减少浮亏或增厚盈利，这种交易方式突破了国内股市 T+1 交易制度的限制。

T0 交易情形

T0 交易可以概括为三种情形：

（1）顺向 T+0：当日买进某资产后，再于当日卖出。

（2）逆向 T+0：当日卖空某资产后，再于当日买进。

（3）投资者原来持有某资产，于当日卖出后，再于当日买进。

日内回转交易可用于股票和期货，其中，期货采用 T+0 交易制度，可直接进行日内回转交易。目前，A 股采用的是 T+1 交易制度，无法进行第一种情形的日内回转交易，一般采用第二种或第三种方式进行。2015 年股灾之后，两融新规出台，通过场内融券、场外借券实现日内回转交易的操作方式受到极大的限制。

股票 T0 交易的前提和特点

进行股票 T0 交易有三个前提条件：标的股票、振幅和换手，以及账户现金比例。股票日内回转交易在利用原有股票底仓的基础上实现 T+0，具有以下特点：

（1）T 日内买卖，确保股数不变。

（2）T 日交易部分全平，确保不持仓过夜。

（3）T 日内同一标的回转交易。

股票 T0 交易整体呈现出持仓周期短、高换手率、高胜率的特点。

股票 T0 交易的频率

按照持仓时间来划分，日内交易大致分为三种策略：日内高频（3 分钟）、日内波段（15 分钟）和日内长线（1 小时）。

对量化私募机构而言，T0 交易的响应时间可能是毫秒级，主要基于盘后数据、量价数据的动量策略或是使用一些非线性模型。投研实力较强的量化团队都有自主研发的模型和交易系统来实现自动化 T0 交易，部分私募配置有日内回转交易员，采取"人工+机器 T0 的双重模式"。

T0 交易的适配性

哪些投资者适合采用日内回转策略呢？T0 交易适合具备有一定量底仓的投资者进行，比如 Alpha 收益型产品、网下配售、高净值持仓客户及长期价值投资客户等。在原有股票池基础上，通过日内回转策略可以捕捉股票日内波动，增厚产品收益。

一般来说，交投活跃的市场行情，T0 交易超额增强效果会更明显，但运用该策略对底仓和容量也有一定的限制。目前来看，一般长期的收益在 10％左右，年换手在 200 至 300 倍。随着量化机构等专业投资者在这一赛道不断地涌入，T0 交易的收益也将受到影响。

量化产品：指数增强

近几年指数增强类基金逐渐步入投资者视野,对指数增强基金,有哪些需要投资者在投资理财中给予关注的呢? 接下来,我们为大家一一解析。

指数增强

指数增强是指对标某一特定指数,通过调整或构建持仓组合以期获得超额收益的投资策略。一般来说,通过以下 3 种方式可以实现指数增强:第一种,固定收益增强,即投资者与机构之间进行收益互换,通过期现套利或者融券业务等实现收益增强,采用这种方式的主要以券商居多。第二种,资产配置增强,即通过80/20的方式配置资产,其中,80％及以上的资金投资于标的指数的成分股中,余下的资金再通过选股和交易达到增强的目标,公募基金较多采用此种方式。第三种是因子选股,即通过因子选股模型(基本面因子＋量价因子)等,进行分散持股,以期实现超额收益,采用这种方式的主要以私募基金为主。

指数增强"增"的来源

指数增强的收益:一是对标指数本身的 β 收益,二是管理的超额 α 收益。

β 收益来源于市场的涨跌,因此跟踪的指数至关重要,指数目前的估值、成分股的构成,以及未来预期都是在做选择的时候应该考虑的因素,国内通常对标的指数有中证 500、中证 1000、沪深 300 指数等。

α 收益来源于管理人的选股能力,可以通过技术面、基本面、短期价差、舆情等因子选股,也可以通过交易系统、日内回转、择时操作或线下打新等方式增厚收益。

私募指增基金与公募指增基金的差别

私募指增基金:私募指增基金一般会收取超额业绩报酬,因此管理人更有动力提高业绩。相比公募基金的低门槛,私募基金的投资门槛更高,一般 100 万元起投。为了保证投资策略的一致性,会设置封闭期或锁定期,对标指数集中在主流的宽基指数,对标指数以中小盘风格的中证 500、中证 1000 较多。私募指增基金在投资标的选择、指数偏离度、仓位控制等方面有更高的灵活性,底层所采用的增强收益策略更为丰富,得益于系统优势,多以交易型策略为主,超额收益中量价因子的收益贡献较高,同时灵活使用 T0 策略、算法交易下单等方式,以增厚产品超额收益,降低交易成本。

公募指增基金:公募指增基金一般不能进行程序化交易,注重低换手率的基本面因子和量价因子,对标指数早期以偏价值风格的沪深300指数居多;一般至少80%投向指数成分股,选股空间不大,相应地,公募指数增强基金与对标指数的跟踪误差普遍较小;为了随时应对投资者的申赎,需保持不低于5%的现金头寸,无法满仓运作的限制也进一步限制了公募基金的超额收益获取。

指数增强基金 VS 量化选股基金

指数增强基金和量化选股基金都是量化基金,二者相同之处在于,基金的收益由被动收益(β)和超额收益(α)组成,且都是全市场选股的量化策略基金。

而"量化指数增强基金",一般会锚定某个宽基指数,比如沪深300、中证500或是中证1000,模仿指数中成分股的行业、市值、风格等特征满仓交易,同时通过预设好的模型选择更为优质的个股进行投资,从而获得α收益。

然而在实际应用中发现,指数增强基金往往会遇到两个问题:一是选择什么样的基准指数?不同的市场行情下,不同的宽基因为成分股构成、权重、选股域等的差别,会呈现不同的业绩,也就是不同的β,指数增强基金难以全面捕捉。二是怎么才能在对标指数的情况下尽量获取α收益?因为指数增强对标了指数后,由于受到市值、风格、行业等指数特征的限制,部分具有超额能力的个股可能无法投资。

量化选股基金则是通过策略模型,在全市场选出具有上涨潜力的股票构成投资组合。它与指数增强基金相对比发现,两者有以下区别:

(1)在选股域方面,量化选股基金一般是全市场选股;指数增强基金通常也是全市场选股,但部分选股域有一定的限制。

(2)在对标指数方面,量化选股基金不具体对标某一指数,消除了对标宽基指数的约束;而指数增强基金会明确基准指数。

(3)在风控方面,量化选股基金的风控更为灵活,属于进攻性更强的量化权益策略基金;指数增强基金需要对行业权重、风格因子做控制,避免过多暴露。

(4)在评价指标方面,评价量化选股基金考察绝对收益能力及风险收益比等指标;而一般评价指数增强基金多用超越对标指数收益的 Alpha 水平。

总结来看,盈亏同源,量化选股基金在放开风控约束的同时,有可能获得行业或风格轮动的收益,也有可能出现由于对风格的预测和轮动未能进行及时把握,基金收益不及预期的情况。所以,指数增强基金适配对某一指数具有较高投资偏好的投资者;量化选股基金适配在追求更高的绝对收益的同时,对波动和回撤容忍度也更高的投资者。

量化产品：CTA 基金——管理期货策略

CTA 策略

CTA(commodity trading advisor)策略也称商品交易顾问策略，是指由专业的管理人运作客户委托的资金，投资于期货、期权市场，并收取相应投资顾问费用的一种基金形式。由于 CTA 的主要交易对象是期货及期权合约，CTA 策略也被称作管理期货(managed futures)策略。

CTA 的特性

1. 非线性上涨

"非线性上涨"，表现为呈现出脉冲式的上涨形态，大多数时间维持震荡走势。但由于 CTA 的交易逻辑为趋势追踪，其最主要的盈利模式来自行情走势的肥尾效应(Fat Tail)，这种盈利模式决定了 CTA 策略收益的非线性特征。大多数时间，CTA 基金是处于横盘或者回撤的状态，表现为低胜率、高盈亏，具备较好的风险收益比，一次上涨会赚取到足够多的利润，剩下的大多数时间维持震荡。

2. "危机 Alpha"

CTA 策略与股票、债券的波动相关性系数较低，在极端牛市或者熊市中表现尤为突出。"危机 Alpha"主要是指 CTA 策略与股市波动存在着极高的负相关性，往往能在股市较大幅度回调期间逆势创造超额回报。CTA 的主要交易标的期货具有双向交易、T＋0 等区别于股票 T＋1 单向做多市场的交易制度，这使得 CTA 呈与权益市场并没有很强的关联性的特点，所以 CTA 的表现和市场是否单边上涨或下跌无关。

海外市场长期数据显示，CTA 策略与其他策略之间呈现显著低相关性。其除与宏观对冲、多策略等的相关系数偏高外（分别为 0.64、0.34），与其他策略的相关系数均在 0.2 以下。

CTA 策略投资标的

海外的 CTA 策略可投资期货、期权，具体包括股指、商品、利率、外汇等，可以做到多品种、多板块、多范围的多元配置；其中，金融期货、期权的占比最大。国内的 CTA 策略的投资标的主要为四大期货交易所的上市品种。CTA 策略常见的投资标的如下。

1. 商品期货

（1）农产品期货：大豆、豆油、豆粕、小麦、玉米、棉花、白糖等。

（2）金属期货：铜、铝、铅、锌、镍等有色金属和黄金、白银等贵金属。

（3）能源期货：原油、燃料油等。

（4）黑色期货：螺纹钢、焦炭、铁矿石、螺纹钢等。

（5）化工期货：天然橡胶、PTA、PVC、甲醇等。

2. 金融期货

（1）国债期货。

（2）股指期货：沪深 300 股指期货 IF、中证 500 股指期货 IC、上证 50 股指期货。

表 4-5　四大期货交易所的上市品种（参考）

交易所	交易品种
上海期货交易所	铜、铝、锌、铅、镍、锡、螺纹钢、热卷、线材、黄金、白银、橡胶、燃料油、沥青、纸浆
大连商品交易所	玉米、玉米淀粉、黄大豆 1 号、黄大豆 2 号、豆粕、豆油、棕榈油、鸡蛋、纤维板、胶合板、线型低密度聚乙烯、聚氯乙烯、聚丙烯、焦炭、焦煤、铁矿石
郑州商品交易所	白糖、棉花、强麦、普麦、棉纱、苹果、菜籽油、油菜籽、玻璃、甲醇、动力煤、硅铁、锰硅、PTA
中国金融交易所	沪深 300、上证 50、中证 500、2 年国债、5 年国债、10 年国债

3. 金融期权

股指期权：50ETF 期权，沪深 300ETF 期权和沪深 300 指数期权。

4. 商品期权

（1）上海期货交易所：铜、橡胶期权等。

（2）大连商品交易所：铁矿石、豆粕期权等。

（3）郑州商品交易所：棉花、白糖期权等。

（4）上海国际能源交易中心：天然气期权。

大多数采取 CTA 策略的，会选择交易流动性较好的投资品种，这样更低成本的交易执行能够使得模型和实盘结果更为接近。一般来说，采取 CTA 策略会交易超过 40 多个商品品种和主流的金融期货品种。就像是股票型基金往往会有侧重的行业，CTA 策略也可能会在品种上略有侧重。在 CTA 策略中会有一些所谓的"大品种"，这类品种就是成交比较活跃、波动比较大的一些品种，比如黑色系、股指等，这些品种赚钱效应也会更强一些。

CTA 策略在不同的场景下的分类

CTA 策略在不同的场景下有时候会有不同的意义，有时候指交易商品的策略，有时候单指量化趋势跟踪策略。根据策略方法、策略逻辑、持仓周期、擅长品种等对 CTA 策略进行进一步划分。

1. 按照交易方式分类

CTA 策略按照管理人的交易方式,可分为主观 CTA 策略和量化 CTA 策略,国内 CTA 策略产品中主观策略类产品数量略多于量化产品。

1) 主观 CTA 策略

主观 CTA 策略,是指管理人基于对投资标的基本面、技术面的分析,结合自身的经验,对未来走势作出判断,决定买卖时点,构建投资组合。主观 CTA 整体体现出高波动、高收益特征,具备灵活、爆发力强、部分结构性行情下表现优异的优势。主观 CTA 非常考验基金管理人的基于基本面、调研或操盘经验的走势判断能力和买卖时点判断能力,以及出现失误时能否迅速作出调整的反应能力。

2) 量化 CTA 策略

量化 CTA 策略,是指管理人通过计算机、量化手段,对数据进行挖掘、分析,构建量化交易模型,依据模型信号进行投资决策,常规保证金使用时,净值波动通常较小,追求回撤可控,稳健收益,一般回撤可控,波动较小,长期收益较为稳定。

2. 按照盈利逻辑分类

CTA 策略按策略类型划分,大致可以分为趋势跟踪策略、套利价差策略以及趋势反转策略。目前市场上约 70% 的 CTA 产品都是以趋势跟踪策略为主,套利策略占比 25%,趋势反转策略占比 5%。趋势跟踪策略是 CTA 策略的主要盈利来源。

1) 趋势跟踪策略

趋势跟踪策略是指跟随市场变动的趋势,上涨做多,下跌做空。当市场表现出明显的上涨或下跌趋势时,趋势跟踪策略往往表现较好,但在市场趋势逆转或窄幅震荡行情时,趋势跟踪策略往往表现较差。

(1) 趋势跟踪策略按照策略方法分类,分为横截面对冲策略和时间序列策略两种子类型。

① 横截面对冲策略:是把所有的期货品种按照交易涨跌幅进行排序,进而做多涨幅靠前的品种、做空涨幅靠后的品种来获取不同品种间的相对收益。

② 时间序列策略:是指投资者认为在前期上涨的某一品种可能会在未来持续上涨走势、前期下跌的品种在未来则可能会继续下跌。那么此时,如果做多前期上涨的品种,做空前期下跌的品种,就可以取得一份超额收益。

从以上对比可以看出,时间序列策略在投资时希望各品种延续各自先前的趋势,而横截面对冲策略则希望"强者恒强"的相对态势保持不变。

(2) 趋势跟踪策略按照交易频率分类,分为日内高频、中短周期和长周期策略。总体来看,长周期 CTA 策略的波动率和回撤会比中短周期策略大一些。

① 日内高频策略:利用计算机程序捕捉短暂的市场变化,交易频率以分钟、小时计算,策略适合日内波动较大、成交量高的品种,资金容量较小。由于该策略对硬件设备要求极高,叠加容量有限,目前国内市场上的日内高频策略较为稀缺。

② 中短周期策略：持仓周期短至 3～5 天，长至 1～2 周，主要收益来源于波段趋势上涨或下跌行情，以及相关事件引发的短期冲击行情。中短周期策略收益平稳，具备一定的资金容量。

③ 长周期策略：持仓周期在 15～30 天，长周期策略具备较大的资金容量，更多地依靠大的趋势行情获得收益，而在震荡行情中则表现一般。长周期策略下，波动率和回撤会比中短期周期策略大一些。

2）价差套利策略

价差套利策略是指捕捉市场中偏离正常范围的价格，买进或卖出对应资产，等待价格回归正常均值以获取收益。其包括跨期套利、期现套利、跨品种套利等。

3）趋势反转策略

趋势反转策略是指利用期货价格的反转性波动进行反向交易的策略，即"高抛低吸"，在市场出现拐点时迅速捕捉交易机会。在市场缺乏趋势性或波动性很大的时候，采取此策略能够获得较好的收益。但在市场趋势稳定且明显的时候，该策略容易失效。

第五章 读懂上市公司报告

读年报——认识"三大表"的勾稽关系

从财务角度衡量一家好企业的标准有三个：一是公司的资产能随时变现；二是利润水平高并能收到现金；三是利润和现金流在未来具有稳定性。常说的三大财务报表——资产负债表、利润表和现金流量表之间存在着密切的逻辑关系，这种逻辑关系是基于因果关系链形成的。公司财务报表作为一种标准化的会计计量工具，可以综合反映一个公司的财务信息体系。

利润表和资产负债表

来看一个公式：利润＝收入－成本。

利润分税前利润和税后利润。

资产负债表上的资产是可以为公司带来收入的资源，经营过程中资产的消耗会逐步转化为利润表中的成本费用。从投资的角度看，有价值的资产是在市场上能随时变现的资产。

以固定资产为例，当使用固定资产进行生产活动时，通过生产出产品、通过销售产生收入；在报表上的固定资产的账面价值，以折旧方式在资产负债上逐步减少，相对应的则是以折旧费用的形式体现在利润表的成本或费用中。

这类勾稽关系，能帮助我们识别公司的利润是否存在"水分"。例如，公司持续增加固定资产投资时，其资产负债表和利润表上呈现出固定资产原值和净利润上升，同期如果没有固定资产的折旧费用与收入同比例增长，就要关注公司的折旧费用是否合理，是否通过调整固定资产折旧政策来减少当期确认的折旧费用，并以此评估通过固定资产投入所扩大的盈利规模是否合理。

值得注意的是，医药企业、高科技企业一类研发密集型公司，研发费用支出占比通常在 $10\%\sim20\%$，甚至更高，其可以依照会计准则将研发项目费用的所有支出进行费用或资本化划分。通常，费用化支出计入当期损益，它直接影响本年度利润。而"研发费用资本化"就是把符合资本化条件的支出的那部分研发费用计入资产，并按照受益年限进行多期摊销的支出，这样可以提高资产负债表中的当期利润，或者说它影响的是未来年度的利润。

采用同样的分析方法，可以观察收入增长与应收账款增长是否同步，预收账款变化与收入变化是否存在异常，是否以减少应收账款的坏账准备、变更会计估计以调节企业利润等。还要结合行业特殊性综合观察，对行业同类公司中指标出现极端反常的，要特别予以关注。

阅读上市公司年度财报，要重点予以关注其他问题。

一是正确辨识企业商誉。

商誉＝实际购买公允价格－可辨认净资产公允价值。

A股上市公司中有半数以上积累了商誉。2020年的一项调查统计中,上市公司商誉累计超过1.5万亿,其中,创业板、原中小板中商誉规模占比较大。商誉本质上是一种负债,需要逐年以利润摊销。常见上市公司并购案中,对评估值大于净资产30％的,可以认为"高溢价"。少数上市公司,商誉占净资产总额比例超过100％,会存在计提大量减值的风险,这也被称为报表"洗大澡",往往导致会计信息失真。

二是识别实控人是否违规占用上市公司资金。

控股股东、实控人及关联方资金占用往往数额巨大、占用周期长、财务手法隐蔽,有的导致坏账无法收回,这成为上市公司治理中的突出问题和财务风险隐患,严重侵害上市公司和中小股东的权益。资金占用具体体现在上市公司财务报表的往来款项、应收应付票据、长期股权投资、在建工程、长短期借款等项目中,货币资金项目通常不存在直接虚假。其主要有以下两种手法。

手法一:利用无商业实质的购销业务,直接或间接向控股股东支付采购资金或者开具汇票供其贴现、背书等。在实际案例中,这些预先支付的采购资金或票据,往往通过关联公司把其中部分或全部资金转往实控人控制的第三方企业账户,以实现其自己占用目的。

手法二:控股股东以上市公司的名义对外借款,直接利用实控人的优势地位,在不经过上市公司内部审批流程及决策程序的情况下,对外签订虚假名目的借款协议,通过第三方关联企业直接把资金转向了实控人控制的企业,构成资金占用。

利润表和现金流量表

通过了解利润表和现金流量表的勾稽关系,投资者可以从利润与现金流两个不同的维度来评估公司的赚钱能力。

例如有甲、乙两家同行业、盈利大致相同的公司,收入1亿元,费用8 000万元,净利润2 000万元。但是,从现金流量表来看,甲企业通过赊销方式进行销售"先赚利润后收钱",所以其经营活动产生的现金流较少;而企业乙要求"款到交货",经营活动产生的现金流就要明显好于企业甲。看似利润差不多的两个企业,由于现金流量表的不同表现,其财务的稳健性的差异是显而易见的。

通常一家健康的公司,其主业应该是清晰的,主营收入应该是稳步增长的,经营现金流也应该相对稳定。选取对比分析公司2～3年的利润表和现金流量表,期间公司的业务模式没有发生大的变化时,其收入的规模和经营现金流入的规模应该是匹配的。如果企业收入表现为"稳定"的增长,而经营现金流入并没有随着收入的增长而增长,就要深入分析企业的经营情况,并通过财务报表观察来判断该企业是否通过主观计提减值准备、变更会计估计等会计调节手段调节企业利润。特别要关注货币资金和有息负债"存贷双高"这样看似钱多债也多的假象。而跨期巨额预付款的流出,则是另一种极端不正常的现象。

由于银行类上市公司占了 A 股很大的权重,对金融类上市公司的会计报表,投资者还要特别关注"新金融工具会计准则"2019 年 1 月 1 日全面实施后涉及的金融资产的分类和计量、金融工具的减值及影响。

对投资者来说,除从财务角度衡量外,还要综合考察一家公司近几年来的运营情况,进行财务数据对比分析以及对公司其未来业绩的预测,具体可以从以下几个方面分析:

(1) 运营环境:即宏观经济形势、法律法规及政策和社会文化环境。

(2) 行业风险:即所处行业的发展前景、行业的周期性特征、行业中的竞争程度、行业的技术水平、进入行业的壁垒障碍和出现替代品的威胁等。

(3) 企业市场竞争力:包括企业规模、市场控制力、运营能力和技术水平。

(4) 管理战略:主要体现在公司治理策略、决策、政策措施等管理层"智慧"。好的公司治理,既能够对经理人起到有效的监督和激励,更能够起到提升公司绩效的作用,使股东和债权人都将从中受益。可以从管理者素质、职工队伍素质、公司治理机制与财务政策等几个方面衡量企业的管理水平。

(5) 信用状况:直接体现在公司作为债务人而对其债务违约影响的可能性。核心财务指标是对企业信用风险较为量化、客观、真实的反映。通常信用水平高、违约风险小的企业有着较低的经营风险和保守的财务政策。相反,如果一个企业的风险较高,且采取激进的财务政策,则该企业的信用水平较低。

(6) 事件风险:事件风险可能由外部因素引发,例如法律变化、自然灾害,或是另一实体的敌意收购;也可能由内部因素引发,例如,资本结构政策的改变、重大收购行为或是战略重组,它们都属于非预期性的风险,即事先无法合理预测的风险。

衡量和分析资产负债率、权益乘数和产权比率

通过资产负债表等资料,衡量和分析资产负债率、权益乘数和产权比率等指标,可以对比同业、同类企业分析公司资本结构的合理性和财务杠杆的大小。

(1) 资产负债率 = 负债总额/资产总额。该指标衡量上市公司在多大程度上利用债权人的资金来对其资产进行融通以展开生产经营活动。

(2) 权益乘数 = 资产总额/股东权益总额。该指标反映股东投入资本在公司资本中所占比重,衡量基本财务结构是否稳定。

(3) 产权比率 = 负债总额/股东权益总额。该指标衡量公司股东权益对债权人权益的保障程度。

读年报——从现金流指标研判
上市公司的经营状况

投资者如何运用现金流研判上市公司的经营情况呢？

通常情况下，负债和资本是筹资活动，形成货币资金；投资活动形成资产，增加规模；经营活动获得收入和利润。现金流量表中净流量的稳定性程度由大到小排序，可以帮助我们分析现金流入持续取得的可能性、现金流出的稳定性（未来可以使用的时间长度）。上市公司出现股价暴跌、股权质押爆仓及债务违约的这些问题的背后，均指向一个重要的财务指标——现金流。

"现金流"的财务含义，是指企业某一期间内的现金流入和流出的数量。例如：销售商品、提供劳务等形成企业的现金流入，购买商品、接受劳务等形成企业的现金流出，这些均被记录和反映在现金流量表里。

打开财报的现金流量表，可以清晰地看到现金流分为三大类：经营活动现金流、投资活动现金流、筹资活动现金流。这样的分类便于报表使用人了解各类活动对企业财务状况的影响，以及估量未来的现金流量。

具体而言，经营活动是指企业直接进行产品生产、商品销售或提供劳务等活动，一般情况下，经营收入是企业利润的主要来源。投资活动是指长期资产的购建和不包括现金等价物范围内的投资及其处置活动。筹资活动是指导致企业资本及债务规模和构成发生变化的活动。投资者可以从以下三个方面观察上市公司的现金流，研判上市公司的大致经营健康状况。

关于经营活动产生的现金流量

当企业净利润上升时，正常的情况是经营活动现金净流量的增幅与净利润增幅同步。如果营活动现金净流量的增幅大于净利润增幅，则说明公司的经营效率提高了，可能是公司的产品毛利率提高了，也可能是其他的原因，要做综合分析。如果营活动现金净流量的增幅小于净利润增幅，就要看净利润中是否存在非经常损益，又或者部分利润是通过牺牲现金流而得来的。持有更多的应收账款和存货，从而获取更多利润，这种利润增长"水分"就比较大，就要引起我们的注意。

另外如果想进一步了解公司到底发生了什么，我们往往可以更深入地结合企业的财务报表来辅助判断。例如，可以利用管理层对于业务以及主要财务数据变动的解释、现金流量表的附注、主要利润表项目的注释，以及非经常性损益的描述与披露等这些信息综合判断公司的经营情况。

关于投资活动产生的现金流量

观察企业投资活动现金流情况的变化,可以对企业的发展潜力有更好的认知:

(1) 如果企业持续投资,且利润、经营性现金流持续正相关增长,这是一个好的信号。

(2) 观察公司的并购活动,同时结合商誉减值等信息披露,来综合评价相关企业的并购整合能力以及协同发展潜力。

(3) 对于 IPO 募集资金未完全使用完毕的企业,要关注 IPO 募集资金使用情况,结合现金流量表的表现,来综合评价相关企业的投资规划、执行以及管理效率,并衡量该企业是否能通过有效投资来赚取合理的回报。

关注筹资活动产生的现金流量

当企业盈利能力好,投资项目回报高时,企业倾向于通过筹资活动获取资金以进行规模业务扩张。我们在遇到筹资活动现金流量较大的企业时,应适度关注这类企业融资成本以及其在一定历史期间的融资现金流变化情况。

一家企业融资现金流入逐渐减少或者由正转负,或者融资成本明显高于同行业可比行业,预示存在一些不良的信号,这时就要谨慎关注财务报表中有关借款抵押或者质押的情况,以及是否存在借款财务指标违约的情况,以此综合做出进一步的评估。

运用现金流指标来研判上市公司的意义

一是在作出投资决策时可以避雷。像 2018 年至 2020 年一些股价长期低迷、年度业绩暴雷、债券违约,甚至被摘牌的上市公司,基本上都是资金流非常紧张的企业。个别公司从上市以来几乎每一年经营性现金流都是负的,且数额较大,这样的公司潜藏的经营风险是相当大的。

二是利用现金流可以提高投资胜率。市场上一些行业地位突出、股价涨幅比较大的牛股,它们的共同特点就是现金流充沛,每年的经营现金流净额都会超过净利润。选择现金流情况良好的公司,投资的胜率就会高很多。

由此可见,投资者可以通过现金流情况及时发现公司背后的经营问题并作出及时的应对。投资者也应该多关注经营活动现金流充沛的企业,从而实现良好的投资预期。实行股票发行注册制和上市公司退市常态化后,对那些年年缺钱、年年融资,现金流持续紧张的公司,要保持一份谨慎!

读年报——从审计报告中
了解公司财务健康状况

审计报告的作用

注册会计师签发的审计报告,主要具有鉴证、保护和证明三个方面的作用。

(1)鉴证作用。注册会计师签发的审计报告,是以独立第三方身份,对上市公司财务报表的合法性、公允性发表意见,该意见具有鉴证作用。一般而言,投资者主要依据注册会计师的审计报告来判断上市公司的财务报表是否公允地反映了财务状况和经营成果,以进行投资决策等。

(2)保护作用。注册会计师对上市公司的财务报表出具不同类型审计意见的审计报告,可以提高或降低财务报表信息使用者对财务报表的依赖程度,能够在一定程度上对上市公司的债权人和股东的权益及其他利害关系人的利益起到保护作用。在进行投资之前,投资者必须要查阅上市公司的财务报表和注册会计师的审计报告,更好地了解上市公司的经营情况和财务状况。

(3)证明作用。审计报告是对注册会计师审计工作完成情况及其结果所做的总结,对审计工作质量和注册会计师的审计责任起证明作用。

审计结论及其含义

我们来看看年报审计结论的常见类型,一般包括:无保留意见的、带有解释性说明的无保留意见的、保留意见的、无法表示意见的、否定意见的审计结论。表示对公司财务信息的可靠性、公允性、合理性判断的不同含义。

(1)无保留意见。此即"标准意见",被认为报表所反映是合法、公允和一贯的,占绝大多数,其保证程度最高。它表示财务报表在所有重大方面,均按照企业所适用的财务报告要求、且符合编制规定并实现公允反映。这类年报季的"标准意见"占到年度全部经审计上市公司总数的95%以上。

(2)带有解释性说明的无保留意见。此即表示存在需要说明的事项,如持续经营重大不确定,或其他信息未更正重大错报说明等,存在一般意义上的"风险"因素(如近年来上市公司控股股东股权的高比例质押现象)。

(3)保留意见。此即表示存在错报,其单独或汇总起来对财务报表影响重大,但不具有广泛性;或者正常审计程序无法获取充分、适当的审计证据,而且未被发现的错报(如存在)对财务报表可能影响重大,但不具有广泛性。通常遇到这类审计意见时,投资者需要保持高度谨慎。

(4)无法表示意见。此即表示会计师无法获取充分、适当的审计证据作为形成审计意见的基础,认为未被发现的错报(如存在)对财务报表可能影响重大,且具有广泛性。这表明会计师对财务报表的可信度严重存疑,投出了"弃权票"。

（5）否定意见。此即表示会计师认为错报单独或汇总起来对财务报表的影响重大,且具有广泛性。会计师认为财务报表反映的信息不可靠,甚至其信息披露极可能存在重大虚假记载、误导性陈述或重大遗漏,明确投出了"反对票"。

除"无保留意见"的审计结论外,其余意见均属于"非标准审计意见"。如果会计师出具这样的审计结论,投资者就要多花点心思了。

审计结论中的风险提示事项

除了解常规的审计结论外,我们还应该关注审计师的风险提示事项。一是对公司持续经营能力存疑,比如过高负债率、欠薪、行业不景气、重组存在不确定性。二是涉及重大判断和会计估计的事项,比如诉讼、仲裁、债务担保。三是缺乏商业合理性的重大交易,比如关联交易、挪用资金、大额资产转让等行为,直接或间接向控股股东支付采购资金或者开具汇票供其贴现、背书等;或者实控人绕过上市公司内部审批流程及决策程序,对外签订虚假名目的借款协议,通过第三方关联企业直接把资金转向了实控人控制的企业,违规占用公司资金。少数情况下,由于被审计单位所施加的限制,注册会计师未能获取充分、适当的审计证据等,背后的原因则有可能是存在舞弊或者故意隐瞒的嫌疑。

此外,还需要特别关注退市制度改革后,新增的"扣非净利润＋营业收入"组合退市指标,防止上市公司因主营业务收入不达标,触发退市风险警示。比如是否扣除与主营业务无关的业务收入和不具备商业实质的收入,以及披露是否充分等;关注审计意见中就公司营业收入扣除事项是否符合规定、金额是否准确的专项核查意见。

近年来,上市公司业绩爆雷、公开债务违约频发,本质是公司存在治理缺陷、内控漏洞,甚至是恶意造假行为,少数上市公司年报"不保真"的怪现象也屡见不鲜。对比2017—2019年中国证监会相关管部门的披露数据,非标报告的总数显著增加。随着对上市公司信息披露监管力度的加强,中介机构也意识到审计责任的重大。投资者也应当关注上市公司聘请的审计师信誉及换任情况。

值得提醒的是,2019年12月28日公布的《证券法》、2018年10月26日公布的《中华人民共和国公司法》、2020年12月26日公布的《中华人民共和国刑法修正案(十一)》,均对信息披露义务人应当披露内容规定了明确的要求,并对财务会计报告等材料上作虚假记载或者隐瞒重要事实的,以及在信息披露中存在虚假记载、误导性陈述或者重大遗漏等违规违法责任做出了具体的处罚规定。

读年报——现金分红行权那些事儿

2020 年 3 月 1 日起施行的《证券法》第九十一条规定："上市公司应当在章程中明确分配现金股利的具体安排和决策程序,依法保障股东的资产收益权。上市公司当年税后利润,在弥补亏损及提取法定公积金后有盈余的,应当按照公司章程的规定分配现金股利。"

现金分红是上市公司投资者获得回报的主要方式之一,也是培育投资者长期投资理念、增强资本市场吸引力的重要途径。在参与市场过程中,了解自己享有哪些权利,知道如何行使这些权利,清楚权益受侵害时如何维权,是增强中小投资者自我保护能力、帮助投资者更加成熟理性参与市场的核心内容。

上市公司利润分配是指上市公司根据国家有关规定和公司章程、投资者协议等,对当年可供分配的利润所进行的分配。其利润分配的顺序依次是：①弥补以前年度亏损;②提取法定盈余公积;③提取任意盈余公积;④向投资者分配利润。

其中,向投资者分配的利润是指向各类投资者分配的利润,包括向国家、其他单位、个人以及外商等投资者分配的利润,但不包括向各种债权人支付的利息。

上市公司利润分配的主要方式就是向股东分配股利。股利分为股息和红利两种,股息是优先股股东享有的股票利息,红利则是投资者投资普通股的收益,是公司分派优先股股息之后,按持股比例向股东分配的剩余利润。

从种类上划分,红利又分为现金红利(派现)和股票红利(送股)。

(1) 派现也称现金红利,指股份公司以现金分红方式将盈余公积和当期应付利润的部分或全部发放给股东,股东为此应支付所得税。

(2) 送股也称股票红利,是指股份公司对原有股东采取无偿派发股票的行为。投资者获得上市公司送股时也需缴纳所得税。

根据相关规则,上市公司弥补亏损和提取公积金后所余税后利润,可以分配给股东。上市公司应在公司章程中载明公司的利润分配政策(尤其是现金分红政策)的具体内容、利润分配的形式、利润分配尤其是现金分红的期间间隔、现金分红的具体条件、发放股票股利的条件、各期现金分红最低金额或比例等。

现金分红其实就是上市公司从年度的利润中,拿出一部分真金白银支付给股东。这样账上剩余的归属股东的权益就会减少,使每股股票代表的企业实际价值减少,因此每股价格就会降低,形成除息。有权享有现金分红的是股权登记日仍持有股票的持有人。上市公司在制定分红方案时会确定一个具体的日期,在这个日期之后买入的股票不享有分红权利。上市公司一般在股权登记日的第二天进行分红派息,此即派息日,也是除息日。股票代码前加"XD",表示当天是这只股票的除息日。股票代码前加"XR",表示当天是这只股票的除权日。股票代码前加"DR",表示当天是这只股票的除息、除权日。

举个例子:在股权登记日,投资者仍持有某股票 1 000 股,股价 10 元,总价值 10 000 元。在派息日,公司按照每 10 股派 1 元的方案派息,投资者收到了现金分红 100 元。但是手上的股票现在只代表了 9 900 元的价值,那么每股价格降低到 9.9 元,即除息。

要注意的是,当要卖出这些股票的时候还要缴税。证券法规定,持股超过 1 年的对股息红利所得免征个人所得税;持股 1 个月至 1 年的,按 10% 比例征收;持股 1 个月以内的,按 20% 比例征收。所以短期投资者通常会在股权登记日之前卖出持股,除息日之后再买回,来避免这种分红但还"亏钱"的情况。

上市公司现金分红情况对公司再融资有一定影响,根据相关规定,上市公司再融资公开发行证券的条件中包括"最近 3 年以现金或股票方式累计分配的利润不少于最近 3 年实现的年均可分配利润的 20%"。

投资者可以通过阅读上市公司章程及年报相关内容,了解上市公司的利润分配情况和是否符合公司章程规定,分析上市公司不进行现金分红的合理性,进而做出投资判断。对于存在疑问的现金分红方案,股东可以通过多种渠道,与上市公司沟通,参加审议分红议案的股东大会,参加投资者说明会等,积极行使股东权利。

上市公司现金分红的具体方案需由股东大会进行决策,中小股东可以通过参加股东大会,行使表决权、质询权等方式,向公司管理层表达对现金分红方案的看法。上市公司应当严格执行公司章程确定的现金分红政策以及股东大会审议批准的现金分红具体方案,若确有必要对公司章程中的现金分红政策进行修改,应当在满足公司章程规定的条件下,经过详细论证后,履行相应的决策程序,并经出席股东大会的股东所持表决权的 2/3 以上通过。

根据中国上市公司协会披露的 2021 年度 A 股上市公司现金分红情况显示,2021 年度发布现金分红预案的上市公司同比 2020 年、2019 年实施分红的公司数量,分别增长 4.9%、17.7%,数量连续两年增长;全年现金分红预案总额超 1.5 万亿元,同比 2020 年、2019 年实施分红总额,分别增长 1.4%、13.6%。2008 年至 2021 年,连续 5 年分红的上市公司数量占比从 24% 提升至 50%,连续 10 年分红的上市公司占比从 4% 提升至 32%。近年来,A 股上市公司现金分红的意愿、分红金额及稳定性不断提高和增强,分红水平已与国际成熟资本市场相当,上市公司成为投资者分享经济增长红利的"新渠道"。

在 A 股上市公司里,有连续多年分红的公司,也有从未分红过的"铁公鸡"。一般来说,坚持多年分红的上市公司更容易获得投资者的青睐,现金分红能证明这家上市公司具有稳定的盈利模式。上市公司有足够的可供分配的利润,并且除去日常经营需要的现金后,剩下的可以支配的资金越多,分红的能力越强。如果持有和交易的都是小盘股、低价股、绩差股、高市盈率股、ST 股,这些股票分红公司占比及股息支付率都比较低。同时,频繁交易和短期行为会进一步减少上市公司分红的受众面,如果持有期限较短,会大概率导致投资者虽然参与过交易但没有办法享受到分红。

现金分红是上市公司投资者获得回报的主要方式之一,投资者应重视参与公司治理,重视现金分红,多关注相关上市公司的现金分红政策和具体现金分红方案,积极参与审议分红议案,表达对现金分红方案的看法,维护自身合法权益。

上市公司信息披露之定期报告

定期报告是上市公司信息披露的核心内容之一。通常,信息披露文件包括定期报告、临时报告、招股说明书、募集说明书、上市公告书、收购报告书等。上市公司需要披露的定期报告包括年度报告和中期报告。凡是对投资者作出价值判断和投资决策有重大影响的信息,均应在报告中予以披露。除特别规定外,上市公司应当在披露年度报告的同时,披露董事会对公司内部控制的自我评价报告,以及注册会计师出具的财务报告内部控制审计报告。

审计要求

年度报告中的财务会计报告应当经符合《证券法》规定的会计师事务所审计。如被出具非标准审计意见,上市公司董事会应针对该审计意见涉及事项作出专项说明,证券交易所认为涉嫌违法的,将提请中国证监会立案调查。

时间要求

年度报告应在每个会计年度结束之日起 4 个月内编制完成并披露,中期报告应在每个会计年度的上半年结束之日起 2 个月内编制完成并披露。

内容要求

1. 年度报告内容要求

年度报告应当包括以下内容:

(1)公司基本情况。

(2)主要会计数据和财务指标。

(3)公司股票、债券发行及变动情况,报告期末股票、债券总额、股东总数,公司前十大股东持股情况。

(4)持股 5% 以上股东、控股股东及实际控制人情况。

(5)董事、监事、高级管理人员的任职情况、持股变动情况、年度报酬情况。

(6)董事会报告。

(7)管理层讨论与分析。

(8)报告期内重大事件及对公司的影响。

(9)财务会计报告和审计报告全文。

(10)中国证监会规定的其他事项。

2. 中期报告内容要求

中期报告应当包括以下内容：

（1）公司基本情况。

（2）主要会计数据和财务指标。

（3）公司股票、债券发行及变动情况、股东总数、公司前十大股东持股情况，控股股东及实际控制人发生变化的情况。

（4）管理层讨论与分析。

（5）报告期内重大诉讼、仲裁等重大事件及对公司的影响。

（6）财务会计报告。

（7）中国证监会规定的其他事项。

审议要求

定期报告内容须经上市公司董事会审议通过，未经审议通过的定期报告不得披露。监事会应对董事会编制的定期报告进行审核并提出书面审核意见。

上市公司独立董事应当遵照法律和有关规定，切实履行忠实、勤勉义务，履行在其任职的上市公司年度报告编制和披露期间所应当履行的各项职责，并按规定的格式和披露要求，认真编制其年度述职报告。

调查

上市公司未在规定期限内披露年度报告和中期报告的，中国证监会将立即立案调查，证券交易所按照股票上市规则予以处理。

上市公司财务造假的监管和处罚措施

真实、准确、完整的信息披露是实行注册制的基础。上市公司的定期报告与相关投资者的实际利益密切相关。财务造假和操纵股价、内幕交易是证券市场中三大典型的严重破坏市场秩序的违规违法行为，严重蛀蚀资本市场的诚信基础，破坏市场信心，损害投资者利益。对上市公司财务造假行为、虚假信息违规披露行为，相关法规都有严格规定。其中，《上市公司信息披露管理办法》《证券市场禁入规定》《中华人民共和国证券法》和《中华人民共和国刑法修正案（十一）》都有相关监管规定和刑罚罪名予以严惩。

《上市公司信息披露管理办法》

根据 2021 年 5 月 1 日起施行的《上市公司信息披露管理办法》，信息披露义务人及其董事、监事、高级管理人员违反《上市公司信息披露管理办法》的，中国证监会为防范市场风险，维护市场秩序，可以采取以下监管措施：①责令改正；②监管谈话；③出具警示函；④责令公开说明；⑤责令定期报告；⑥责令暂停或者终止并购重组活动；⑦依法可以采取的其他监管措施。

《证券市场禁入规定》

根据 2021 年 7 月 19 日起施行的《证券市场禁入规定》，执法单位可以采取的市场禁入种类包括：

（1）不得从事证券业务、证券服务业务，不得担任证券发行人的董事、监事、高级管理人员。

（2）不得在证券交易场所交易证券（包括不得直接或者以化名、借他人名义在证券交易场所交易上市或者挂牌的所有证券）。

禁入期限可分为：3 年以上 5 年以下；6 年以上 10 年以下；终身禁止措施。

执法单位可以单独采取证券市场禁入措施，或者一并依法进行行政处罚；涉嫌犯罪的，依法移送有关部门，并可同时采取证券市场禁入措施。

《中华人民共和国证券法》

2020 年 3 月 1 日起施行的《证券法》规定，信息披露义务人披露的信息，应当真实、准确、完整，简明清晰，通俗易懂，不得有虚假记载、误导性陈述或者重大遗漏。信息披露义务人未按照规定披露信息，或者公告的证券发行文件、定期报告、临时报告及其他信息披露资料存在虚假记载、误导性陈述或者重大遗漏，致使投资者在证券交易中遭受损失的,信息披露义务人应当承担赔偿责任。

这里的"信息披露义务人"是指上市公司及其董事、监事、高级管理人员、股东、实际控制人,收购人,重大资产重组、再融资、重大交易有关各方等自然人、单位及其相关人员,破产管理人及其成员,以及法律、行政法规和中国证监会规定的其他承担信息披露义务的主体。

信息披露义务人披露的信息应当同时向所有投资者披露,不得提前向任何单位和个人泄露。但是,法律、行政法规另有规定的除外。

《证券法》第一百九十七条规定:信息披露义务人报送的报告或者披露的信息有虚假记载、误导性陈述或者重大遗漏的,责令改正,给予警告,并处以一百万元以上一千万元以下的罚款;对直接负责的主管人员和其他直接责任人员给予警告,并处以五十万元以上五百万元以下的罚款;发行人的控股股东、实际控制人组织、指使从事上述违法行为,或者隐瞒相关事项导致发生上述情形的,处以一百万元以上一千万元以下的罚款;对直接负责的主管人员和其他直接责任人员,处以五十万元以上五百万元以下的罚款。

以上就是《证券法》关于财务造假的介绍,如果发现了这些情况,可以向中国证监会进行反映,进而交由中国证监会处理。

《中华人民共和国刑法修正案(十一)》

2021 年 3 月 1 日正式施行的《中华人民共和国刑法修正案(十一)》与以信息披露为核心的注册制改革相适应,大幅加大欺诈发行、信息披露造假、中介机构提供虚假证明文件和操作市场等四类证券期货犯罪的刑事惩戒力度。大幅提高信息披露造假犯罪的刑罚力度,比如刑期上限延长,由修改前的"3 年有期徒刑"提升至"10 年有期徒刑";又比如罚金数额由修改前的 2 万～20 万元,取消了罚金的上限限制等。

港交所上市公司的供股、公开配售、分拆与合并、除牌

供股

供股是指联交所上市公司向现有证券持有人作出供股要约,使其可按持有证券的比例认购证券。供股权可通过二级市场进行转让,可超额认购,超额认购部分可获配数量取决于中签率。

香港联交所上市公司的供股行为,类似于 A 股的配股。港股通投资者应注意:

(1) 港股通上市公司供股,港股通投资者只能在原股东供股比例内申报,暂不参加港股供股的超额申报。

(2) 为确保供股缴款结算和换汇的时效性,中国证券登记结算有限责任公司设定的供股权申报确认截止日,要早于香港中央结算有限公司设定的截止日 3 个深市工作日;在此期间供股交易不影响供股权申报。

(3) 境内(H 股)供股权交易截止日与香港市场相同,不做日期提前设定。

公开配售

公开配售在操作上与供股差别不大,也是由上市公司向现有证券持有人发出要约,使其可认购证券。两者的区别在于公开配售权益不可通过二级市场进行转让,只能行权申报。

分拆与合并

分拆与合并分两种情形:一是上市公司可以通过股份的分拆或合并重组其已发行的股本,更改其证券的发行数量或面值;二是香港联交所也可根据《上市规则》第 13.64 条规定,在上市公司股价低于 0.1 港币或接近 9 995 港币时,要求公司进行股份的分拆或合并。经分拆或合并后的公司股价不应低于 0.1 港币或接近 9 995 港币。

按照联交所规则,股份分拆及合并,自生效日起会安排临时代码交易、并行买卖交易、恢复原代码(新)交易几个阶段(约 T+25 日),来配合有关证券以新、旧股票形式交易的活动。中国证券登记结算有限公司、上海证券交易所、深圳证券交易所会同步进行股份代码转换处理,调整投资者账户持有的股份数量。

除牌

联交所上市公司的股票除牌分三种情形。

其一,上市公司未能遵守《上市规则》的规定,且情况严重。上市公司股票的公众持股量不足;上市公司进行的业务活动或拥有的资产不足以保持其证券继续上市;又或上市公司或其业务不再适宜上市。上市地位可能会在未遭停牌的情况下予以撤销。通常,联交所将刊发公告并列明限期,以便该上市公司在限期内对导致其不适合上市的事项作出补救。如上市公司未能于指定限期内对该等事项作出补救,联交所可将其除牌。

其二,上市公司证券如已短暂停牌或停牌,复牌程序将视情况而定,联交所保留附加其认为适当的条件的权利。上市公司一般须公布短暂停牌或停牌的理由以及预计复牌的时间。上市公司作出公告后应尽快复牌。停牌持续较长时间,而上市公司并未采取适当的行动以恢复其上市地位,则可能导致联交所将其除牌。

其三,上市公司被视为现金资产公司而停牌持续超过 12 个月(而上市公司并未采取适当行动恢复其上市地位),联交所有权取消上市公司的上市资格。

中国证券登记结算有限责任公司依据有关业务规则,作为名义持有人,通过境内结算参与人为港股通投资者提供名义持有人服务。提供的名义持有人服务包括现金红利派发、以股息权益选择认购股份、送股、额度内供股、额度内公开配售、分拆及合并、投票、收购及出具持有证明等。

港股通投资者如需了解上市公司报告的详细信息,可以登录香港交易及结算所有限公司"披露易"网站,在"上市公司公告"栏目或者该网站的"发行人相关料"栏目下,通过公司代码和名称搜寻查阅近期公司发布的有关资料;也可以登录香港联交所网站,在"投资服务中心"的中国证券市场栏目下,搜寻香港上市公司曾经发布的公告信息等。

第六章　做理性的投资者

学会理财是一项基本生存技能

你是否注意到一个3岁的孩子会认真地规划,花好每一笔到自己手里的钱,给自己、给爸爸妈妈、爷爷奶奶买自己想象中的一颗糖果、一件衣服、一所房子、一辆汽车等的礼物,能够理解满足大人们不同的需求,这就是孩子财富启蒙的开始。我们常说,素质教育要从娃娃抓起,既是国家对青少年早期培养的社会义务,也是家长对子女培养的一项责任。今天,来说说对青少年的理财教育。下面,我们用一句话来比较一下中国和其他国家对子女在财商教育上的差别。

美国理财教育:要花钱自己打工去。

英国理财教育:能省的钱不省很愚蠢。

日本理财教育:小鬼当家方知柴米贵。

中国的理财教育:好好读书,长大才能赚大钱。

以上教育方法说明了不同文化背景下的差异。财商素质,有两个方面的重要能力:一是认识和创造财富的能力,二是管理和运用财富的能力。如果不能及时教会孩子们有关金钱等财富知识,或许就是社会来教会他——可能是警察、债主或骗子,将会付出更大代价。

政府倡导将投资者教育纳入国民教育体系。为此,中国证监会、教育部联合印发了《关于加强证券期货知识普及教育的合作备忘录》,鼓励在大中小学开展青少年财商教育。对传统的中国家庭来说,很多还处在"君子不谈钱"的正能量理财教育阶段,以坚守"勤俭节约是美德"作为早期教育标准,还算不上是理财素质教育。很多青少年在学生阶段甚至走向工作岗位前,能够自我管理的财富也就是有限的零花钱或生活费,这与家长只重视文化学习,而忽视青少年时期理财意识培养密切相关。

随着时代的进步,各种经济现象应接不暇,金融工具、金融产品已走进大众的日常生活。经济条件和收入改善了,无论是个人还是家庭,管理财富的理念也在与时俱进。正确的理财观念将会让孩子终身受益。在金融服务日益发达的今天,我们应该积极鼓励应有意识、循序渐进地开展理财素质教育。让孩子了解钱的不同来源,懂得钱可以用于多种目的,认识到储蓄对于满足需求的作用,学习使用金融工具使财富增值。使他们从小掌握理财知识,养成良好的理财习惯,明白"人不理财,财不理我"的道理。

那么,如何从实处做好孩子的理财教育呢?

首先,父母可以定期把给孩子的零花钱和健康劳动及理财教育结合起来。结合孩子的不同成长阶段,从零花钱、奖励金、压岁钱、合理劳动报酬的管理做起,培养孩子的理财素质,鼓励孩子做家务,通过劳动培养他们积累个人财富的意识。比如说,每项家务明码标价,做多少就给多少钱,让孩子主动发现"赚钱的机会",也可以鼓励他们向家长建议"我可以做什么,能得多少钱"。让他们从小就认识到,努力劳动才有零花钱,只有依靠自己的不断努力,才能持续赚取零花钱。

其次,注重言传身教一直是中国父母的优良传统,对孩子的理财教育不仅要有正确的财富观念,还要以身作则。在日常细节中,介绍一些身边的金融知识,茶余饭后进行简单的讨论,循序渐进。总结吸取理财失败的"教训",享受理财增值所带来的成就感。

再者,进入初高中的孩子,独立性强了,接手的钱越来越多了,可以引导孩子关注一些银行定期(大额)存单、购买一些低风险的货币型基金等,循序渐进地灌输一些财富管理知识,认识财富增长的"复利"的力量,让他们知道理财不是简单地把资金存入银行收利息。慢慢理解和明白不要把鸡蛋放进一个篮子的道理,从小学会分散投资的理念。

另外,孩子的放纵消费一定要杜绝,花掉的钱要问出处。父母不要总是无偿地向未成年的孩子提供金钱,更不要一味无条件地满足其花钱要求,这会放纵孩子养成过度消费的习惯。这只能助长孩子的恶习,使之在成年以后靠自己有限的收入生活时,一旦需要作出影响自己经济境况的重要决定,就显得手足无措,既缺乏能力也缺乏心理上的应变力。

面对社会的种种诱惑以及日益猖獗的非法金融活动,财富知识教育已成为公民基本素质的一部分。特别要提醒的是:互联网理财便利的同时,也有很多骗财甚至诈骗的非法活动,选择正确的理财方式,就显得非常必要。关心青少年成长,不仅是素质教育要从娃娃抓起,财商教育更应该尽早从娃娃抓起。

理性参与投资理财　允许自己慢慢变富

资产配置，个人理财的"四个口袋"

资产配置是在投资当中经常会听到的一个概念，一般是指资产管理人在投资中针对不同资产类别的分配；也可以是指个人或家庭生活理财中的一种财务分配。如何做好家庭资产配置呢，不妨把收入划分为四个口袋。

（1）固定支出的口袋。比如住房就是一项非常关键的固定支出，这部分占税后可支配收入的比重对个人整体财务状况的影响较大。通常情况下，收入稳定的家庭或个人，所支付的房租应该不超过收入的 30%。

（2）日常开销的口袋。当住房部分的固定支出控制妥当，用于日常生活开销的口袋才可能会有一定的灵活性。这部分建议通过现金理财类的产品进行打理。尽管货币类基金的收益不高，但依然高于活期账户，至少能够抵消部分通胀。

（3）保障及保险的口袋。这个口袋里的钱，是专门解决突发的大额开支，以应对未来的不确定性。比如大病、意外事件的突发性支出，可能会导致家庭财务状况立刻面临危机，特别是对收入不多、家庭经济条件本就不够宽裕的家庭，更容易是雪上加霜。

（4）长钱的投资口袋。为未来有所打算，准备一个长钱的投资账户。这部分"闲钱"用来投资，投资也要和自己的财务能力和风险承受能力相适应。如果有一定积蓄的话，定投或单笔投资也可是一种选择。

享受时间的复利，允许自己慢慢变富

证券市场上大部分人的投资决策与投资常识、市场估值无关，只和趋势有关。市场低位时无人问津，市场涨了才追涨买，甚至是越涨越贵，却越买越多，结果让自己成为反向指标。为什么呢？巴菲特先生对此的回答是：因为没有人愿意慢慢变富。更加理性的投资逻辑是观察市场估值，当市场越跌越便宜的时候，择机增投、降低平均成本，这样才有足够的安全边际和潜在收益空间。

拉长投资时间可以降低投资权益类资产中的一些风险，如市场的系统风险、公司的非系统风险，以及个人的非理性操作风险。而投资者情绪波动越大，操作越频繁，对投资收益往往是负贡献。如果选择长期持有，则会降低操作失误的可能，从而避开非理性操作风险。

投资可以很简单，做时间的朋友，让时间慢慢地走，享受时间的复利。无论是投资还是人生，时间杠杆都将对结果产生巨大影响。

管理波动,选取优秀的投资管理人,获取更长期的收益表现

在产品投资中,经常会提到三个概念,分别是:波动性、收益率和流动性。这是做投资决策的三个依据。投资都希望拥有一条"高收益、低波动"的净值曲线,然而在真实的资本市场,如果我们选择了低波动,或许就是一条类似货币基金的无风险收益曲线,其本身所隐含的收益空间也是有限的;如果希望获取较高的收益率,就需要承担一定的波动。

较大的市场波动带来了账面资产的起伏变化。由于净值下跌,投资者对市场信心不足进而卖出,使得资产遭受损失,无法真正做到长期持有。实际上,持有资产时间越长,短期市场波动的影响越小,获得正收益概率越高,平均年化收益率也更趋稳定,从而带来长期收益。

什么样的资产,可以让财富持续、有效并且安全地增长呢

按照投资的一般分类方法,大类金融资产中包括股票、长期及短期国债、黄金和现金等。统计分析和实证研究表明,持有货币的实际年化收益率是负的,考虑通胀的因素,长期持有现金的价值损失会更大。而持有黄金,长期来看,实际的年化收益率也非常低。债券的实际年化收益率比黄金要高,实际年化收益率也仅为3%左右。长期来看,收益最高的资产则是股票,其实际年化收益率远远高过债券。

表6-1列出了不通类别的资产年化收益率(参考)。从指数类产品的收益率看,虽然A股单看上证指数在过去十多年间涨幅有限,事实是证券市场反复验证了优质公司的长期收益率表现要好于市场平均收益率水平。

表6-1　2015年1月至2019年12月中国各类资产期间年化收益率(参考)

三年定存	上证综指	恒生指数	标普500	偏股基金指数	债券基金	上证国债	上海二手房价	伦敦金价	M2增幅
3.68%	6.03%	4.66%	6.76%	14.42%	6.76%	4.20%	10.59%	8.53%	14.72%

数据来源:中国证监会网站;wind数据统计。

怎样才能发现和挑选到这些能代表优质权益资产的上市公司,并且在股票价格处于相对合理的估值区间里买入并长期持有股票,这对个人投资者来说并不容易。而通过专业的资产管理人,选择投资相关的基金产品,则是实现这一目标的方法之一。

投资决策的基本原则

第一,投资如果想长期盈利,首先要做大概率的事情。如果是小概率的事,长期做下去肯定是输掉的。

第二,这个事情要可重复,如果只能做一次大概率的事情肯定没办法让自己长

期赢下去。

第三,这个事情要可持续,它能够持续地被重复出来,这件事情才有意义,这本身也符合概率里最基本的法则。

价值投资要是大概率、可重复、可持续的,且是长期有效的。在任何一个投资市场中,都有一批优质的上市公司,能够不断地靠业绩的增长推动股价上涨。证券市场总会有波动,短则以天数计,长则可达数月或数年。但从长期来看,优质企业的股票价格最终会回归到它的价值水平线上来。因为在这个过程中,长期看资本是追逐回报的。正是有了优质公司的存在,才有适合做价值投资的基础。

长期回报是风险可控且能保持比较高的胜率。在投资过程中,对每一笔投资标的预期收益率、潜在的风险和对应的概率,都需要认真研判。但风险和收益两者的矛盾在于:收益是很容易显性化的,比如年化收益率,但是取得收益率所承担的风险你是看不到的。

要关注收益,也要关注风险,还要重视复利的原理。优异的长期回报其实并不要求每一笔的投资收益率都很高,而是要求胜率很高,即在不断操作的过程当中,能保持比较高的胜率。

优选权益产品的"五看"原则

(1)看管理人。也就是看基金经理,从业时间是否够长,经验是否够丰富,如果能遇到经历过完整的牛熊周期,甚至是经过 2～3 轮牛熊转换的基金经理,请珍惜,他们拥有足够多的经验和可供分析的数据样本。

(2)看风格。良好的历史业绩取决于基金经理优秀的选股逻辑和理念,看风格,其实就是看基金经理能否做到知行合一,保持自己的风格不变。

(3)看规模。规模是一个相对概念,规模适中固然便于操作,但规模大小的关键还要看基金经理的管理能力和目前所管理产品的规模两者是否匹配。

(4)看长期。投资者往往容易崇拜和追逐上一年度排名靠前的产品。数据表明,大多数长期优秀的产品并没有在每年度都冲进前 10 名的榜单,更多时候在每年都保持着前 10％～30％ 的排名。可以拉长周期,去筛选 3～5 年更长时间周期内业绩排名靠前的产品。

(5)看机制。尤其是公司的综合投研能力和内控机制。基金的历史业绩不仅体现投资经理的选股理念和逻辑,还得益于研究部门的投研支持。想要有长期的投资回报,对基金管理人及其所管理产品的投资考核评价体系,也应该着眼于长期。

巴菲特的成功秘诀带给我们的启示

在众多价值投资者心目中,巴菲特是最长寿的股海淘金者,投资人的偶像,他创造了全世界最大的金融公司——伯克希尔·哈撒韦。巴菲特被人们广泛认可并接受的投资理念之一就是做价值投资,并能持续保持投资高收益率。而在巴菲特的投资逻辑中,其核心的四个要素分别是:买股票就是买公司;安全边际;能力圈;市场先生。

(1)买股票就是买公司。投资一个企业看重公司盈利能力增强、净利润的增加,股东也会获得丰厚的回报。

(2)安全边际。只有价值与价格被低估的时候才存在安全边际。如果价值与价格相等,安全边际为零。

(3)能力圈。俗话说"你永远赚不到你认知以外的钱"。投资需要通过长期的学习建立一个属于自己的能力圈,然后在能力圈范围内去进行投资。而单凭运气赚来的钱,最终会因为能力不及而亏掉。

(4)市场先生。从短期看,因为市场因素(基本面、消息面)价格会上下波动;拉长周期来看,好公司的股票价格最终会恢复到公司内在价值水平上。因此,客观认识"人性的弱点",面对价格波动时管理好自己的情绪,坚持锚定企业的内在价值,不轻易受市场波动的影响,这也是长期投资的理念。

巴菲特的成功"秘诀",是其"价值投资"的逻辑还在于他能够利用伯克希尔·哈撒韦资本旗下参股的很有影响的保险公司,源源不断地提供巨额的低成本保险资金供应,还能够让他大规模地收购并长期持有一批高回报企业的股票,公司的实力大大增强,有更多的资金又去可以投资更多的好公司,更多的回报再带来更多的保险资金,如此形成一个良性的循环。这给我们的启示是:要坚持价值投资和长期投资的理念;不能追涨杀跌,要静待好公司出现好的买入价格;要有充足的流动性支持,合理评估自身的投资适当性;要勤学习、多研究,努力发现新的能代表未来的投资机会。

如果投资者能够做到这些并长期坚持下去,也许,会成为未来的巴菲特!

"承担更高风险就会有更高收益"是正确的吗

常有人会说,"高风险投资带来高收益"。这句话忽视了更高风险的不确定性,忽视了其背后损失的概率更大。换个说法,如果更高风险的投资确实能够可靠地产生更高的收益,那么它就不是真的高风险了。

确定投资收益是否与所承担的风险相称,是投资者需要认真对待的事情。比如,确定一笔投资的收益是通过安全的还是通过有风险的投资工具或投资品种得到的;是通过集中化投资组合还是通过多元化投资组合得到的;是利用杠杆还是没有利用杠杆得到的;等等。投资学中,"风险调整后收益"是指将风险因素剔除以后的收益,常用风险调整后收益率指标来表示,比如夏普比率、特雷诺指数和詹森指数。其中,夏普比率反映投资产品承受单位风险所获得的超额收益。夏普比率越高,承受同等风险的前提下超额收益越高。

高风险主要伴随着对某项资产的高价格而出现。无论是对被估价过高从而定价过高的单项证券或其他资产,还是对在看涨情绪支持下价格高企的整体市场,在高价时不知规避反而蜂拥而上(过于乐观的预期+过于亢奋的情绪)是风险的主要来源。霍华德·马克斯认为,投资需要我们去应对未来。当定价公平时,风险较高的投资意味着:更高的预期收益;获得较低收益的可能;在某些情况下,可能会损失。

我们要清醒地认识到:风险就是损失的可能性,普遍相信没有风险本身就是最大的风险。在经济繁荣、市场表现持续向好的时期,风险往往是难以觉察到的。只有当投资者适当规避风险或者采取恰当的风险控制措施时,预期收益中才会包含风险溢价。然而,每位投资者由于个人预期的不同,对风险的衡量又是个体化的、主观性的。尤其是,对不确定性的错误估计,难以预测结果(小概率或极小概率)事件的突然发生并迅速走向极端,都会成为投资者陷入困境的原因。

投资者需要正确理解:风险不能被消除,它只能被转移和分散。从经济学上看,一国金融市场的波动周期总是紧紧伴随着国家乃至全球经济活动的大周期,但风险实现远比风险感知来得迅速、简单和直接,大大超过一般投资者对风险的认知和果断采取措施的能力。无论是1999年前后的科技泡沫破灭,还是2007年前后的次贷危机,又或是2015—2016年的A股风暴,投资者可以从一些风险案例中总结吸取投资失败的教训,学到面临危机中处置风险的经验。这也是沃伦·巴菲特所观察到的:除非潮水退去,否则我们无从分辨游泳者中谁穿着衣服,谁又在裸泳。

事实是,在过去的数十年中,优秀投资者是那些承担着与其赚到的收益不相称的低风险的人。他们或以低风险赚到中等收益,或以中等风险赚到高收益。贯穿长期投资成功之路的,是风险控制(区别于风险规避)而不是冒进。良好的风险控制才是优秀投资者的标志。

持有投资产品多久能不亏钱

证券投资市场上,常常会有关于"未来不可知""风险难预知""投资不确定性""方法正确结果不一定正确"等经验之谈,这些都说明投资的成功深受诸多偶然因素的影响,包括随机事件和非随机事件。往往投资者自己认为"看准了",而预想的事情并不一定会出现,其原因就在于"随机性可能产生任何结果"。以投资圈内每个年度的投资排行榜为例,连续两次上榜的人概率非常低,而能挤进前三的更是凤毛麟角。事实说明,一个投资经理、一类产品、一种策略很少能够连续成功两次或三次。

管理投资风险的基本要求是尽可能坚持做到价值投资、多元化投资和长期投资。为什么说一定要坚持长期投资? 因为想长期盈利,首先要做大概率的事情,而概率只有在长期才能起作用;短期更可能是运气而不是概率,这也不是取决于技能。

以公募基金为例,经过 20 多年的发展,我国公募基金行业迎来了高质量发展的新时代。随着居民财富的不断积累,理财需求日益增强,基金投资群体迅猛增长。近几年中,基金投资有 2018—2020 年那样的大好年景,也有 2021—2022 年这种不好的时候。当坏年景跟在好年景后面出现时,出奇的好和出奇的坏往往是同一件事情的正反两面。在经济环境稳定向好的大环境下,投资亏钱的事依然会有,但客观上也是一件大概率可避免的事。那么,对买了权益类产品的投资者来说,怎么才能减少亏损或者不亏损呢?

先来看一组公募基金的历史数据分析(图 6-1)。从 2011 年 4 月 1 日到 2021 年 3 月 31 日,A 股经历了数次大涨大跌。这里选取了 315 只成立满 10 年的主动股票型基金和偏股混合型基金,计算每个交易日买入其中任意一只基金并持有 1 个月以上的收益率。分析结果显示,在全部样本中,有 56.8% 是正收益,而 43.2% 是负收益。绝大部分 2021 年 2 月 10 日买入、2021 年 3 月 10 日卖出上述样本基金的投资者,处在 43.2% 的亏钱样本中。显然,如果买入持有 1 个月和 3 个月,赚钱和亏钱的概率相差并不是非常大。对一个厌恶亏损的投资者来说,这个"稳赚不赔"的概率实在太低。

进一步拉长持有期,计算持有 6 个月、9 个月、1 年、2 年……乃至 10 年的收益率。根据计算结果,可以画出下面这条曲线:随着持有时间增加,"赚钱"的概率在提高。而当持有期提高到 3 年,不亏损概率已经显著提高到了 80%;持有 5 年时,不亏损概率超过了 90%,持有 6 年以上,不亏损概率会达到 96.3%,此时亏损的可能性已经非常小了。由此可以得出结论:时间平滑了收益曲线上几乎所有的大波动,大大提升了"赚钱"的概率;对绝大多数普通投资者来说,坚持长期持有是避免承担实际亏损的简单方式。

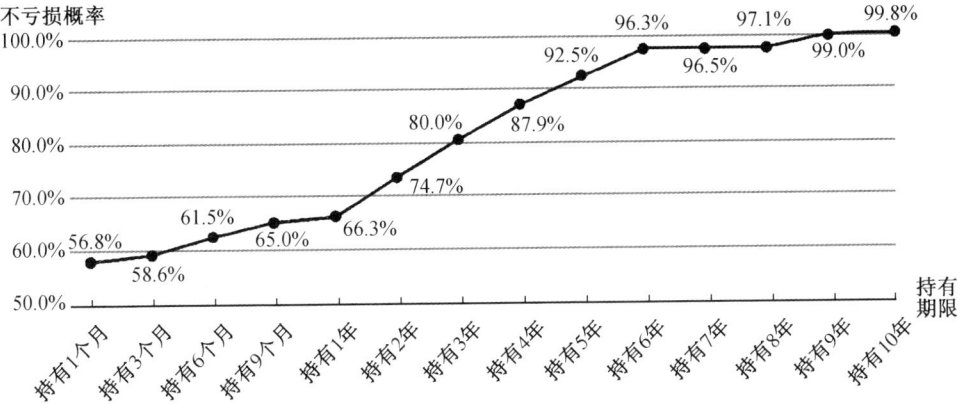

图 6-1　公募基金持有期限和不亏损概率的历史数据分析

注：

① 图片选自易方达投教基地,数据来源于 Wind,2011 年 4 月 1 日至 2021 年 3 月 31 日。

② 其中的样本基金包括 2011 年 4 月 1 日之前成立的 Wind 二级分类下的股票型基金和偏股混合型基金。

③ 假设 1 个月 = 20 个交易日,3 个月 = 60 个交易日,1 年 = 240 个交易日,以此类推。

　　由此看,适度尊重风险,好的决策长期看大概率会带来投资正收益。在短期内,当好的决策无法带来投资收益的时候,则必须忍耐。要克服人性的弱点,就要约束自己学会像机构投资者一样遵守操作纪律。那么,普通投资者在投资中都有哪些是要注意防范的"痛点"呢?

　　一是没耐心,比如不能守住空仓的寂寞,行情走弱时急于抄底,看别人赚钱了心里着急,过分自信梦想能一夜暴富,等等。

　　二是没纪律,缺乏自己的投资逻辑,易被小道消息左右,被非法投资咨询和非法理财活动误导,不止损(抱有侥幸心理固执死扛,弱势时非理性加仓)、不止盈(高位或顶部不减仓,反抽时不卖出)。

　　三是恐惧心理,比如顺市时底仓守不住,好票不捂股,追热点频繁换股操作,行情反转时不能把握减仓机会。

　　四是投资不专注,资金有限的情况下持有很多种股票,投资太过分散。

　　五是追涨杀跌,在行情波动剧烈时频繁盲目交易。

　　最后,牢记股神巴菲特的投资告诫:投资的第一原则是永远不要亏钱,第二原则是记住第一原则。在每次作出重要的操作决定时,心里默念三遍这句话,时刻提醒自己。证券市场的资源配置功能和优胜劣汰机制,一定会催生越来越多有投资价值的好公司。在 A 股全面实施注册制改革和提倡上市公司高质量发展的长期目标下,长期投资更能产生财富积累效应。

面对周期和不确定性，
投资者该如何正确认识自身

霍华德·马克斯在他的投资备忘录里写道：投资活动中，市场周期给投资者带来了严峻的挑战，投资者不得不应付一股有着巨大影响但在很大程度上不可知的力量。比如，市场涨跌；对投资业绩的重大影响因素；无法预知的涨跌幅度和出现转折的时机。

那么，面对市场周期该怎么做呢？这个问题至关重要，但以下显而易见的答案里，往往可能是错误的。

第一种可能错误的答案：否认周期的不可预测性，加倍努力地预测未来，将新增资源持续投入，并根据主观预测结果进行投资。但是，大量的数据和经验表明，对于市场周期，唯一能够预测它的是它自身的必然性。此外，优异的投资结果来自对市场的更多了解——但真的有那么多人比大众更了解市场周期的转折时机和区间吗？答案是：找不到令人满意的证明。

第二种可能错误的答案：承认未来的不可预测性，忽略市场周期。这种情况下，投资者不再费力预测周期，而是尽力做好投资并长期持有。既然无法知道该何时增持或者减持，也不知道该何时更积极或者更防御，那么只能投资，完全忽略周期及其影响：这就是所谓的"买进并持有策略"。

第三种可能的答案，也是在霍华德·马克斯看来最为正确的答案：试着弄清我们处在周期的哪个阶段，以及这一阶段将对我们的行动产生的影响。

在投资领域里，周期最可靠。基本面、心理因素、价格与收益的涨跌，往往提供了别人犯错或者从别人的错误中可能获利的机会，这些都是已知的事实。但霍华德·马克斯认为，虽然我们无法准确预测但趋势会持续，无论多久迟早都会终止，没有任何东西能够永远存在。

如果不能预知反转如何以及何时发生，该怎么应对呢？好的建议是：我们或许永远不会知道要去往哪里，但最好明白我们身在何处。也就是说，即使我们不能预测周期性波动的时间和幅度，但尽力弄清楚我们处于周期的哪个阶段并采取相应的行动，对做出投资决策也是很重要的。相比较而言，以下做法更为合适：

第一，当市场已经到达极端的时候，保持警惕。

第二，相应地调整我们的行为。

第三，也是最重要的，拒绝向导致无数投资者在市场顶部或底部犯下致命错误的群体行为看齐（避免市场的羊群效应导致的非理性操作）。

钟摆式的投资者态度与行为

投资市场上,风险规避是理性市场的重要组成部分,也是现代金融理论的重要假设前提之一。而在投资行为上,人性贪婪与恐惧的循环往往是对待风险的态度改变所致。当形势良好、价格高企时,投资者迫不及待地买进,把所有谨慎都抛诸脑后。狂热过后,当周围环境一片混乱、资产廉价待沽时,投资者又完全丧失了承担风险的意愿,迫不及待地卖出。投资者的情绪波动类似于钟摆的运动,永远如此。

钟摆在弧线的中点最能说明钟摆的"平均"位置,但实际上钟摆停留在那里的时间非常短暂。相反,钟摆几乎始终在朝着或者背离弧线的端点摆动。但是,只要摆动到接近端点时,钟摆迟早必定会返回中点。事实上,正是朝向端点运动本身为回摆提供了动力。证券市场每一个周期中,投资市场遵循钟摆式摆动:处于兴奋与沮丧之间;处于值得庆祝的积极发展与令人困扰的消极发展之间;处于定价过高与定价过低之间。

这种"摆动"是投资世界最可靠的特征之一。投资者心理显示,他们花在两个端点上的时间似乎远比花在中点上的时间要多。投资者的决策行为,在贪婪与恐惧、看待事物的乐观与悲观、对未来发展的信心与否、轻信与怀疑、风险容忍与风险规避之间,也存在着钟摆式摆动——对待风险的态度上的摆动,是贯穿许多市场波动的主线。

在多数市场现象中,钟摆模式是存在的,理解钟摆行为的人,将会从中受益。虽然预测摆动的幅度、令摆动停止和回摆的时机是困难的。就像市场周期波动一样,能够肯定的事情之一是,极端市场行为出现时会很快发生逆转。

在投资中,价值可以消失,预测可能出错,环境可以改变,有把握的事可能失败。投资就像现实生活一样,完全有把握的事非常少,但可以随时做好准备。多数情况下,赔钱的人有两种:一无所知的人和无所不知的人。投资者能够努力做到的是:及时尽可能多了解对经济、市场以及投资标的等信息,学会逆向思考,识别不利中的时机,在危机中远离"强制卖出的力量",谨慎行动并保持耐心。

"战胜"自己与"战胜"市场哪个更难

　　"战胜"自己和"战胜"市场,到底哪一个更难? 这个话题也是股市投资者经常讨论的话题。如果你对证券市场有深入理解,也有相应的专业能力辨别不同的经济周期阶段,并合理配置相应的资产,你获得成功的概率会很高。

　　单纯从理论上进行理性投资分析,投资者能保持一个相对客观的态度。但是一旦真正进入市场,参与投资实操,个人情绪就会参与进来,投资过程就变成了恐惧和欲望之间无休止的交互碰撞,因此客观就有了主观成分。事实上,战胜市场并不难,战胜自己才更难。克服个人偏见,敢于承认自己可能并经常犯错误,在投资过程中与正确分析一样重要。投资前确定自己能够承受风险的程度是重要的,这也是为什么券商在开展多项业务前,都会做问卷调查,调查投资者拟投资期限、风险承受能力和投资资金占总资产比例等情况,这也是为了更好地了解投资者风险承受能力,适配与之相适应的产品。

　　如果我们承受风险的程度过分增加,那么就会被没有预期到的转变所吓坏(也可理解为超负荷状态下意外事件突破了心理承受的临界点),从而导致账面损失增加,怀疑和内心冲突也会随之增加,一旦账面损失让我们失去心理平衡,那么自然的趋势就是弥补、清空所有的投资头寸。几周或者几个月之后,我们或许会发现自己最初的分析是正确的,但是那时候已经失去心理平衡,在错误的时间中"清仓"了。这也是近些年证券市场上流传的几句经典话的真实写照,"基金赚钱基民不赚钱""基金收益不等于基民收益",很多基金收益很可观,但是短期波动幅度大,很多投资者不能承受短期的巨大回撤损失,往往就止损离场了,不能享受长期收益。

　　把股市作为财富积累的"致富"手段之一,或许是很多人进入证券市场的原因之一。这里引用杰西·利弗莫尔的一句话:"每一次,人们都因为贪婪、恐惧、忽视和希望,用同样的方式对市场行为作出反应。华尔街不会改变,改变的只是裤兜和股票。华尔街不会变,因为人性不会改变。"所以,最大的敌人就是自己,

　　那么,如何能有效规避或者解决前述问题呢? 在投资前,确定你对风险的最大承受能力——也就是最大亏损,先不要考虑赚多少钱,而要考虑如果下跌,面临亏损的时候,你最多能承受多少亏损,这样的风险评价将会大大降低受心理因素影响从而在错误的时间中"清理"这些头寸的可能性。

　　还有另一个潜在问题,自负。它通常会阻碍人们作出正确的决策。投资者基于对市场状况合理且符合逻辑的分析作出了决策,然后发现市场已经发生变化,这是很常见的事。投资者通常当头寸受到损失时才意识到这点,并且不愿意清理资产,没有卖出的行为,理由是寄希望于"价格会上涨,我将会盈亏平衡"。可是希望

从来不被当作投资决策的基础,投资者不愿意承认事情已经改变,自负已经阻碍了投资者作出符合逻辑的投资决策。

如何能更好地"战胜"自己?解决方案是:建立一个计划并坚持实行,保持尽量客观。这就是在投资市场中,为什么会有越来越多的资金开始通过量化模型来交易,通过机器系统来交易,这就是在尽量规避人性的弱点。

风险控制是证券投资中获得成功的重要基石

　　进入证券市场进行股票投资,目的都是希望赚钱。不少投资者寄希望于自己买入的股票能迅速为其带来超预期回报,常常以一种押宝的心态以较高的仓位交易。需要提醒的是,买入的股票既可能会涨,当然也可能会跌。投资前先要想好了,如何在最坏的情况下减少或避免损失,即使有所损失,也不会对自己的生活造成较大的影响。追求高收益一定伴随着高风险,高风险却不一定会有高收益;所以,在做投资决策时,一定要做好收益与风险的平衡。

　　证券投资中,风险是常态,而风险控制是让你在证券投资中获得成功的重要基石。引用杰西·利弗莫尔的一句话:"不论你面对的是上百万美元还是区区几千美元,你都应该使用同样的准则。这是你的钱,只要保护它,它将永远属于你。错误的投机几乎是失去它们的最好方法。"要想实现持续的盈利,你需要保护住你的本金和收益,而投资者经常犯的错误就是认为投资收益是从市场中赚来的,也不像珍惜原始本金一样对待收益。有的投资者明明知道胜率不高也想去赌一下,认为大不了收益损失掉,就当没有赚到。一旦有这样的想法,不珍惜,市场早晚会把这些资金拿回去,市场不是就流传着一句话,"凭运气赚的钱,凭实力亏回去"。例如,有投资者买入一只股票20元,股价涨到25元,已经有了5元的安全垫,就开始忽视风险,盲目不断加仓把成本拉高;这样一旦股价高位回调,就很容易面临亏损,投资者持有股票一段时间后,即使后续公司基本面变化或者宏观大环境不好,股指震荡下行,股价也跟着下来了,投资者也不卖出股票,最终就由盈利变成亏损。相信这种情况很多投资者都经历过,尤其是牛市后期阶段看着身边的人都赚钱了就冲动参与的投资者。他们开始的时候会赚一些钱,之后就加大投资,然后往往被套在高位,成为接盘侠。此时,投资者才会懊悔自己当初应该及时止盈,而不是盲目加仓。这其实就是忽视风险,缺少风险控制意识。

　　那么什么时候可以知道自己是错误的? 当股价下跌的时候,如果买入股票后一段时间股价没有上涨,或者股价波动不符合预期,就要重新评估。持有股票的价格已经跌破买入价格,就证明你犯了错误。投资者们过早卖出浮盈的股票并长期持有浮亏的股票的现象称为"处置效应"。

　　在错误时间买入好的公司股票和直接买入差的公司股票带来的损失是一样的。A 股就有这种例子:某风电公司,2011 年 1 月以新能源的概念上市,发行价90 元,募资超 90 亿元,作为中国风电企业第一、全球第二的巨无霸成功上市,一时风光无限。然而,2020 年 4 月,不到 10 年,其就黯然退市。其股价几乎是一路阴跌了 10 年,从最高 88.8 元,跌到退市时候仅剩 0.25 元。这个极端的案例表明,一只股票一旦股价运行不符合当初投资预期,就要重新评估时下行业发展的大环境和公司经营的基本面是否发生了超预期变化,把组合的风险控制和股票及时止损放在第一位。因此,无论你的投资观点如何,唯一保护你的投资组合让其远离巨额亏损的方法就是在损失变大之前及时卖掉,止损出局。尽管止损无法保证你在股市中大获全胜,但它会帮助你存活下来。

普通投资者在买卖股票过程中一定要重视市场和股价波动的风险,即使是牛市期投资顺风顺水时也不能忽视风险。证券市场股价涨跌,受多重因素影响,只有始终坚持把风险和收益放在同等重要的位置,才能在长期的投资过程中保持资产的安全,不断前进。

成功的投资不在于"买好的"而在于"买得好"

建立基本面—价值—价格之间的健康关系

投资大师霍华德·马克斯所写的投资备忘录是股神巴菲特推荐的一部经典之作。霍华德·马克斯在书中告诫投资者：投资决策应以价值为本，投资最重要的不是买好的，而是买得好；在投资风险的问题上，应深刻理解巨大的风险发生在人人都乐观之时，要永远坚持低风险高收益。为了知道需要采取怎样的行动，投资者必须考察相对于资产价值的资产价格。建立基本面—价值—价格之间的健康关系是成功投资的核心。

一切以价格为根本出发点。事实屡次证明，无论多好的资产，如果买进价格过高，那么都会变成失败的投资。毫无疑问，没有任何资产类别或投资具有与生俱来的高收益，只有在定价合适的时候它才具有吸引力。不过，投资者应该警惕衰退的风险，它会令低价股转化为价值陷阱。

乔尔·格林布拉特说，在做每一个投资决策时，个人投资者都需要思考"最重要"的一点是：如果没有考虑价格，那么无论一项投资听起来是多么诱人，你都不可能知道它是否就是一项好的投资。

以超过价值的价格买进证券显然是错误的，因为需要大量艰苦的工作和运气才能使以过高价格买进的东西转化为成功的投资。1970—1972 年，美国"漂亮50 投资"在高峰时期，许多大公司的市盈率高达 80～90 倍（第二次世界大战后股票的平均市盈率一般在 15 倍上下）。这些投资美国最好公司的追随者中似乎没有谁为估价过高而担忧。此后 1973—1974 年长达 2 年时间暴跌，估值下跌 60%～80%，一切全都变了。此案例中，人们买的是大公司的股票不假，但他们买进的价格却是错误的。常言道，"好的买进是成功卖出的一半"，这就是说，我们不花太多时间去考虑股票的卖出价格、卖出时机、卖出对象或卖出途径。如果你买得足够便宜，那么最终答案是不言而喻的。

许多价值投资者都不擅长确认到底在何时应该卖出股票（卖出过早）。不过，知道何时买进股票能够弥补卖出过早导致的许多错误。如果你对内在价值的估计是正确的，那么随着时间的推移，资产价格将会与资产价值趋于一致。当市场出现短期的波动时，最重要的事情之一就是，记得市场终会回归正确。

技术因素和心理因素对证券价格的影响

单凭创意好或业务好就买进股票是不够的，必须以合理的价格买进。问题是合理的价格是怎么来的？为确保价格的正确性，潜在买家应考察什么？考虑基本面价值是毫无疑问的，不过大多数情况下，证券的价格至少还受到其他两个重要因素的影响：技术（也是价格短期波动的主要决定因素）和心理。

第一个对价格产生影响的因素：技术。

大多数投资者（当然包括大多数非职业投资者）对技术知之甚少。技术是影响证券供需的非基本面因素，也就是说其与价值无关。

避免被迫成为"强制卖家"或"强制买家"。举两个例子：前者当股市崩盘导致采用杠杆的投资者接到追缴保证金通知，并被迫平仓发生强制卖出；后者当投资者现金流入共同基金时，投资组合经理人就需要买进。两者都是在无法顾及价格的情况下被迫进行交易。这两种情形并非常态，也只有在罕见的极端危机和泡沫时期才会出现。

再没有比在崩盘期间从不顾价格必须卖出的人手中买进更好的事了。既然从强制卖家手中买进是世界上最美妙的事，那么成为这个强制卖家就是世界上最悲惨的事。所以，把自己的事情安排好，保证自己能够在最艰难的时期坚持住（不卖出）是非常重要的。要做到这一点，既需要长期资本，又需要强大的心理素质。如果你投入过多或重仓某一特定投资对象，而你不能忍受向下波动所带来的痛苦，那么你就可能会成为前面所提到的强制卖家。

第二个对价格产生强大影响的因素：心理。

它的重要性怎么形容都不为过。正如巴菲特所说，最好的投资课会教人如何估价以及如何看待市场价格。认识到价格在短期内会严重偏离价值是关键，了解投资心理，并在出现偏离时从中获利是难点。了解投资心理，关键在于弄清当前人们对某项投资的好恶。未来价格的变化取决于未来青睐这项投资的人是更多还是更少。投资是一场人气竞赛，在人气最旺的时候买进是最危险的。在那个时候，一切利好因素和观点都已经被计入价格中，而且再也不会有新的买家出现。显然，心理学又是另一个至关重要且极难掌握的领域。首先，心理是难以捉摸的。其次，给其他投资者带来思想压力并影响其行为的心理因素，同样会作用于投资者本身。太多的事例足以说明，这些力量往往导致人们的行为与成为卓越投资者所必须具备的行为相违背。因此，为了自保，投资者必须投入时间和精力去了解市场心理。从决定投资的那一天起，就必须了解"投资中的人性之道"是至关重要的，基本面价值只是决定证券价格的因素之一，投资者要设法让心理和技术为自己所用。最安全、获利潜力最大的投资，是在没人喜欢的时候买进。假以时日，一旦证券受到欢迎，那么它的价格就只可能向一个方向变化：上涨。

第三个主题与"控制情感和自我"相关。

实现这一点相当困难。因为在投资环境中，一切因素随时都会令投资者在错误的时间作出错误的抉择。大家共同面临的挑战是——如何在相同的条件之下表现得比其他投资者要好。

与认真谨慎的价值投资截然相反的状态是完全无视价格与价值之间的关系，

盲目追求泡沫。曾经发生过的所有美丽泡沫故事会以不同的方式演绎：郁金香美丽而罕见、互联网改变世界、房地产能抵御通货膨胀并且可以永久居住等。只有最早几个聪明的投资者发现了或预见了这些事实，因此投资获利。其他人随后明白过来或者注意到人们在赚钱，于是跟风买进，抬高了资产的价格。随着价格进一步上涨，投资者受到发横财的可能性的刺激，对价格是否公平想得越来越少。这是一种极端再现：某种东西价格上涨时，人们的喜爱程度本应下降，但在投资中，喜爱程度往往会加深——人们或被近期表现不错的投资所吸引，或被近期业绩不错的投资经理所吸引。

在泡沫时期，"有吸引力"变成了"在任何价格时，都有吸引力"。人们常说，"它不便宜，不过我认为它会继续上涨，因为流动性是过剩的"（或许多其他理由）。在泡沫时期，对市场势头的迷恋取代了价值和公平价格的观念，贪婪抵消了本应占据主导地位的理性智慧。

总而言之，真实价值出发的投资方法是最可靠的。相比之下，指望依赖价值以外的东西获利（比如靠泡沫获利）可能是最不可靠。

以低于价值的价格买进——最可靠的赚钱方法

价值投资通过资产内在价值的增长获利，困惑是价值的增长难以准确预测。此外，对于增长潜力的共识通常会推高资产价格，这意味着除非你有与众不同的高见，否则很有可能已经在为潜在的价值提升买单了。"主导投资者"能够通过积极管理致力于提高资产价值，但这是一个长期而不确定的过程，有可能是非常困难的并且需要大量的专业知识。

（1）使用杠杆。这里的问题是，使用杠杆（借入资本买进证券）不会使投资变得更好，也不会提高获利概率。它只是把可能实现的收益或损失扩大化，它还引入了全盘覆灭的风险（被动平仓）。多年以来，杠杆一直与高收益相关，但它同样与最引人注目的暴跌与崩盘紧密联系在一起。

（2）以超过资产价值的价格卖出。每个人都希望出现一位愿意高价买进他想卖出的资产的买家。不过，显然你不能指望这样的买家会按照你的意愿出现。与定价过低的资产涨到其公平价值不同，公平定价或过高定价的资产的增值建立在买家的非理性基础上，因此是绝对不可靠的。

（3）以低于价值的价格买进。在我看来，这才是投资的真谛——最可靠的赚钱方法。以低于内在价值的价格买进，然后等待资产价格向价值靠拢，这并不需要多么特殊的才能，只需市场参与者清醒过来面对现实即可。当市场运作正常的时候，价值就会强势拉升价格。

困难在于你可能错误估计了当前价值，或者可能会出现降低价值的事件，或者你的态度与市场的冷淡导致证券以更低的价格出售，或者价格与内在价值达到一致所需的时间比你可以等待的时间要长，正如凯恩斯指出的"市场延续非理性状态的时间比你撑住没破产的时间要长"。

所以说,低于价值买进并非万无一失,但它是我们最好的机会。人人都会有害怕看错的恐惧,拥有对内在价值的坚定看法有一个最重要的作用——坚定信念。它支撑你坚守下去,直到市场认可你的意见并正确定价资产。

查理·芒格在一次公司年会演讲中说道:重大的机会、属于我的机会,只要少数几个,关键要让自己做好准备,当少数几个机会到来的时候,把它们抓住了。看来,大师们讲的都是同一个道理。

如何正确认识和避免导致损失的错误

巴菲特有句经典投资心得：投资者几乎无须做对什么事，他只需要能够避免犯重大错误。霍华德·马克斯在《投资最重要的事》一书中提出过他的个人思考："我认为导致损失的错误原因主要有两种：一是分析/思维性的，二是心理/情感性的。"

人们参与证券市场的基本目的，不外乎是选择配置资产和投机博弈获利。对普通投资者来说，投资失败的错误除了源于信息缺乏和技术分析缺失，心理/情感因素也是导致错误的重要因素。这种心理因素包括贪婪和恐惧、自愿终止怀疑和怀疑、自负和嫉妒等，容易导致在决策过程中采取完全错误的行动。其中一个重要的心理因素是没有正确认识到市场周期和市场的狂热，并选择了错误的方向，导致重大且无法挽回的错误发生。

从很多方面来看，心理因素都是导致投资错误的原因，可以极大地影响证券价格。当心理因素导致某些投资者持有极端观点并且这种极端观点无法被其他人的观点抵消时，群体行为就会导致证券价格过高或过低，这就是出现股市泡沫和崩溃的根源。那么，投资者都是如何在心理因素的影响下作出错误的投资行为呢？

一种是屈从于不良影响——意味着贪婪并买进。群体心理强迫个人依从和屈服的力量几乎是不可抗拒的，投资者容易出现高估自己预测能力的倾向，比如越涨越追高，越跌越买，这些都是理性投资决策必须抵制的。投资者如果在赚钱欲望的驱使下，抱着资产会继续升值、策略将继续有效的侥幸心态，在价格过高时仍不断买进，那只有在特别幸运时才能获利，而更多情况下将因被不断推高的价格而发生投资亏损。

另一种是未能利用市场的扭曲，或者说在一个"错误"的市场中没有选择"做对"。当贪婪导致股价过高时，大多数投资者希望不再买进甚至卖出，能避免错误就算万幸。但优秀投资者可能会通过卖空而在价格下跌时获利。这里"不作为"的错误，比如没有顺势选择做空估价过高的股票就是另一种不同形式的错误。显然，这是一种自愿接受的错误（认赔）。

大多数投资者是根据既往——尤其是近期发生的事推断未来，在瞬息万变的股票市场上尤其如此。或者说人们对金融市场的记忆是极其短暂的。在一个更长的周期内，所有曾经投资失败的教训往往会被最新的热门概念所诱惑，或者被他人轻松赚钱的故事给抹除掉。

在牛市或者市场过热甚至出现泡沫化时，很多投资者会满不在乎并且情绪高涨，甚至相信风险可以被忽略。人们唯一担心的是错过机会落后于人而不是出现潜在的亏损。投资者往往在不可靠的臆测基础上接受着风险过高且未经验证的投资逻辑，又或者被市场上充斥的各种各样的投资逻辑和创新理念影响。比如过分倚重晦涩的分析工具、交易模型，甚至是被市场狂热情绪所左右，极端情况下采取激进的杠杆叠加杠杆的融资方法等。而当证券市场出现重要转折时，比如重大政策改变，偶然的极端事件（黑天鹅、灰犀牛）发生，未来与过去便不再相似，曾经熟悉的故事剧本被彻底改写，所有的常规推断会失效，就像掷骰子一样，凭经验决策也会出现重大错误。

股市遭遇危机中充斥着另一个潜在错误：首先屈服并认输，进而退缩并错失良机。在没有损失的时候，人们往往将风险视为正常波动，并且相信自己能够容忍。如果真是这样，正确的策略是顺应价格下跌，在低点时做更多的投资，继而享受复苏，在市场反转中获利。但实事是，普通投资者容忍波动维持镇静的能力被自己高估了——在市场处于最低点时，错误往往就会显露出来，比如亏损超过30％时，信心和决断开始丧失，投资者在市场底部抛售股票，被动采取回避的态度认赔离场，将下行趋势转变为永久损失，并且难以充分参与随后的复苏。相信不少投资者都有这样投资失败的体验，这是投资容易出现的重大错误。

犯错虽然简单，但错误的形式多到不胜枚举。至少从2008年以来全球和A股几次较大的股市的震荡中不难发现投资者的以下错误表现：分析数据或信息不充分导致盲目估价；对市场各种可能性及其后果估计不足；贪婪、恐惧、嫉妒、自负、终止怀疑、盲从和屈服（或兼而有之）达到极致；自我风险承担或风险容忍过度，特别是心理上的；没有注意到证券价格显著偏离价值甚或推波助澜。

理想情况下，聪明而审慎的第二层次思维者会留意分析性错误与其他投资者的失败，进而作出正确的反应。他们在过热或过冷的市场中探查估价过高或过低的资产。他们调整路线，避免犯别人犯下的错误并期待从中获利。

投资错误的定义很简单：价格偏离内在价值。而发现并避免错误就没有这么简单了——最令人迷惑并且最具挑战性的是，错误是不断变动的。在证券市场上，如何避免错误、识别错误并采取相应的行动，是无法用规则、算法或线路图来表示的。对投资者来说，重要的是领悟力、灵活性、适应性以及从环境中发现线索的思维模式。

A股是一个多达2.1亿投资者且普通中小散户占95％的新兴市场，投资者的群体行为更容易被主流资金影响或者是受某种市场观点影响，导致市场的非理性涨跌。一种提高投资效果的方法就是——思索今天的错误会是什么，然后设法避免它。

选择的框架效应和不确定性对投资决策认知的影响

这篇文章的主题是两个行为经济学研究的问题。行为经济学（behavioral economics），通俗地讲，它是研究消费者实际上如何进行选择。在研究理性消费最优的基础上，借鉴一些心理学的理论来预测分析消费者将如何作出选择。看似偏离了理性消费者经济模型的分析结论，从而解释了古典经济学所不能解释的许多"异常"经济现象。

作为一种新的经济学范式，自 20 世纪 70 年代以来，是至今发展快、成果丰富、影响力很大的一个经济学领域，它有两个著名的理论，一是"前景理论"，二是"心里账户"。更多的研究者加入后，提出了不少新的概念，比如参照点、损失规避、效用度量、主观概率判断等。2002 年，普林斯顿大学心理学家 Kahneman 成为第一个荣获年度诺贝尔经济学奖的心理学家，以表彰他将心理学的前沿研究成果引入经济学的工作和贡献，因此得到了最权威的承认和最普遍的传播。以下介绍几个行为经济学研究的现象。

消费者选择的框架效应

人们在日常决策中，启示式决策（指单凭经验的方法，用有根据的推测、直觉判断甚至简单的常识来解决和发现问题）十分常见。举一个简单的例子：相同的褪色牛仔裤，放在旧货店销售与放在专卖店销售或许获得消费者非常不同的反应。又如，在证券投资活动中，常有这种现象，即投资者总是会沿着"有限理性"（决策者的信息是不完全的；计算能力是受限制的；目标是不完全确定的，甚至是冲突的）来决定买卖交易。在投资决策中，即使一个相同资产组合，投资者在感觉上要作出购入股票的决定（容易快速作出决定）非常不同于出售股票的决定（很难决断并积极行动）。人们常常是依赖于对各种可能投资结果的评估，而不是如何获取投资机会。这些就是框架效应的事例。

与框架效应有关的还有"锚定效应"，它属于行为经济学研究范畴。锚定效应通常是指人们的想法和选择中，可能完全受到某些先验的诱导信息，甚至是无关联的虚假信息影响和干扰投资者的判断和选择行为。分类选择、过多选择或偏好现象，也会影响选择。

选择的框架效应在涉及不确定性的选择行为中起着非常重要的作用。营销学中的许多方法都基于对消费者选择中的行为偏差的理解和运用。

不确定性

通常人们的决策依赖于各种备选对象的描述方式,当人们作出理性选择时通常参照"大数定律"作出选择。根据统计学原理,大数定律的含义是:总体的大样本的平均值接近于总体的均值。而"小数定律"则是一种心理学现象的描述,其基本含义是:人们往往受到小样本的过度影响,特别是对于自己亲身经历过的事情。在不确定性下的选择问题往往更显得特别不易处理,其中还存在许多其他偏差。

人们受到思维定式、表象思维、外界环境等因素,会导致多数人在判断不确定事件发生的概率时,整个思维过程会系统性地偏离理性法则,甚至出现系统性偏见而走捷径,不由自主地有把从大样本中得到典型事件的结论,错误地移植到小样本中的倾向。

小数定律法则的案例之一是,当投资者观察到一位投资经理在过去两年表现好于其他人,就总结说这位经理水平要高一些,事实证明这一结论的统计含义太弱。

另一个例子是"赌博者谬误",许多人都经常预期一个随机赌局的第二轮会得到与第一轮相反的结果,而实际上每一轮在统计上都是独立的。如果一项投硬币游戏前若干轮出现太多的"头像",那么参与者确信下一轮便应该是"文字"了,实际并非如此。这与股票篇投资"低买高卖"想法看似正确,实则很难做到一样。

小数定律法则还与相似性相关,这种相似性是形成经验推断的重要因素。经验推断会令人相信两个事件的联合概率高于其中的事件之一的发生概率,这与概率理论的基本定理是相悖的,在主观判断上增加了不确定性。

自我控制的有趣变异——自负现象

有两位美国的金融经济学家巴伯和奥迪恩合作研究了拥有折扣交易账户的6.6万多个家庭的金融投资绩效。研究期间内,不频繁交易的家庭获得了18％的投资收益率,而最积极进行交易的家庭只获得了11.3％的投资收益率。深入分析发现,性别是明显影响过度交易的重要因素之一,男性的股票交易次数大大高于女性。在研究样本中,男性的股票交易次数要比女性高45％。心理学家分析认为,男性往往过度地相信自己的能力,而女性在大多数情况下往往表现得更现实。心理学家将男性的行为称为自利的归因偏差。多数男性会将自己的成功看成是自己能力的结果,因而男性会显得更加"自负"。

两位学者的另一项共同研究,是以某大型券商的3.5万名个人投资者的交易数据为样本,经分析研究后发现,如果考虑交易成本,个人投资者的收益远低于大盘收益。按月换手率进行排序分组后,发现无论换手率如何,投资者的总收益都差不多。而且是换手率越高的组,投资者的净收益越低。这两项研究结果,验证了一句大实话:频繁交易或许有损于你的财富。

行为经济学的研究结论中,除了以上结论还有其他更多实证分析研究,比如在博弈论研究中,参与人之间的互相作用过程会显著影响人们的最终决策;又如人类天性中对追求公平和惩罚不公平者的社会文化现象;还有与时间有关的行为异常性问题,这些都会对决策行为产生直接影响。从经验上讲,人们很难以古典经济学"标准的期望效应理论"作出"理性决策",也许是因为对客观世界的直观理解已足以应付日常决策的问题,或者说人们可能更擅长处理日常必须决策的各种事件,不一定需要对这些事件进行抽象的逻辑推理分析。

证券市场有种说法是:市场往往对理性行为给予奖赏,而对非理性行为予以惩罚。即使许多市场参与者做不到理性行事,但总有理性者的聪明行事,他们的行为最终会对价格和市场交易结果产生最大的影响。常见的情况是,人们一般非常在意避免小风险的事件,但又过多地接受了大风险的事件。因此,在进行重要决策的时候,询问无偏见专家的观点的做法,无疑是明智的,证券市场中的投资决策亦如此。

公司股票的安全边际与投资"护城河"

　　股票市场,风险是常态,曾经的热门赛道股从热炒到泡沫破灭,往往叠加宏观、行业、周期和公司基本面等多重因素的影响。

　　"安全边际"是本·格雷厄姆在《聪明的投资者》中提出的理念,他提出"安全边际总是依赖于所支付的价格"。其可以被通俗理解为安全边际就是价值与价格相比被低估的程度或幅度。当公司股票内在价值越高,买入价格越低,其安全边际越大,表示该股被低估,安全边际也就越大,抗风险能力也越大。相反,公司股票内在价值低、价格高,说明该股估值高,价格越高,安全边际则越低。

　　对证券市场投资而言,需要把企业放在整个市场环境中,来判断其价值。评估一家公司股票,可以通过定量分析和定性分析。定量分析涉及企业财务分析和企业估值。企业估值法有折现现金流、股利贴现、自由现金流等绝对估值法,也有P/E(市盈率)、P/B(市净率)、PEG(市盈增长比率)、EV/EBITDA(企业价值倍数)等相对估值法。定性分析一般涉及企业商业模式、行业及产业链、市场空间、行业生命周期、竞争结构、企业竞争优势、公司治理、公司战略及成长性等。

　　在证券市场上,股票投资的"安全边际",也常常被引述为"护城河"这一概念,字面含义是指防止竞争对手进入市场的壁垒。它表示公司所具有独特的、持续的、难以复制的、能持续创造价值的竞争力。一般认为,真正的"护城河"可以分为这几类具体的分析指标:无形资产(品牌或特许权)、转换成本(客户忠诚度)、供应侧经济规模、网络经济(效应)和成本优势等。

　　投资不可能不犯错误,而安全边际就为判断不准确、运气不佳或者未知的黑天鹅事件留足空间。资本市场总是周期性地为缺乏安全边际支撑的炒作付出代价。就A股市场来说,无论是2007年那波牛市中追逐当时的市场热点(如银行、煤炭、石油等大型蓝筹股),还是2015年那波牛市中狂炒手游、影视等小市值公司,又或是到后来的创新药、新能源、高科技等"另类投资"概念股,不少投资者在市场中交足了学费,甚至付出了沉重代价。到2022年年末,A股各主要指数至今距离2007年高峰时期的点位仍有很大的差距。不难发现,即使投资标的很好的公司,如果估值过高,也要用时间换空间,承受长时间进行估值消化的漫长等待。因此,对投资者来说,任何时候风险控制应该贯穿投资始终,要牢记安全边际,追求物有所值,理性思考,作好自己认知能力范围内的事情。

如何建立个人和家庭的全周期理财规划

人们常说:"你不理财,财不理你。"这就是货币时间价值和复利效应——"钱能生钱"的道理。投资不仅是财富积累的一种方式,也是对抗通货膨胀的一种策略。在信用货币时代,全球每一个经济体,无论是过去还是未来相当长的时间里,对抗通货膨胀,都是每一位投资者的持久战。

量入为出,合理规划个人和家庭理财

一个人或家庭的收入分为通过个人劳动获得的主动收入(如工资、奖金等)和个人劳动之外活动的被动收入(如投资所分红、租金等)。同样,支出也可划分为固定支出(如衣食住行等)和弹性支出(如可花可不花的钱)。我们也可以通过制作一个现金流量表做好记录,以更清楚地了解自己的收支情况。通过改变消费习惯,减少不合理的开支,集腋成裘用作投资理财。

个人的生命周期与家庭生命周期都有类似的发展阶段,其诞生、成长、发展、成熟、衰退至消亡的过程,在不同阶段有着不同的特征需求和目标。美国经济学家弗兰克·莫迪利安尼最早提出了家庭储蓄的生命周期理论,帮助个人在相当长的一段时间内计划个人的消费、储蓄和投资行为,以实现生命周期内收支的最佳配置。

客观评估风险,合理设定收益目标

普通人一生职业生涯的工作时间大约在30～40年,个人积累的财富除了用于个人和家庭消费外,用作投资的有传统的储蓄、银行理财、保险、信托等,而且越来越多的人开始涉足证券市场,通过投资股票分享企业发展回报。但证券市场是一个波动显著的市场,只有客观认识自己的主观风险偏好,才能有助于正确权衡收益和风险的关系,理性面对投资风险。实际上,个人投资活动与"个人生命周期""家庭生命周期"密切相关,在长期投资活动中,这一点尤为重要。

在基于对自己财务情况、所处家庭生命周期充分了解的情况下,要明确设定理财收益率目标。目标只有合理且具备可操作性,才有可能达成。一般而言,资产配置的目的首先是跑赢通货膨胀,实现保值,其次才是在控制和降低风险的情况下取得与风险相匹配的回报(理想情况是能跟上资本市场的整体收益水平),实现财富增值。家庭理财投资计划如表6-2所示。

表 6-2 家庭理财投资计划

家庭生命周期		家庭形成期	家庭成长期	家庭成熟期	家庭衰老期
个人生命周期		20～35	30～55	50～65	65 以上
家庭重心及重要支出		养孩、教育、创业	房贷、子女教育、老人	房贷、医疗、老人	养老、医疗
保险资产安排		寿险、储蓄险	教育年金、定期寿险	养老险、投资型保险	看护险、退休年金
权益资产配置策略和比例	股票	50%	30%	20%	10%
	基金	30%	30%	20%	20%
	债券	10%	20%	40%	40%
	货币	10%	20%	20%	30%
投资组合特征		房产、股票、基金、银行理财	多元投资组合、银行理财	较低风险、预期收益稳定组合	低风险固定收益为主组合
信贷运用		信用卡、小额贷	房贷、车贷	逐步还清贷款	无借贷

当然,由于环境和个体的差异,不同家庭、不同个人的"生命周期"的特征差异明显,以上划分只是大生命周期各个阶段的一个参考。

选择一个好公司、好企业

A 股试行注册制后,企业上市变得多元化了,特别是突破核心技术的高科技企业、高成长性的高科技企业、专精特新企业有了更多的上市融资机会。股价是一个企业未来价值的货币表现形式,一般而言,市场会给与这类公司更高的估值。长期投资优质企业,对上市公司和投资者来说是一件共赢的事情。那么,选择优质企业的判断标准有哪些呢?

一是看行业景气度。行业未来空间要足够大,比如常说的朝阳产业,企业的成长空间才会比较大。

二是看企业的行业地位。通俗地讲就是和市场上的竞争对手比较,公司的产品、服务和价格在市场上有没有竞争力。

三是看企业的生命周期。如同人的生命周期一样,企业也存在初创期、成长期、成熟期和衰退期等几个不同阶段。初创期企业的成活率很低,而进入衰退期的企业最终会被市场淘汰,选择重组或彻底退出。稳健的投资,要多关注成长期和成熟期的企业。对一个有成长性、经营稳健、业绩持续向好的优质公司,持续投资五年、十年以上,通常会获得非常可观的复合收益。反之,如果企业经营状况差,盈利下降,或者经营情况持续恶化,这在一方面会降低企业的分红能力,在另一方面会导致企业的内在价值下降,进而引起股价下跌,投资者会损失本金,甚至可能产生大幅的亏损。

投资大师大卫·史文森(David F. Swensen)曾说：资本市场为投资者们提供了三种能获得投资收益的工具：资产配置、择时交易和证券选择。如果对这三种投资组合管理工具的性质和影响力有了清楚的认识，投资者们就会重视那些最可能有利于长期投资目标的因素，并忽略那些最可能妨碍长期投资目标的因素。

投资理财要谨记："不要把鸡蛋放在一个篮子里。"除专业投资者外，不建议普通投资者介入专业度要求较高的期货类投资以及市场波动大的金融证券衍生品投资等。市场总是在不断变化的，投资者的财务情况也会不断变化，这都增加了投资预期的不确定性。投资者需要在执行过程中不断跟踪研判已经确定的投资组合是否能达成预期设立的目标，如果不能，就要及时调整资产配置策略。如果财富数额积累足够大，重要的投资安排则应交给专业人士或者专业机构去打理。

人口老龄化时代如何规划个人养老理财

　　人口老龄化是 21 世纪人类面临的主要问题,出生率下降、人口寿命提高是导致人口老龄化的基本因素。国际上通行的参照标准是:当一个国家或地区 60 岁及以上老年人口占其人口总数的 10%,或 65 岁及以上老年人口占人口总数的 7%,就意味着其进入老龄化社会。从图 6-2 中可以看到,2020 年中国老年人口占比已达 13.52%,老年人规模已达 1.9 亿人。有研究表明中国的老龄化相比于发达国家,出现了"未富先老"的现象。

　　实行计划生育政策的国家,人口生育率降低,青壮年人口占比降低,客观上加速了老龄化进程。人口老龄化也将导致人口长期均衡发展的压力。青壮年劳动力的减少,导致退休金替代率下降、消费能力下降、社会需求不足、创新创造能力弱化等一系列变化都将直接影响政府财政收入减缓,造成养老、医疗等社会保障支出增加等多重压力,并将严重制约和影响政府的投资能力。就民生而言,"老年人口的基数庞大"带来的养老保障问题会更加突出。因此,借鉴发达国家经验,发展中国家都在积极探索推出养老金第三支柱,逐步完善养老社会保障体系。

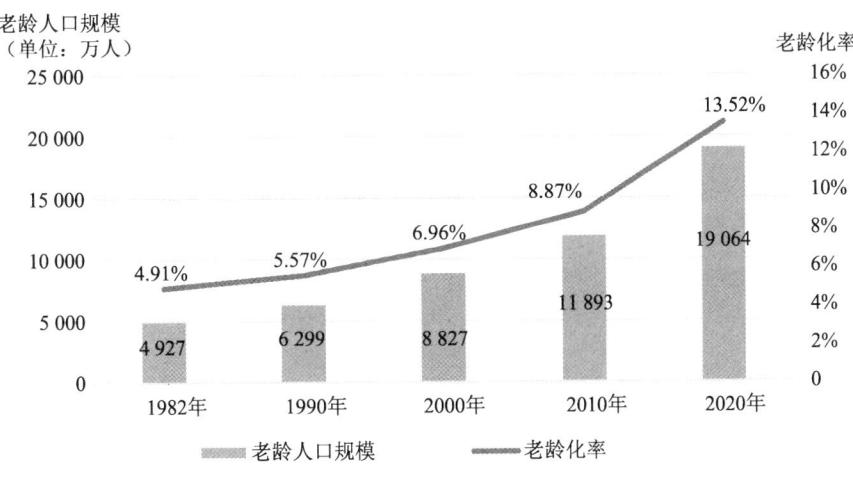

图 6-2　中国老年人口规模基变化率

来源:王桂新:《中国人口老龄化:未来挑战与应对策略》,《国家治理》,2022 年。

　　近年来在国内,2018 年公募基金推出了公募养老目标基金(FOF),2022 年个人养老金账户公开募集证券投资基金推出,2021 年 9 月银保监系统推出养老理财产品试点,2022 年 11 月商业银行首批"特定养老储蓄产品"试点,2022 年 12 月银保监系统推出养老保险公司商业养老金业务试点等,这些都属于第三支柱养老体系建设的重要补充形式。

参与养老产品投资如何选择?

投资养老产品主要以定期投资等方式鼓励投资人长期投资。投资理财型养老产品是投资品,不保证本金,不保证收益,追求长期收益,注重长期积累,坚持私人自愿性原则。表6-3列出了五种养老金产品的发行机构、发行依据、产品特点和优惠政策对比。

表 6-3　养老金第三支柱产品对比

产品	发行依据	产品特点	优惠措施
公募养老目标基金(FOF)	中国证监会《养老目标证券投资基金指引(试行)》(中国证监会公告〔2018〕2号)	● 一般多采取 FOF 基金模式。 (1) 养老目标日期型; (2) 养老目标风险型。 ● 养老目标基金定期开放的封闭运作期或投资人最短持有期限不短于1年、3年或5年的,基金投资于股票、股票型基金、混合型基金和商品基金(含商品期货基金和黄金ETF)等品种的比例合计原则上不超过30%、60%、80%	财政部、税务总局、人力资源社会保障部、银保监会、中国证监会等五部委发布《关于开展个人税收递延型商业养老保险试点的通知》(财税〔2018〕22号)实行"递延纳税"
商业银行"养老理财产品"	银保监会《关于开展养老理财产品试点的通知》(银保监办发〔2021〕95号) 银保监会《关于扩大养老理财产品试点范围的通知》(银保监办发〔2022〕19号)	● 创设符合长期养老需求和生命周期特点的养老理财产品	
个人养老金账户	国务院办公厅《关于推动个人养老金发展的意见》(国办发〔2022〕7号) 中国证监会《个人养老金投资公开募集证券投资基金业务管理暂行规定》(中国证监会公告〔2022〕46号) 银保监会《商业银行和理财公司个人养老金业务管理暂行办法》(银保监规〔2022〕16号)	● 个人养老金资金账户资金用于购买符合规定的银行理财、储蓄存款、商业养老保险、公募基金等运作安全、成熟稳定、标的规范、侧重长期保值的满足不同投资者偏好的金融产品,参加人可自主选择。 ● 参与个人养老金运行的金融机构和金融产品由相关金融监管部门确定,并通过信息平台和金融行业平台向社会发布。 ● 参加人每年缴纳个人养老金的上限为12 000元	"递延纳税",缴费税前扣除。退休取出时只需统一缴纳3%的税(含本金+收益)。 个人养老金基金的单设份额类别不得收取销售服务费,可以豁免申购限制和申购费等销售费用(法定应当收取并计入基金资产的费用除外),可以对管理费和托管费实施一定的费率优惠
商业银行"特定养老储蓄产品"	银保监会、人民银行《关于开展特定养老储蓄试点工作的通知》(银保监办发〔2022〕75号)	● 特定养老储蓄产品包括整存整取,零存整取、整存零取三种类型,涵盖5年、10年、15年、20年四个期限。 ● 利率高于普通定期存款,急用钱可以提前支取。该产品适合那些风险偏好较低、对流动性要求不高、追求固定收益的群体。 ● 储户在单家试点银行特定养老储蓄产品存款本金上限为50万元	

（续表）

产品	发行依据	产品特点	优惠措施
保险公司"商业养老金业务"	银保监会《关于开展养老保险公司商业养老金业务试点的通知》（银保监办发〔2022〕108号）	● 保险公司商业养老金业务，提供包括养老账户管理、养老规划、资金管理和风险管理等服务，满足客户生命周期内多样化养老需求。 ● 商业养老金产品应符合年满18周岁并与养老保险公司签订商业养老金业务相关合同	选择购买商业养老金产品，并可提供一定的身故、意外伤害等附加风险保障，但不享受个人所得税税收优惠政策

这里重点介绍两类公募养老基金产品。

一是公募养老目标基金产品 FOF(fund of funds)。2018 年 8 月 6 日经中国证监会批准，有 14 家基金公司（工银瑞信、华夏、南方、嘉实、广发、中银、博时、富国、万家、中欧、易方达、鹏华、银华和泰达宏利）获准首批发行 14 只养老目标基金产品，首批发行规模超过 50 亿元。到 2020 年 8 月，试点满 1 年，已有超过上百只养老目标基金相继成立。截至 2021 年年末，产品总数 169 只，规模超过千亿元大关。若与公募基金市场管理总规模 26.55 万亿元相比（中国证券投资基金业协会 2022 年 12 月 7 日发布公募基金市场数据），养老目标基金的占比还是很低的，其中交银、兴全、华夏、汇添富等基金管理公司是养老目标基金管理规模较大的几家基金公司。

二是个人养老金账户制度目录产品。2022 年国务院关于个人养老金账户制度的实施方案落地后，国家社会保险公共服务平台公布了"个人养老金产品目录"。根据中国证监会公告，该目录包括了 40 家公募基金公司共 129 只基金类产品（均为养老目标 FOF）以及 7 只保险产品。

以上养老产品都可以在官方公示的公募基金公司、证券公司和商业银行等销售机构、保险理财公司等销售渠道，以本人实名申请开户进行个人养老投资。

当然，面对众多产品可选时，普通投资者如何作出适当的选择，需要充分考虑以下几点。

第一，"产品不保证本金，不保证收益，追求长期收益"。投资者适当性很重要，不要想当然。虽然养老金产品投资有严格监管，但作为投资理财产品，是有投资风险的，作出投资决定前要谨慎评估产品是否适合自己。不能只看基金品牌大、颜值高，或者认为基金名称好听顺耳就随意买了。

第二，要明白自己的投资需求。如果希望通过专业投资机构做养老规划，可选带日期的养老目标基金，然后再与预期退休日期匹配，比如养老 2035、养老 2040 等；如果明确是择时，可以参考目标风险基金。还要综合研判市场进入机会，假如股票市场风险较高，优先考虑稳健型产品，如果市场处于相对低位，可考虑平衡型和积极型产品。

第三，从长期投资而言，任何一只投资品的稳健性和产品的流动性都很重要，尤其是养老需求随时会面临提前提取的情况。能进入个人养老金目录的,产品规模都不低于5 000万元。相对而言,一只产品的规模要在1亿元甚至在2亿元以上的产品,基金经理在投资上才能有更多选择调仓的灵活度,持仓结构会更合理一些,也能够避免遭遇大幅回撤时被清盘的风险。

第四,看产品的运作时间和期间业绩表现。以公募养老目标基金产品为例,从2018年14家基金公司推出的首批14款产品到2022年年末,产品存续时间不足5年,而评价一只产品的历史业绩,至少得有2年时间(如3年和5年)的长期业绩表现做参考。当然,不同类别的产品,风险等级不同,在不同市况下业绩表现会有差异,应当从多个不同的时间维度做比较,如果基金业绩能排名在同类产品前四分之一,那就值得关注。

要防范非法集资理财,避免上当受骗。

理性选择投资品、防范电信诈骗,不要向不明身份账户转款,不要出借个人账户给他人,不要通过借贷融资购买理财产品。建议投资者通过正规专业机构渠道购买合法理财产品。投资者可通过以下"三查三验"来辨识理财产品的真假:

(1)验证从业人员资格,包括基金销售人员资质、证券经纪人员资质、投顾人员资质。

(2)验证机构业务资质,包括产品管理人资质、产品代销机构资质。

(3)验证产品销售是否合规,包括产品是否登记备案,产品推介是否存在误导性陈述,购买流程是否合规。

合法销售金融产品发行机构和公示渠道如表6-4所示。

表6-4　合法销售金融产品发行机构和公示渠道

产品类别	特许金融机构	"管理人"公示渠道	产品公示渠道
公募基金	公募基金公司	中国证监会官网	公募基金管理人官网
银行理财产品	商业银行	全国银行业理财信息登记系统	全国银行业理财信息登记系统 银行业理财登记托管中心
证券公司资产管理计划	证券公司或子公司	中国证监会、证券业协会官网	证券公司或其资管子公司官网 中国证券投资基金业协会官网
信托计划	信托公司	中国信托登记有限责任公司	中国信托登记有限责任公司网站
基金公司及子公司资管计划	基金公司或子公司	中国证监会官网	基金公司或其子公司官网
期货资管计划	期货资管公司	中国期货业协会官方网站	中国证券投资基金业协会官网
私募基金	私募基金管理人	中国证券投资基金业协会官网	中国证券投资基金业协会官网
产品代销	金融产品代销机构	中国证监会官网代销机构公示信息	代销机构官网发布的代销金融产品信息

资产投资、无风险套利和资产泡沫

资产,一般被理解为经济主体拥有或控制的预期能够带来经济利益的资源,是一种权利。它也可以被理解为资产是长期提供服务流的商品。它可以提供消费服务流,如住房提供的居住服务,或者是提供能用来购买消费品的货币流。通常我们把提供货币流的资产流称作金融资产,如债券提供的服务流就是债券支付的利息。其他金融资产,如公司股票,提供的则是不同模式的现金流。

基于公认的假设,有一条关于资产报酬率的简单原理:如果资产所提供的现金流不存在不确定性,那么所有的资产就一定具有相同的报酬率。理由很明显:如果一项资产的报酬率高于另一项资产的报酬率,而两项资产除此之外又完全一样,那么没有人会愿意购买报酬率较低的资产。所以,在均衡状态下人们所实际拥有的资产必定具有相同的报酬率。这一事实隐含着所有的资产都将按现值来出售。

上述原理之所以基于"假设",是因为在实际社会经济活动中,是不存在这样完美的均衡市场条件的。这个分析说明,如果我们想要在将来的某个不确定的时点上得到最大数量的货币,我们就应该在这段时期的每个时点上都把货币投资于报酬最高的资产。投资的最优策略就是找到均衡之外的各个"时点",这就是"赚钱"的秘诀。

购买一定量的某种资产和出售一定量的另一种资产以实现确定的报酬,称无风险套利(或称短期套利)。只要有人在积极地寻求"确定的报酬",可以预期运行良好的市场(或称均衡市场)就会迅速地消除任何的套利机会,使一切提供报酬的资产的报酬率一定相等,因此这种均衡条件被称作"无套利条件"。否则,就会出现无风险套利的机会。

比如石油、矿产、森林等资源,当它们以产权在自然状态存在时,就像货币存放在银行,应当和存放在银行的货币获得的报酬率相同。如果地下石油的报酬率超过存入银行的货币的报酬率,油井的所有者就不会去开采石油,宁愿等到以后再去开采它,而供给减少的结果使得石油的价格上升。如果地下石油的报酬率低于存入银行的货币的报酬率,油井的所有者就会选择开采石油并把出售石油获得的货币存入银行,供应的增加就抑制了市场的石油价格。以此来说明,石油价格水平的变动是由对石油的需求所决定的,需求的变化导致无风险套利的机会出现。

资产市场能够改变人们在一段时期内的消费模式。例如,有 A 和 B 两个人,存在不同的财富禀赋差异。A 可能今天有 100 元,但明天却一无所有;B 可能今天一无所有,但明天有 100 元。很可能他们每个人都宁可今天和明天稳定得到 50 元。

以下交易可以实现这种消费模式：今天 A 给 B 50 元，明天 B 给 A 50 元。如果人们对今天消费和明天消费的偏好是相同的，他们就可能希望自己的消费在各个时期能比较平均，而不愿在一个时期就把一切都消费掉，即使利率是零。

拥有不同类型的资产，也存在资产禀赋差异。某人可能拥有提供稳定收入现金流的资产，而他却偏好提供一次性总收入的资产，比如年轻人未来工作时间长，薪酬收入稳定，短期内需要一大笔资金购房安家。同时，另一个人可能拥有提供一次性总收入的资产，但他却偏好提供稳定收入流的资产，比如退休老人拥有房产、股票等投资性资产，需要稳定的现金收入养老。显然，两者也只要彼此交换他们的禀赋，就可以相互获利。现代经济生活中，自然人、企业等更多的经济主体都可以通过市场经济活动参与交易，比如通过银行、保险、信托、证券等金融机构进行资产在不同时期的重新分配，或者是通过资本市场交易使双方重新配置他们不同时期的财富，甚至可以通过金融市场进行跨时期的交易。

大多数资产的报酬可以直接表现为货币的形式，比如存款、债券的利息。也有一类资产具有消费报酬，比如个人拥有自住房，从满足住房需要来说可以不必向自己支付租金。个人拥有珠宝和艺术品也有类似消费报酬。人们持有这类资产更多的是把它们作为一种投资，期望实现"增值"，未来出售时实现货币报酬。显然，如果一种资产更容易出售，要比另一种资产有更大的流动性，或者一种资产的报酬率可能比另一种资产具有更大的风险性，在投资决策时就需要研究这些风险差异，并采取相应调整的方式，最终取得"经过风险调整的报酬率"。

实际上，资产的报酬率会受需求等各种因素的影响而产生价格波动。资产价格的剧烈波动，第一种效应是高价可能减少目前的资产需求；第二种效应是高价导致人们期望未来更高的价格，推升了价格波动。这就导致常说的"资产泡沫"，在资产泡沫时期，各种原因引起资产价格上涨，导致人们预期未来资产价格会进一步上涨。如果人们预期某类资产价格会明显上涨，人们将会立即投入购买更多的这类资产，加速推动这类资产价格的更快上涨。

所有泡沫最终都将破灭。资产价格下跌，投资人只能持有价格比购买时价格低得多的资产。例如 2000 年至 2001 年，以互联网公司为代表的资产价格泡沫的破灭，又如 2006 年至 2009 年，引发"次贷危机"的房地产资产价格泡沫的破灭。

严重的资产价格泡沫化，会直接影响金融市场遭遇更大、影响更持久的资产泡沫化过程，特别是在证券市场出现过度投机时，其破坏力度更大。往往此时大部分中小投资者因缺乏投资经验，风险认识不足，非理性参与其中被"割韭菜"，导致远超预期和超出自身投资风险承受能力范围的重大损失。

通货膨胀、通货紧缩及对证券市场的影响

通货膨胀和通货紧缩一直都是资本市场反复讨论的热点话题,特别是对宏观经济的预测分析,与投资决策中的长期资产配置密切相关。以下简要介绍通货膨胀和通货紧缩的一般概念以及通货膨胀和通货紧缩对证券市场的影响。

通货膨胀和通货紧缩

通货膨胀(inflation)是指在纸币流通条件下,货币供给大于货币实际需求,即现实购买力大于产出供给,导致货币贬值,引起的一段时间内物价持续而普遍地上涨,货币购买力下降。其直接原因是一国国家财政赤字增加,政府为了挽救经济危机或弥补庞大的财政赤字,超出商品流通的实际需要,大量增发纸币。通货膨胀主要有以下类型:

(1) 低通货膨胀:价格上涨缓慢且可以预判。通常定义为年通胀率为1位数的通货膨胀。这里的通胀率和CPI波动方向一致,但CPI选取的是代表性样本。

(2) 急剧通货膨胀:当总价格水平以每年20%超过2位数或3位数的比率上涨时,即产生了急剧通货膨胀,社会生活会出现严重的经济扭曲。

(3) 恶性通货膨胀:一国货币几乎无固定价值,物价时刻在增长,一年累计可以高达数倍。人们会抢购和囤积商品。严重的社会动荡和战争,最容易诱发恶性通货膨胀。

当通胀压力显著时,国家一般会采取紧缩性财政政策(增加和提高税收,减少财政支出)和紧缩性金融政策(提高基准利率,收缩货币供应)措施以应对。

通货紧缩(deflation)则意味着社会总需求小于总供给,社会就业不足,有效需求不足。其主要表现是物价水平持续下降,经济持续低迷,投资和消费行为减少,这进而导致老百姓工资收入减少,失业人数增加,容易引发经济衰退,甚至导致经济危机。通货紧缩可长达若干年,对社会经济的破坏性较大。应对通缩时,国家采用扩张性的经济政策,通过产业复兴、降低利率、大规模减税、增加政府购买、扩大转移支付、提高社会保障、教育培训等增加需求、促进经济增长。

通货膨胀和通货紧缩对证券市场的影响

信用货币制度下,通胀具有自我实现的特点,居民单纯存钱,其未来购买力会下降,证券投资可以抵消一部分通胀损失。实际上通胀和通缩都会对社会产生影响,影响公众的心理和预期。通胀和通缩的结果是对社会财富和生产要素进行一次新的整合和分配。剧烈的经济调整往往会导致财富差距进一步扩大。一般情况

下,温和、稳定的通货膨胀对证券价格上扬有推动作用。经济学中,温和通胀也被理解是一种积极的、刺激经济政策结果,旨在调整某些商品的供需结构、价格并以此推动经济的增长。早期通货膨胀,企业订单增加,购销两旺,收入呈上涨趋势,证券市场价格会上扬;中期通货膨胀,市场供需比例严重失调,企业效益减少和收入降低,导致证券市场价格向下波动;晚期通货膨胀,大部分证券市场价格大幅度下跌,市场资金逐步撤离,头部品种下跌破位,市场交易陷入持续低迷状态。

当一国出现明显的通货紧缩时,其影响则可能遍及所有生产领域,使企业经营状况恶化,这更容易使证券市场股价下跌,交易陷入长期低迷状态。

比如,美联储自2012年来多次进行量化宽松政策,刺激经济复苏和改善就业状况。2020年3月新一轮的美元量化宽松泛滥,导致2022年年初美国国内通胀持续走高,自2022年3月以来已连续加息,步入新一轮加息周期,开始了缩表计划,通过大幅度加息措施收缩流动性。美国股市在经历一波创新高的繁荣之后,受加息预期影响,三大指数均出现快速大幅度下调。2023年3月的"硅谷银行"事件,波及欧美银行业公司股价大幅下跌,百年老店瑞士信贷银行,因深陷流动性危机被迫与瑞士银行合并。

央行通过哪些金融工具来调节货币供给并影响经济活动

货币政策工具可以分成两类：一类是一般性的货币政策工具，包括再贴现率、公开市场操作和存款准备金制度三大工具，它们会影响货币的供给总量；另一类是选择性货币政策工具，包括 Q 项条款、选择性信用管制、国债管理等货币政策工具，它们影响的是银行系统中资金的流向和信贷资金利率结构，而不是货币的供给量。

中国人民银行（以下简称中国央行）货币政策的最终目标是"保持货币币值的稳定，并以此促进经济增长"。中国央行的货币政策工具主要有存款准备金制度、信用贷款、再贴现、公开市场操作和利率政策等。货币政策组合工具的运用，会影响货币的供给总量、资金流向、利率等，对资本市场的影响直接且显著。图 6-4 描述了中国央行的货币政策工具箱。

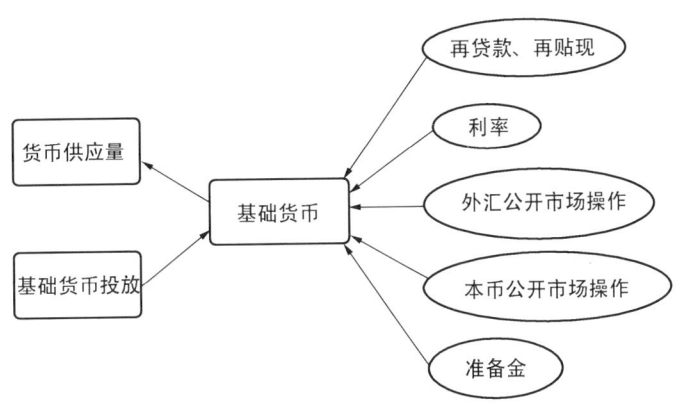

图 6-3 中国人民银行的货币政策工具

对投资者而言，如何正确理解央行运用这些金融工具的目的和作用呢？

法定存款准备金率

法定存款准备金率是商业银行按照中央银行的规定必须向中央银行交存的存款准备金和存款总额的比率（通常是法定比率）。根据货币乘数理论，货币供应量为基础货币与货币乘数之积，而法定存款准备金率是决定乘数大小，从而决定派生存款倍增能力强弱的重要因素之一，准备金率的微小变化将导致货币供应量的大幅度减少。调整法定存款准备金率的效果很强烈，不适于作为日常的货币政策，而是作为公开市场操作的辅助手段使用。该比率的设定一般会根据不同存款的种类、金额及银行规模和经营环境而有所区别，也有采用单一比率的。

中国人民银行的存款准备金制度建立于 1984 年，在政策和制度管理上经过了不断调整和完善。央行调整商业银行上缴存款准备金的比率，会引起货币乘数改变，使得商业银行信贷能力扩张或缩小，从而达到既定的货币政策目标。

公开市场操作

公开市场操作是指中央银行为了将货币数量和利率控制在适当的范围内而在金融市场上公开买卖有价证券的政策行为。央行的公开市场操作，选择"主动出击"，通过银行体系调节经济活动中基础货币，以使其符合政策目标的要求；通过调节资金市场的供求状况，从而影响货币供给量、利率水平乃至利率结构。

公开市场操作需要和准备金制度配合，并要有一个足够发达的金融市场和丰富的债券产品工具，才能达到预期调节效果。中央银行购买有价证券，银行体系的准备金会增加，这就会刺激银行增加贷款，扩大社会货币供给量；反之，中央银行卖出有价证券，货币供给量会减少。与此同时，中央银行对有价证券（可以根据需要选择不同期限）的购买会提高有价证券的价格，降低利率水平；有价证券的卖出则会引起有价证券价格的下降和利率的上升。

自 1994 年外汇体制改革、汇率并轨制度实施起，中国央行开始进行外汇公开市场操作。1996 年以国债为对象的公开市场操作业务启动。目前，公开市场操作已成为中国人民银行货币政策日常操作的重要工具，其对调控货币供应量、调节商业银行流动性水平、引导货币市场利率走势发挥了积极的作用。同时，中国人民银行也根据需要签发中央银行票据（中央银行 1 年期短期债券），作为货币市场成员的金融机构，选择持有中央银行票据，便于本机构的流动性管理。

再贴现率政策

贴现率政策是用于控制货币供给量的传统货币政策工具。中央银行通过贴现窗口向商业银行提供贷款，其利率为贴现率。当商业银行资金短缺时，它们可以向中央银行借款。当贴现贷款增加时，整个商业银行系统在中央银行的储备规模增加了，货币供应量相应增加。

贴现业务有效实施的前提是需要有一个发达的商业票据市场。票据市场使用的主要是银行承兑汇票，以《中华人民共和国票据法》为规则，以真实交易为背景，以银行信用为基础的规范信用工具，实质上是商业银行对企业的授信。中国人民银行的再贴现业务始于 1986 年由央行上海分行开办的再贴现业务。1988 年中国人民银行首次公布再贴现率，比同期金融机构贷款利率低 5～10 个百分点。

例如，甲企业要从乙企业采购原材料，甲企业通过其开户银行开一张银行承兑汇票给乙企业,不用支付现金即可组织投入生产。甲企业在银行承兑汇票到期时再归还银行的钱,可以降低短期资金成本。乙企业因为有银行承兑,没有结算的信用风险,见票后可及时供货。如果乙企业急需现金,可以在开户银行按照贴现利率将银行承兑汇票贴现(比贷款费用要低)。而银行在为乙企业贴现后也可以到中央银行按照再贴现利率再贴现。只要企业的贴现利率高于央行的再贴现利率,银行在回笼资金的同时也有贴现收益。

基准利率

基准利率是指在利率体系中起主导作用的利率,其水平变化决定着其他各种利率的水平和变化。基准利率是"法定利率",由中央银行制定,并且规定金融体系中的其他利率以此利率为准或在其一定范围内浮动。与之相对应的市场利率是由资金市场上供求关系决定的"均衡利率",比如全国银行间同业拆借中心受权发布的"上海银行间同业拆放利率"(SHIBOR,2007 年推出,包括隔夜到 1 年期共 8 个期限品种)。

需要注意的是,均衡利率一般是指货币流通中货币供给与货币需求保持一致时的利率。均衡利率不是固定不变的,它由市场供求关系决定,是企业、居民和金融机构等市场主体的储蓄行为、投资行为、融资行为在金融市场中共同作用的结果。这些市场主体通过银行存贷款、债券市场、股票市场、保险市场等进行投融资活动,并将金融资源配置到实体经济和各类资产上。在这个过程中,利率作为资金的价格决定资金流向,从而决定金融资源配置的流向。

目前,中国人民银行的基准利率包括央行对商业银行的存贷款利率以及商业银行对企业和个人的存贷款利率。一般推论,当央行对商业银行的贷款利率和再贴现率上调时,各商业银行的借款成本增加,它们就会减少对中央银行的资金需求或提高对企业和个人的贷款利率,于是资金市场的利率相应上升,资金需求相应减少,这就起到了调节货币供应量的作用。

信用贷款

信用贷款俗称"再贷款",它是中国人民银行对商业银行等金融机构发放的贷款,有别于把已经贴现的票据再次贴现的贷款。信用贷款在中国人民银行的资产中占比最大,在央行实施金融宏观调控中,是吞吐基础货币的主要渠道和调节贷款流向的重要手段。中国人民银行通过信用贷款调节信贷规模和结构,从而控制货币供应量。1994 年后中国人民银行开始逐步减少对金融机构的信用放款,加大了通过货币市场吞吐基础货币的比重。

除上述工具外,中国人民银行还采取优惠利率政策、专项贷款、利息补贴和特种存款等选择性的货币政策工具。随着外汇占款投放的减少,中国人民银行于

2013 年起启动了全新的基础货币流动性投放渠道,陆续创设了面向政策性银行和商业银行释放流动性的金融工具:短期流动性调节工具(short-term liquidity operations,SLO)、常备借贷便利(standing lending facility,SLF)、中期借贷便利(medium-term lending facility,MLF)、抵押补充贷款(pledged supplementary lending,PSL)以及临时流动性便利(temporary liquidity facilities,TLF),以解决银行体系流动性需求。2014 年,央行推出"支小再贷款",即支持基层城商行、农商行等地方法人金融机构对小微企业的信贷投放。2022 年,央行新设立"科技创新再贷款",支持金融机构向科技企业发放贷款,引导社会资金促进科技创新。相对于公开市场操作而言,这些都是央行货币政策调节工具的创新。表 6-5 概括介绍了央行创新货币政策调节工具的应用及特点。

表 6-5　央行创新货币政策调节工具的应用及特点

政策工具	操作方式	期限	投放渠道	特点
短期流动性调节工具(SLO)	类似于公开市场操作,以抵押方式展开	1 天至 7 天	公开市场业务一级交易商中重要的金融机构	期限较短,突破了公开市场 7 天期的限制
临时流动性便利(TLF)	类似公开市场操作,春节期间投放	28 天、30 天	仅限几家大型商业银行	节前投放,节后回笼
常备借贷便利(SLF)	金融机构向央行主动发起,央行以抵押方式发放资金	最短可 1 天,通常 1 个月到 3 个月	政策性银行、全国性商业银行、地方银行	机构主动发起,投放渠道广
中期借贷便利(MLF)	招标方式开展,以质押方式发放	3 个月、6 个月以及 1 年不等	政策性银行、全国性商业银行	期限较长
抵押补充贷款(PSL)	央行以抵押方式向目标银行发放贷款	期限超过 1 年	仅限三大政策性银行	资金投向政策性项目

第七章 谁来保护我的合法权益

投资者证券纠纷维权方式

协商

一般来说,对投资者证券纠纷,协商是处理纠纷的第一步,也是比较直接、经济的做法。经验证明,如果争议双方能够本着实事求是、互谅互让的态度,心平气和地进行谈判和协商,往往能够达到双方都满意的结果。实践中,鼓励投资者应把它作为争议解决的首选方式。

《证券法》第八十九条规定,普通投资者与证券公司发生纠纷的,证券公司应当证明其行为符合法律、行政法规以及国务院证券监督管理机构的规定,不存在误导、欺诈等情形。证券公司不能证明的,应当承担相应的赔偿责任。

调解

对无法协商解决的,可以通过调解来解决。投资者与证券公司之间的纠纷可以通过证券业协会、中证法律服务中心等第三方机构调解,经调解,当事人就纠纷的解决达成一致意见的,应签署《调解协议书》。调解可以在中国证监会认定的调解机构(如中证法律服务中心、中国证券业协会及地方协会等挂牌调解组织),或者法院认定的调解组织,在调解员的主持下进行。具有民事权利义务内容的调解协议,经各方当事人签字或者盖章后,具有民事合同性质。经当事人申请并经调解员签字后,调解机构可在《调解协议书》上盖章,《调解协议书》经调解员和调解机构签字盖章后,当事人可以申请有管辖权的人民法院确认其效力。

投诉举报

若投资者合法权益因证券市场相关主体违法违规行为而受到侵害,也可以向监管部门(如中国证监会及其派出机构)和自律组织(如证券业协会和证券交易所)投诉举报,要求纠正违法违规行为,维护自身正当权益。如果侵权者涉嫌非法经营行为或刑事犯罪的,根据违法违规行为的性质,还可以向工商行政管理机关、公安机关或检察机关举报,或通过正当渠道向新闻媒体请求支持。

投资者也可以通过中国证监会"12386"服务平台,查询各辖区证监局、证券业协会的投诉电话,或以信函及来访等方式实名或匿名举报,还可以通过证券经营机构的开户网点或客服电话投诉维权。

仲裁

通过协商或调解不能解决证券纠纷时,也可以申请仲裁。仲裁具有灵活高效、专业性强的特点,是争议双方解决纠纷的重要方式之一,它是指争议双方在争议发生之前,或者在争议发生之后达成协议,将争议提交仲裁机构作出裁决。

仲裁实行一裁终局的制度,对当事人具有法律强制力。裁决作出后,当事人就同一纠纷再申请仲裁或者向人民法院起诉的,仲裁委员会或者人民法院不予受理。裁决被人民法院依法裁定撤销或者不予执行的,当事人就该纠纷可以根据双方重新达成的仲裁协议申请仲裁,也可以向人民法院起诉。

诉讼

如果纠纷双方无法通过协商、调解达成一致,又没有订立仲裁条款,投资者可以直接向有管辖权的法院提起诉讼,寻求司法上的救济。

诉讼是司法行为,必须按照法定的程序进行;司法机关的判决具有权威性和强制性,当事人必须遵照执行。我国诉讼程序上实行两审终审制,对一审法院的判决或裁定不服,可以向上级法院提起上诉。

《证券法》第九十五条规定,投资者提起虚假陈述等证券民事赔偿诉讼时,诉讼标的是同一种类,且当事人一方人数众多的,可以依法推选代表人进行诉讼。

对虚假陈述等证券民事赔偿案件提起的诉讼,可能存在有相同诉讼请求的其他众多投资者的,人民法院可以发出公告,说明该诉讼请求的案件情况,通知投资者在一定期间向人民法院登记。人民法院作出的判决、裁定,对参加登记的投资者发生效力。

投资者保护机构受 50 名以上投资者委托,可以作为代表人参加诉讼,并为经证券登记结算机构确认的权利人依照前款规定向人民法院登记,但投资者明确表示不愿意参加该诉讼的除外。

投资者维权渠道

中国证券监督管理委员会

中国证券监督管理委员会,简称中国证监会,为国务院直属正部级事业单位,依照法律、法规和国务院授权,统一监督管理全国证券期货市场,维护证券期货市场秩序,保障其合法运行。

依据有关法律法规,中国证监会在对证券市场实施监督管理中,垂直领导全国证券期货监管机构,对证券期货市场实行集中统一监管。

2013年9月6日,中国证监会开通"12386"中国证监会热线,后又开通了网上服务平台(http://fwpt.csrc12386.org.cn)接受投资者投诉、咨询、意见建议等诉求,具体包括:

(1)投资者在购买证券期货产品或接受相关服务时,与证券期货市场经营主体及其从业人员发生民事纠纷的,可以进行投诉。

(2)对证券期货相关业务和制度提出咨询。

(3)对证券期货市场监管政策或者工作提出意见。

投资者可以在全国范围内直接拨打"12386"热线,免长途话费。拨打时间为每周一至周五(法定节假日除外)的9:00—11:30和13:00—16:00。

除了中国证监会"12386"服务平台、信函方式举报证券违法违规行为,投资者还可通过中证中小投资者服务中心、地方证监局信访电话等渠道维权。

中国证券业协会

中国证券业协会是依据《证券法》和《社会团体登记管理条例》的有关规定设立的证券业自律性组织,属于非营利性社会团体法人,接受中国证监会和民政部的业务指导和监督管理。

为落实《证券法》赋予证券业协会的法定职责,保护投资者合法权益,中国证券业协会建立了以其为主导,地方证券业协会协作参与,会员单位配合的证券纠纷行业调解机制。具体而言,可以通过说服、疏导等方法,促使当事人在平等协商基础上自愿达成调解协议,解决证券纠纷的活动;也可以在线申请调解。

中国证券业协会调解范围包括会员之间发生的证券业务纠纷、会员与客户之间发生的证券业务纠纷。

中证中小投资者服务中心

中证中小投资者服务中心有限责任公司,以下简称投服中心,是于2014年

12 月成立的证券金融类公益机构,归属中国证监会直接管理。

投服中心的服务宗旨是:以投资者需求为导向,扩充投资者知权渠道,丰富投资者行权方式,完善投资者赔偿救济维权手段,切实维护投资者的合法权益。

投服中心的主要业务是:持股行权、纠纷调解、诉讼与支持诉讼、投资者教育等。以下内容都属于其向投资者提供帮助的范围:

(1) 面向投资者开展公益性宣传和教育。

(2) 公益性持有证券等品种,以股东身份或证券持有人身份行权。

(3) 受投资者委托,提供调解等纠纷解决服务。

(4) 为投资者提供公益性诉讼支持及其相关工作。

(5) 中国投资者网站的建设、管理和运行维护。

(6) 调查、监测投资者意愿和诉求,开展战略研究与规划。

(7) 代表投资者,向政府机构、监管部门反映诉求。

(8) 中国证监会委托的其他业务。

中证资本市场法律服务中心

中证资本市场法律服务中心有限公司,简称中证法律服务中心,是经中国证监会批准设立的我国唯一跨区域市场的全国性证券期货纠纷公益调解机构,注册资本为 5 亿元,由中证中小投资者服务中心有限责任公司全额出资,于 2020 年 1 月 17 日在上海注册设立。其主要职能包括:构建投资者服务平台;受投资者委托,提供调解等纠纷解决服务;研究和宣传交流;为投资者自主维权提供法律服务;其他依法经相关部门批准后可开展的经营活动。

证券公司

客户在办理经纪业务过程中,针对业务事项、业务流程、业务人员,可以通过电话、信函、现场等方式向证券公司进行投诉。

证券公司通过公司网站公示公司投诉电话,各分支机构通过投资者园地公示营业部客户投诉电话、邮箱、传真及总部客户投诉电话。营业时间内应有专人值守投诉受理电话。

投资者投诉处理流程如下:投资者通过证券公司提出诉求;相关部门作出受理决定;流转内部相关部门办理;向有关部门报备处理决定;向投资者反馈处理结果;投诉处理完成资料归档;等等。投诉处理期限原则上为 20 个工作日,特殊情况可延期 20 个工作日。

证券纠纷调解程序

证券纠纷调解是指经纠纷各方当事人同意,调解组织通过说服、疏导、调和等方式,促使当事人在平等协商基础上自愿达成和解,解决证券业务纠纷的活动。

调解受理

调解申请可由当事人单方或共同向调解中心提出。《证券法》第九十四条规定,当普通投资者与证券公司发生证券业务纠纷,普通投资者提出调解请求的,证券公司不得拒绝。

调解中心收到完备的申请材料后,应当在 5 个工作日内决定是否受理,并通知申请人。受理的,通知申请人之日为受理之日。不予受理的,调解中心应当说明不予受理的理由。调解组织根据双方当事人的申请并视案情复杂程度,决定适用简易调解或普通调解程序。

调解程序

1. 简易调解

简易调解由调解组织指定工作人员通过电话或邮件等方式进行,在受理之日起 10 个工作日内完成。

经简易调解达成和解的,调解组织可以协商当事人签署调解协议或对协商一致内容进行书面确认。

简易调解自受理之日起 10 个工作日内仍未达成和解,或者纠纷当事人明确拒绝继续调解的,调解组织终止简易调解程序。

简易调解不成功的,调解组织征询双方当事人同意后,启动普通调解程序。

2. 普通调解

普通调解程序启动后,调解组织向当事人提供备选调解员名册、调解须知等相关材料,组织当事人选定调解员并在《普通调解确认书》上签字。

调解组织根据纠纷复杂程度决定普通调解由 1 名调解员进行独任调解或者由 3 名调解员组成调解小组进行调解。

由独任调解员调解的,当事人应当在 5 个工作日内协商选定 1 名调解员;由调解小组调解的,当事人应当在 5 个工作日内各自选定 1 名调解员,调解组织另行指定 1 名调解员。

当事人不能在规定期限内选定调解员的,由调解组织指定。当事人也可以直接委托调解组织代为选定调解员。当事人不同意调解组织指定或代为选定的调解员的,视为不同意调解,调解程序终结。

普通调解在确定调解员之日起 20 个工作日内调解完毕。另行确定调解员的,调解期限自调解员另行确定之日起重新计算。如遇特殊情况需延长时限的,须调解中心批准,延长不得超过 10 个工作日。

经过调解,当事人达成一致意见的,调解员在 3 个工作日内拟订《调解协议书》,并安排当事人签署。

当事人若申请调解员及调解组织在《调解协议书》上签字和盖章的,调解组织在当事人申请之日起 5 个工作日内办理完毕。

证券期货纠纷小额速调机制

证券期货纠纷小额速调机制是指针对诉求金额较少的证券期货纠纷,调解机构(中证法律服务中心)可依据有关法律法规、行业惯例等作出调解建议,如果投资者接受该调解建议,争议双方均须自觉履行。如果投资者不同意调解建议,则调解建议对争议双方均无约束力。

启动小额速调程序

中证法律服务中心在中国投资者网等指定媒体公布已经纳入小额速调机制的机构名称以及金额。在遇到证券期货纠纷时,投资者首先判断对方机构是否已经加入了小额速调机制。如对方机构已经加入了该机制,则投资者填写完成小额速调申请书后可以直接启动小额速调程序;如对方机构没有加入该机制,则投资者无法启动小额速调程序。

提交相应证据材料或答辩

投资者提出相应申请后,应提交与纠纷相关的证据材料。机构方在投资者申请书的诉求和提交的证据材料基础上进行答辩并形成答辩意见书。

调解员书面审查

由调解机构指定调解员对投资者提交的申请和证据材料和机构方提交的答辩意见进行书面审查,并在小额速调程序启动之日起 7 个工作日之内做出调解建议书。调解建议书会写明当事人信息、调解请求、建议内容和日期。

调解建议书送达

投资者同意该调解建议书的,在 10 个工作日之内将签署同意意见的调解建议书送达调解员,视为调解协议达成,机构方应无条件按照该调解建议书履行相应义务。在该期限内,投资者未将签署同意意见的调解建议书送达调解员的,则视为调解不成功,小额速调程序终止。

"总对总"证券期货纠纷在线诉调对接机制

"总对总"证券期货纠纷在线诉调对接机制(以下简称总对总诉调对接机制)是指"人民法院调解平台"与"中国投资者网证券期货纠纷在线调解平台"通过平台对接方式开展全流程在线调解、在线申请司法确认或出具调解书等诉调对接工作,全面提升证券期货纠纷调解工作的质量和效率。

职责划分

最高人民法院立案庭负责"总对总"在线诉调对接机制相关工作的统筹推进,宣传引导当事人运用调解平台化解证券期货纠纷,对证券期货纠纷调解员开展技术系统培训指导,调解平台的研发运维等;最高人民法院民事审判第二庭负责"总对总"在线诉调对接机制工作具体业务流程指导,对证券期货纠纷调解员开展业务培训等。

中国证监会投资者保护局负责统筹证券期货纠纷调解机制建设,制定证券期=货纠纷调解政策规范,建立调解组织和调解员名册及相关管理制度,指导调解组织和调解员开展在线调解和诉调对接工作等。中证中小投资者服务中心有限责任公司负责投资者网平台的日常运行、安全防护和升级优化等工作。

各级人民法院在"总对总"诉调对接机制框架下,积极与中国证监会相关派出机构、会管单位开展诉调对接工作,将符合条件的证券期货调解组织和调解员纳入本院特邀调解名册,引导当事人自愿选择调解方式化解证券期货纠纷,开展委派、委托调解工作,依法及时在线进行司法确认。

中国证监会各派出机构、相关会管单位在"总对总"诉调对接机制框架下,负责与相关人民法院开展诉调对接工作,指导对应的调解组织和调解员入驻投资者网平台,组织调解组织和调解员开展在线调解工作。

业务流程

"总对总"诉调对接机制在办理业务时,由当事人向人民法院提交纠纷调解申请后,人民法院通过调解平台向调解组织委派、委托调解案件;调解组织及调解员登录投资者网平台接受委派、委托,开展调解工作;调解完成后将调解结果录入投资者网平台,由投资者网平台将案件信息回传至调解平台,并告知相关法院。当事人也可以直接通过投资者网平台向相关调解组织提交调解申请。

调解组织接受法院委派、委托调解或自行调解成功的案件,调解员组织双方当事人在线签订调解协议或上传调解协议,鼓励双方当事人自动履行。确有必要的,可就达成的调解协议共同申请在线司法确认或者出具调解书,人民法院将在线进行司法确认或者出具调解书;未调解成功的案件由人民法院依据法律规定进行立案或者继续审理。经调解组织线下调解成功的案件,依法能够进行司法确认的,可通过调解平台进行在线司法确认。

人民法院在委派、委托案件前,应当征求当事人同意,并考虑调解组织的专业领域、规模能力、办理范围等因素。调解组织在收到法院委派、委托调解通知后,应在 5 个工作日内就是否接受委派、委托调解做出回复。

调解组织、调解员的管理

中国证监会投保局负责定期汇总并更新调解组织和调解员信息。中国证监会各派出机构、相关会管单位指导督促各调解组织负责日常管理和信息维护工作。

根据《最高人民法院关于人民法院特邀调解的规定》,中国证监会投保局将符合特邀调解组织条件的调解组织,中国证监会各派出机构、相关会管单位将对应调解组织中符合特邀调解员条件的调解员,通过调解平台推送到相应的人民法院进行确认。人民法院对于符合条件的调解组织和调解员,应当纳入本院特邀调解名册中,并在调解平台上予以确认。

最高人民法院立案庭、民事审判第二庭与中国证监会投保局共同推动将最高人民法院和中国证监会共同认定的特邀调解组织和调解员纳入各级人民法院特邀调解名册。

调解组织和调解员应当积极使用投资者网平台的音视频调解功能开展在线调解工作。各级人民法院要充分利用法院办案系统和调解平台内外连通的便利条件,落实在线委派、委托调解、调解协议在线司法确认、电子送达等工作,为在线音视频调解提供支持和保障。

特别代表人诉讼制度

特别代表人诉讼是依据《证券法》第九十五条规定提起的诉讼,即由投资者保护机构受 50 名以上投资者委托,作为代表人参加的诉讼。特别代表人诉讼的特别之处就在于首席原告只能为投资者保护机构,并且通过登记结算公司的后台数据确定原告范围。究竟多少投资者因为上市公司的欺诈发行或虚假陈述的违法违规行为受损,每个人受到多少损失,这一数据可以直接从登记结算公司后台拉取出来,即为特别代表人诉讼的原告范围。如果没有投资者明确表示退出,那么默认该名投资者加入集体诉讼当中,这便是特别代表人诉讼的"默示加入,明示退出"机制。

证券纠纷特别代表人诉讼制度是加强资本市场基础建设的重要成果,也是我国民事诉讼制度的重要创新。在资本市场实施证券纠纷特别代表人诉讼,是深入贯彻落实党中央和国务院关于对资本市场违法犯罪行为"零容忍"的精神和要求的重要举措,也是保护投资者、保障资本市场全面深化改革的有力武器,对促进资本市场高质量发展具有重要意义。

证券纠纷特别代表人诉讼制度有利于弥补以往证券民事赔偿救济乏力的制度短板,有利于强化证券违法违规行为民事责任追究,切实弥补投资者的损失。同时,它可以降低投资者的维权成本,打通投资者"维权难"痛点。

合法征集表决权

合法征集表决权，即公开征集上市公司股东权利。它是指符合一定条件的主体公开请求上市公司股东委托其代为出席股东大会，并代为行使表决权、提案权等股东权利的行为。区别于"特别代表人诉讼制度"中的征集适格投资者特别授权。

根据《证券法》第九十条，符合公开征集条件的主体主要包括上市公司董事会、独立董事、持有百分之一以上有表决权股份的股东或者依照法律、行政法规或者中国证监会的规定设立的投资者保护机构。这类主体可以作为征集人，自行或者委托证券公司、证券服务机构公开征集。

不属于公开征集的行为包括：采用非公开方式获得上市公司股东委托；未主动征集情况下受到上市公司股东委托；法律、行政法规或中国证监人规定的其他情形。

开展或参与公开征集活动，应当诚实守信，遵守法律、行政法规和中国证监会规章、规范性文件和交易所的规定，不得滥用公开征集损害他人合法权益，不得在公开征集中实施虚假陈述、内幕交易、操纵证券市场以及其他违法违规行为。禁止以有偿或者变相有偿的方式公开征集。

赋予具有专业能力的公益性投资者保护机构公开征集权具有合理性，此类机构具有专业性，且设立目的或服务宗旨就是维护投资者合法权益。其可以有效践行公开征集权保护投资者权益的初衷，使少数股东通过集中表决权的行使影响公司决策，保护中小股东利益，防止大股东专断和权力滥用。

2021年，中证中小投服中心启动公开征集股东权利——"中国宝安公司章程不当条款修改"是新证券法实施以来投保机构公开征集股东权利的首个成功范例，成为中国上市公司治理的里程碑事件。

采取公开征集方式向上市公司全体股东征集表决权的行为，对完善上市公司治理结构、保护上市公司中小股东利益意义重大。建议广大投资者可选择适合的方式，积极维护自身权益。

证券期货行政执法当事人承诺制度

证券期货行政执法当事人承诺制度是一种监管执法中行政和解的模式。所谓行政执法当事人承诺,是指国务院证券监督管理机构对涉嫌证券期货违法的单位或者个人进行调查期间,被调查的当事人承诺纠正涉嫌违法行为,赔偿有关投资者损失,消除损害或者不良影响,并经国务院证券监督管理机构认可,当事人履行承诺后国务院证券监督管理机构终止案件调查的行政执法方式。

针对调查取证存在较大困难、法律适用存在较大困难,以及能够更为及时有效地赔付投资者损失,实现监管效能等案件,经行政执法机关认可当事人作出的承诺的,应当与当事人签署承诺认可协议。签署承诺认可协议后,中止案件调查并出具中止调查决定书。

关于负面清单的规定

国务院证券监督管理机构对适用行政执法当事人承诺的申请不予受理:

(1)当事人因证券期货犯罪被判处刑罚,自刑罚执行完毕之日起未逾3年,或者因证券期货违法行为受到行政处罚,自行政处罚执行完毕之日起未逾1年。

(2)当事人涉嫌证券期货犯罪,依法应当移送司法机关处理。

(3)当事人涉嫌证券期货违法行为情节严重、社会影响恶劣。

(4)当事人已提出适用行政执法当事人承诺的申请但未被受理,或者其申请已被受理但其作出的承诺未获得国务院证券监督管理机构认可,没有新事实、新理由,就同一案件再次提出申请。

(5)当事人因自身原因未履行或者未完全履行经国务院证券监督管理机构认可的承诺,就同一案件再次提出申请。

(6)国务院证券监督管理机构基于审慎监管原则认为不适用行政执法当事人承诺的其他情形。

承诺金数额范围的规定

(1)当事人因涉嫌违法行为可能获得的收益或者避免的损失。

(2)当事人涉嫌违法行为依法可能被处以罚款、没收违法所得的金额。

(3)投资者因当事人涉嫌违法行为所遭受的损失。

(4)签署承诺认可协议时案件所处的执法阶段。

(5)需要考虑的其他因素。

承诺金测算将由投保基金公司负责测算投资者损失情况,调查部门、审理部门、证券期货交易场所、证券登记结算机构、投资者保护机构等部门单位提供必要支持。

承诺金管理机构在收到承诺金后,应当及时制定承诺金管理使用方案,并报中国证监会备案,投资者保护部门负责具体备案工作。

投资者补偿的途径

投资者因当事人涉嫌违法行为遭受损失的,可以向承诺金管理机构申请合理赔偿,也可以通过依法对当事人提起民事赔偿诉讼等其他途径获得赔偿。承诺金管理机构向投资者支付的赔偿总额不得超过涉及案件当事人实际交纳并用于赔偿的承诺金总额。投资者已通过其他途径获得赔偿的,不得就已获得赔偿的部分向承诺金管理机构申请赔偿。

金融法院及管辖案件范围

相比于传统法院,证券合同纠纷和证券侵权纠纷等金融审判工作,专业性要求高,审理难度大,对法官在数量和专业水平上要求更高。深圳、上海、北京在最高人民法院的支持下,建立了金融法庭和金融法院,充分发挥司法裁判对金融市场的规制作用,维护金融秩序,防范金融风险,促进金融法治建设。

2017年12月,深圳市中级人民法院深圳金融法庭在前海深港合作区挂牌,成为全国第一家金融法庭;2018年8月,设立上海金融法院,是全国首家金融专门法院;2021年3月,北京金融法院成立。根据最高法的授权,三家法院案件管辖的具体范围,除行政管辖外,大方面基本一致,但专业重点各有不同。

深圳金融法庭负责审理深圳市辖区内除基层法院管辖范围之外的第一审金融民商事案件、不服基层法院审理的第一审金融民商事案件裁判的上诉案件。根据最高人民法院的授权,在创业板以试点注册制首次公开发行股票并上市公司所涉证券合同纠纷和证券侵权责任纠纷的第一审民商事案件也由深圳金融法庭试点集中管辖。

以上海金融法院为例,根据最高人民法院2021年4月22日法释〔2021〕9号《关于上海金融法院案件管辖的规定》,金融案件的管辖范围具体如下。

第一条　上海金融法院管辖上海市辖区内应由中级人民法院受理的下列第一审金融民商事案件:

(一)证券、期货交易、营业信托、保险、票据、信用证、独立保函、保理、金融借款合同、银行卡、融资租赁合同、委托理财合同、储蓄存款合同、典当、银行结算合同等金融民商事纠纷;

(二)资产管理业务、资产支持证券业务、私募基金业务、外汇业务、金融产品销售和适当性管理、征信业务、支付业务及经有权机关批准的其他金融业务引发的金融民商事纠纷;

(三)涉金融机构的与公司有关的纠纷;

(四)以金融机构为债务人的破产纠纷;

(五)金融民商事纠纷的仲裁司法审查案件;

(六)申请认可和执行香港特别行政区、澳门特别行政区、台湾地区法院金融民商事纠纷的判决、裁定案件,以及申请承认和执行外国法院金融民商事纠纷的判决、裁定案件。

第二条　下列金融纠纷案件,由上海金融法院管辖:

(一)境内投资者以发生在中华人民共和国境外的证券发行、交易活动或者期货交易活动损害其合法权益为由向上海金融法院提起的诉讼；

（二）境内个人或者机构以中华人民共和国境外金融机构销售的金融产品或者提供的金融服务损害其合法权益为由向上海金融法院提起的诉讼。

第三条　在上海证券交易所科创板上市公司的证券发行纠纷、证券承销合同纠纷、证券上市保荐合同纠纷、证券上市合同纠纷和证券欺诈责任纠纷等第一审民商事案件，由上海金融法院管辖。

第四条　以上海证券交易所为被告或者第三人的与证券交易所监管职能相关的第一审金融民商事和涉金融行政案件，由上海金融法院管辖。

第五条　以住所地在上海市并依法设立的金融基础设施机构为被告或者第三人的与其履行职责相关的第一审金融民商事案件，由上海金融法院管辖。

第六条　上海市辖区内应由中级人民法院受理的对金融监管机构以及法律、法规、规章授权的组织因履行金融监管职责作出的行政行为不服提起诉讼的第一审涉金融行政案件，由上海金融法院管辖。

第七条　当事人对上海市基层人民法院作出的涉及本规定第一条第一至三项的第一审金融民商事案件和涉金融行政案件判决、裁定提起的上诉案件和申请再审案件，由上海金融法院审理。

第八条　上海市辖区内应由中级人民法院受理的金融民商事案件、涉金融行政案件的再审案件，由上海金融法院审理。

第九条　上海金融法院作出的第一审民商事案件和涉金融行政案件生效裁判，以及上海市辖区内应由中级人民法院执行的涉金融民商事纠纷的仲裁裁决，由上海金融法院执行。

上海金融法院执行过程中发生的执行异议案件、执行异议之诉案件，以及上海市基层人民法院涉金融案件执行过程中发生的执行复议案件、执行异议之诉上诉案件，由上海金融法院审理。

第十条　当事人对上海金融法院作出的第一审判决、裁定提起的上诉案件，由上海市高级人民法院审理。

2021年03月16日法释〔2021〕7号《最高人民法院关于北京金融法院案件管辖的规定》，共十三条。其中有以下三条区别性规定。

第三条　在全国中小企业股份转让系统向不特定合格投资者公开发行股票并在精选层挂牌的公司的证券发行纠纷、证券承销合同纠纷、证券交易合同纠纷、证券欺诈责任纠纷以及证券推荐保荐和持续督导合同、证券挂牌合同引起的纠纷等第一审民商事案件，由北京金融法院管辖。

第四条　以全国中小企业股份转让系统有限责任公司为被告或者第三人的与证券交易场所监管职能相关的第一审金融民商事和涉金融行政案件，由北京金融法院管辖。

第六条　北京市辖区内应由中级人民法院受理的对中国人民银行、中国银行保险监督管理委员会、中国证券监督管理委员会、国家外汇管理局等国家金融管理部门以及其他国务院组成部门和法律、法规、规章授权的组织因履行金融监管职责作出的行政行为不服提起诉讼的第一审涉金融行政案件,由北京金融法院管辖。

2022年1月11日,上海金融法院发布《关于证券纠纷示范判决机制的规定》,明确了"示范判决"机制是指法院选取若干案件作为示范案件,先行充分审理,先行裁判,促进针对同一侵权事实提起诉讼的其他案件(平行案件)通过调解等方式妥善化解。如平行案件调解不成,法院亦可参照示范案件的裁判结果对案件进行简化审理和合并审理。

投资者纠纷维权的证据、诉讼时效和救济途径

办理涉及投资事宜,要注意留取合法证据、文件资料、联系渠道,必要时积极协助调查。一旦发现自己遭受集资诈骗、财产受到不法行为侵害的线索,或者自身权益遭受其他损害时,要及时向所在地的证券监督管理部门(12386)或公安、司法机关主动报案,依法挽回财产损失。

无论采取何种解决方式纠纷,投资者应注意:

(1)保存好相关证据。平时注意保存好自己与证券营业部或相关交易方之间的凭证、能支持投资者所主张事实的相关证明,有些可以作为法律上的证据。

(2)注意诉讼时效问题。一般的证券纠纷,法律规定的诉讼时效为3年,超过3年不主张自己权利的,法院将不予保护。

(3)非法证券活动受害人救济途径。《非法金融机构和非法金融业务活动取缔办法》第十八条规定:因参与非法金融业务活动受到的损失,由参与者自行承担。此外,根据《关于整治非法证券活动有关问题的通知》有关规定:如果非法证券活动构成犯罪,被害人应当通过公安、司法机关刑事追赃程序追偿;如果非法证券活动仅是一般违法行为而没有构成犯罪,当事人符合民事诉讼法规定的起诉条件的,可以通过民事诉讼程序请求赔偿。

对目前社会影响大、侵权行为严重的涉及上市公司财务造假案的,通常情况下个人投资者可向以下三者维权:第一,上市公司;第二,为上市公司财报等做出过"背书"的中介机构,如会计师事务所等;第三,上市保荐机构。

(4)借助法律专业人士帮助。由于证券纠纷专业性比较强,涉及的法律问题也比较多,普通投资者可以向专业人士咨询,寻求指导和帮助,必要时可委托律师代理仲裁或诉讼。

认清非法金融活动,避免盲目投资和冲动交易

非法集资活动的主要表现形式

2021 年 5 月 1 日国务院颁布《防范和处置非法集资条例》,明确界定"非法集资"是指未经国务院金融管理部门依法许可或者违反国家金融管理规定,以许诺还本付息或者给予其他投资回报等方式,向不特定对象吸收资金的行为。非法集资的三要件:一是"未经国务院金融管理部门依法许可或者违反国家金融管理规定",即非法性;二是"许诺还本付息或者给予其他投资回报",即利诱性;三是"向不特定对象吸收资金",即社会性。以下总结了非法集资的五种表现形式:

(1)设立互联网企业、投资及投资咨询类企业、各类交易场所或者平台、农民专业合作社、资金互助组织以及其他组织吸收资金。

(2)以发行或者转让股权、债权,募集基金,销售保险产品,或者以从事各类资产管理、虚拟货币、融资租赁业务等名义吸收资金。

(3)在销售商品、提供服务、投资项目等商业活动中,以承诺给付货币、股权、实物等回报的形式吸收资金。

(4)违反法律、行政法规或者国家有关规定,通过大众传播媒介、即时通信工具或者其他方式公开传播吸收资金信息。

(5)其他涉嫌非法集资的行为。

随着互联网金融便利化,非法集资活动开始借助网络借贷平台、众筹平台等新型互联网金融形式,花样不断翻新,具体表现如下:

(1)假冒民营银行的名义,借国家支持民间资本发起设立金融机构的政策,谎称已经获得或者正在申办民营银行的牌照,虚构民营银行的名义发售原始股或吸收存款。

(2)非融资性担保企业以开展担保业务为名非法集资。违法销售虚假的理财产品,或以虚构的借款方,以提供借款担保名义非法吸收资金。

(3)打着境外投资、高新科技开发旗号,假冒或者虚构国际知名公司设立网站发布销售境外基金、原始股、境外上市等虚假信息,虚构股权上市增值前景或者许诺高额回报,诱骗群众向指定的账户划款,然后关闭网站,携款逃匿。

(4)以"养老"的旗号非法集资:以投资养老公寓、异地联合安养为名,以高额回报、提供养老服务为诱饵,引诱老年人"加盟投资";通过举办养生讲座、免费体检、免费旅游、发放礼品方式,引诱老年人投入资金。

(5)以高价回购收藏品为名非法集资,以廉价的纪念币、纪念钞、邮票等"收藏品"为工具,允诺有巨大升值空间并约定回购,引诱购买,骗款后逃匿。

（6）利用互联网投资中介平台，虚构投资项目，私设资金池，违规自融自担，宣称有银行监管但却未充分披露相关监管信息，以高息为诱饵，进行集资诈骗。

（7）通过发布媒体广告、举行财富讲座、散发传单、微信、博客、电子邮件等形式，以销售理财产品、基金产品等为载体，承诺高收益，向社会公众募集资金等。

（8）冒充合法平台"工作人员"，打着"××金融"的旗号猖狂诈骗。且往往针对学历偏高且重视征信的人员，以账户升级、清理网贷记录、调整贷款利率等幌子，并以"会影响征信"威胁，引导对方下载软件，共享屏幕，之后不断贷款、转账、验证，向事主行骗。

非法吸收公众存款的主要表现形式

《关于审理非法集资刑事案件具体应用法律若干问题的解释》总结了非法吸收公众存款的 12 种表现形式：

（1）不具有房产销售的真实内容或者不以房产销售为主要目的，以返本销售、售后包租、约定回购、销售房产份额等方式非法吸收资金的。

（2）以转让林权并代为管护等方式非法吸收资金的。

（3）以代种植（养殖）、租种植（养殖）联合种植（养殖）等方式非法吸收资金的。

（4）不具有销售商品、提供服务的真实内容或者不以销售商品、提供服务为主要目的，以商品回购、寄存代售等方式非法吸收资金的。

（5）不具有发行股票、债券的真实内容，以虚假转让股权、发售虚构债券等方式非法吸收资金的。

（6）不具有募集基金的真实内容，以假借境外基金、发售虚构基金等方式非法吸收资金的。

（7）不具有销售保险的真实内容，以假冒保险公司、伪造保险单据等方式非法吸收资金的。

（8）以网络借贷、投资入股、虚拟币交易等方式非法吸收资金的。

（9）以委托理财、融资租赁等方式非法吸收资金的。

（10）以提供"养老服务"、投资"养老项目"、销售"老年产品"等方式非法吸收资金的。

（11）利用民间"会""社"等组织非法吸收资金的。

（12）其他非法吸收资金的行为。

非法集资行为的三要件——非法性、利诱性、社会性

非法集资行为均同时具备三要件：

一是"未经国务院金融管理部门依法许可或者违反国家金融管理规定"，即非法性。国务院金融管理部门为"一行两会一局"，即中国人民银行，中国银保监会、中国证监会，国家外汇管理局。根据现行法律法规，凡是向不特定对象吸收资金的

行为(如吸收存款、公开发行证券、公开募集基金、销售保险等),都需经国务院金融管理部门依法许可。

二是"许诺还本付息或者给予其他投资回报",即利诱性。非法集资一般都许诺还本付息,正规金融机构的理财产品均不承诺保本保收益。

三是"向不特定对象吸收资金",即社会性。"不特定对象"即社会公众。根据最高人民法院有关司法解释,未向社会公开宣传,在亲友或者单位内部针对特定对象吸收资金的,不属于非法集资。

规避非法集资陷阱的"三要、三不"

一要理性,不要侥幸。天上不会掉馅饼,掉下来的不是"圈套"就是"陷阱"。要坚守理性底线,想想自己懂不懂;比比风险大不大,看看收益水平合不合实际;问问家人朋友怎么看,不要被赌博心态和侥幸心理蒙蔽双眼;冷静思考,自己是否真正了解该公司、产品及市场行情。

二要稳健,不要冒险。高收益意味着高风险,还可能是投资骗局,投一次就血本无归;要合理评估自身承受能力,审慎确定风险承担能力,不轻易冒险投机;认真思考,自身经济实力是否能够承受本金全额亏损的后果。

三要警惕,不要盲目。"收益丰厚、条件诱人、机会难得、名额有限"都很可能是忽悠,而盲目"随大流"本质上是一种投机心态。要理性思考,高额盈利是否符合市场规律,是否合法。

即使是民间借贷行为,根据最高人民法院发布的法释〔2020〕6号规定,当事人合同约定的借款利率、逾期利率、当事人主张的逾期利率+违约金+其他费用这三种情形下,都不能超过合同成立时一年期贷款市场报价利率的4倍(参考LPR);超过的人民法院不予支持。

谨慎识别,加强防范

投资者在接受理财咨询服务,产品销售推介,在做出投资决定前,可以通过以下几个方面来识别非法金融理财产品:

(1)核实工商登记。通过企业信用信息公示系统查询工商登记资料,确认是否是经过注册登记的合法企业。主体身份不合法、不真实,就涉嫌欺诈。

(2)看投资回报。对照商业银行贷款利率,多数情况下明显偏高的投资回报,很可能就是投资陷阱。

(3)核查相关信息。通过政府主管部门网站、公司官网去查证核实:可以合法销售的金融产品的,是否登记备案;以"证券投资咨询公司""产权经纪公司"等名义活动的,有没有合法开展业务的资质;发行公司股票、债券或股份挂牌上市,是不是经批准并在指定的股票交易所挂牌等,否则就涉嫌非法集资、非法从事证券活动。

(4)看是否阳光操作。非法集资行为往往承诺高收益,或者诓骗有"好项目"

限量发售,故作神秘;利用亲朋故友熟人圈打造"口碑陷阱",在 QQ 群、微信群等社交媒体以投资教学、互助学习等名义推广非法集资产品等。

(5)了解投资的资金去向。正规投资项目必须清楚说明资金的用途,参与投资者有进入门槛。非法集资会以便利为噱头,不设门槛,不签订正规合同,不开具合法凭据,要求把钱转给个人账户,很可能就是钱去了、人没了。

(6)咨询专业机构人士,多了解、问明白,审慎决策。经常关注媒体披露的非法集资犯罪活动和案例分析,防止不法分子频繁转移,异地故伎重演。

查处案例中非法集资活动在网络借贷、私募基金、养老服务、虚拟货币、区块链、电子商务等行业十分猖獗,甚至利用新冠疫情、复工复产等噱头开展非法集资活动。老年人、青年学生,甚至是高收入群体,往往更容易成为受害者。大城市高大上的"新型金融集聚区"、中小边远城市、居民社区、村镇街巷,都成为非法集资活动频发地区。

所以,还是要在日常社会活动中保持警惕,不仅是脑子里要防,行动上也要防,要远离非法集资陷阱,不组织、不协助、不参与非法集资活动。

办理继承、离婚时证券财产分割的要件及注意事项

我国对证券实行集中登记托管制度。根据《中国证券登记结算有限责任公司证券登记规则》和《证券非交易过户业务实施细则》(适用于继承、捐赠等情形)的规定,对继承、离婚财产分割所涉证券非交易过户,申请人可通过托管证券公司临柜申请办理。

继承所涉证券非交易过户

申请人应当提交下列材料:

(1)《证券非交易过户登记申请表》。

(2)被继承人有效死亡证明,如:死亡医学证明,查明死亡事实的继承公证书,派出所、居(村)委会、卫生站(所)出具的证明等。

(3)证券权属证明文件。

① 通过人民法院确认证券权属的,需提供法院出具的生效法律文书原件,包括:一审判决书(需同时提供法院出具的一审判决书生效证明);二审判决书;法院调解书(需一并提供法院出具的调解书生效证明或全部当事人签署的法院调解书送达回证复印件)。

② 通过调解达成调解协议的,需提供调解协议原件以及法院出具的确认文书。

③ 通过公证机构公证证券权属变更行为的,需提供确认证券权属变更的公证文书。

(4)继承人的有效身份证明文件及复印件。

(5)本公司要求的其他材料。

办理继承证券过户申请应注意下列事项:

(1)判决书、调解书、调解协议和确认证券权属变更的公证文书,应列明继承双方姓名、身份证件类型及号码;列明作为遗产的证券名称、单位、数量,以及归属情况。

(2)被继承人证券账户内的证券是否属于夫妻共同财产,继承涉及的证券只能是属于被继承人的部分,属于其配偶的部分应过户至其配偶名下。

(3)存在多个继承人的,部分继承人可以放弃继承,相关证券由其他继承人继承。但是对多个继承人在继承证券后再行签订赠与协议的非交易过户,不予办理。

(4)继承情形涉及多个继承人的,需全部过入方继承人共同申请。无法到场

的过入方继承人可出具经公证的授权委托书,委托他人办理。申请人如提供的证券权属证明文件属于法院出具的生效法律文书,所涉及的过入方无法同时到场且不进行委托授权的,申请人需向法院申请执行,按有关协助司法执行的规定协助执行。

(5)过入方如为不具开户资格的外籍自然人,可申请开立 A 股证券账户,并提供签字的《境外投资者证券账户自律管理承诺书》。

(6)涉及无民事行为能力人或限制民事行为能力人(如未成年人),其监护人要求将遗产登记在监护人名下,且上述证券权属证明文件未明确说明的,还需要提供:

① 证明监护人身份的证明文件,如:含有查明亲属关系的继承公证文书;法院的判决、裁定;户口本;居(村)委会、派出所出具的证明等。

② 监护人关于代为保管遗产的相关声明(声明内容具有关于知悉证券属于继承人,要求过户至自己名下代为保管的相关表述,并由监护人签字)。

离婚财产分割所涉证券非交易过户

申请人应当提交下列材料:

(1)《证券非交易过户登记申请表》。

(2)离婚证明文件(如离婚证、法院出具的已生效的离婚判决书、调解书等)。

(3)证券权属证明文件:

① 通过人民法院确认证券权属的,需提供法院出具的生效法律文书原件,包括:一审判决书(需同时提供法院出具的一审判决书生效证明);二审判决书;法院调解书(需一并提供法院出具的调解书生效证明或全部当事人签署的法院调解书送达回证复印件)。

② 通过公证机构公证证券权属变更行为的,需提供经公证的离婚财产分割协议。

③ 就财产分割作出明确约定的经婚姻登记机关确认的生效离婚协议。

(4)双方有效身份证明文件及复印件。

(5)本公司要求的其他材料。

办理离婚财产分割证券过户申请,应注意下列事项:

(1)判决书、调解书、经公证的离婚财产分割协议、经婚姻登记机关确认的生效离婚协议,应列明离婚双方身份信息(包括姓名、身份证件类型和号码);列明作为夫妻共同财产的证券名称、单位、数量,以及财产分割或归属情况。

(2)离婚当事人双方需同时到场申请办理,或者授权委托书(经公证)委托他人办理;申请人申请过户登记时,提供的证券权属证明文件属于法院出具的生效法律文书,另一方当事人无法到场且不进行委托授权的,申请人应向法院申请执行,按有关协助司法执行的规定协助执行。

（3）过入方如为不具开户资格的外籍自然人，可向本公司申请开立 A 股证券账户，并提供签字的《境外投资者证券账户自律管理承诺书》。

办理证券非交易过户其他注意事项

（1）投资者开户的证券公司负责受理并对文件及其内容进行真实性和有效性的审核。审核通过的，由证券公司填写《证券非交易过户申报表》提交证券登记结算公司，中登结算审核通过的，在 3 个工作日内办理过户登记。

（2）对申请人按场内交易标准缴纳印花税，收取过户费。

（3）申请人提供了国家主管税务机关出具的免税批文，按照批文的规定执行。

（4）每一单过户申请中，对不同证券的过户分别计收过户费，对同一证券的不同证券类别的过户合并计收过户费（双向收取）。其中，对国债、可转债、封闭式基金，暂不收取过户费。

第八章　行业面面观

全球主要证券交易所及主要指数

　　证券交易所是一个国家资本市场的核心标志和最重要的金融基础设施。20 世纪 60 年代以来,亚太等地新兴证券市场的证券交易所快速发展,后来居上,新兴证券市场中挂牌公司数量迅猛增长,其上市公司总市值超过万亿到数万亿美元,交易量排名居于世界前列,各国的证券交易所已成为全球主要的市场基础设施之一。

　　现代证券交易所的组织结构,大致分为两种类型,即公司制证券交易所和会员制证券交易所,各有不同的组织结构体系,无论是会员或是股东,大多数为交易所的成员单位,比如证券商、登记结算机构等。两种体制下,证券交易所的日常运营管理工作,则通过公司经理层及各职能部门保障运转。

　　以下简要介绍全球主要的证券交易所和主要(代表)指数。

纽约证券交易所

　　纽约证券交易所(New York Stock Exchange,NYSE)的起源可以追溯到 1792 年的华尔街"梧桐树协议",到 1817 年正式定名为"纽约证券交易委员会",1863 年改为现名"纽约证券交易所"。第一次世界大战结束后,纽约证券交易所超越伦敦证券交易所,成为世界上最大的证券交易所。2006 年 6 月,纽约证券交易所宣布与欧洲证券交易所合并组成纽约证交所—泛欧证交所公司(NYSE Euronext)。2021 年年末,纽约证券交易所总市值超过 28 万亿美元,其在上市公司总市值、IPO 数量及交易量等综合排名,均是全球第一大交易所。

　　纽约证券交易所主要指数:道琼斯指数(DJIA)。

纳斯达克证券交易所

　　纳斯达克证券交易所(National Association of Securities Dealers Automated Quotation,NASDAQ)始建于 1971 年,信息和服务业的兴起催生了纳斯达克。它由全美证券交易商协会(NASD)创立并负责管理,是首家完全采用电子交易的面向全球的股票市场。其应用先进的计算机和互联网信息技术,在交易方式上独树一帜。其目前也是全球成长速度最快、上市公司数最多的位列全球第二的股票市场。

　　纳斯达克证券交易所主要指数:纳斯达克指数。

欧洲交易所

　　欧洲交易所(Euronext)于 2000 年 9 月,由法国的巴黎证交所、荷兰的阿姆斯特丹证交所、比利时的布鲁塞尔证交所跨多国合并而成;2002 年收购葡萄牙里斯本证交所和伦敦国际金融期交所,形成欧洲交易所、伦交所、德交所三足鼎立的格局。欧洲交易所的有关规则和运作必须得到各国监管机构的批准。各国监管体系独立,但监管机构有协议共同协调有关市场的规则和监管。

欧洲交易所主要指数:法国 CAC40 指数、Euronext 100。

伦敦证券交易所(集团)

伦敦证券交易所(集团)(London Stock Exchange,LSE)是全球十大证券交易所之一,早在 17 世纪末还是伦敦交易街的露天市场。1773 年正式改名为"伦敦证券交易所"。伦敦作为国际化金融中心,不仅是欧洲债券及外汇交易的全球领先者,还有超过 2/3 的国际股票承销业务。伦敦证交所是国际化最领先的股票市场,上市证券种类最多,其中外国证券占 50% 左右。2019 年 6 月,上海证交所与伦敦证交所实现互联互通,又称"沪伦通"。

伦敦证券交易所(集团)主要指数:富时 100 指数。

德意志交易所集团

德意志交易所集团(Deutsche Börse AG，DBAG)成立于 1990 年,集团主要包括德国法兰克福证券交易所、世界领先的衍生交易市场 Eurex。其交易活跃程度仅次于英国伦交所,是全球领先的证券业服务提供商。其专注于为上市企业提供专业而高效的上市平台与服务以推动上市企业的发展,协助它们进入欧洲市场,并满足投资机构的需求。集团覆盖整体证券流程链,包括交易、结算、清账以及监管等。德意志交易所集团、上海证券交易所、中国金融期货交易所于 2015 年 10 月在北京签署了三方合资协议,成立"中欧国际交易所股份有限公司"(CEINEX)。

德意志交易所集团主要指数:德国 DAX30 指数。它和英国富时 100 指数、法国 CAC‑40 指数并称欧洲三大股票指数。

东京证券交易所

日本早在 1879 年 5 月成立东京证券交易株式会社。1943 年 6 月,日本政府合并所有证券交易所,成立日本证券交易所(Tokyo Stock Exchange,TSE)。其第二次世界大战后一度被解散,1949 年 1 月重新开业。东京证券交易所与大阪证券交易所(成立于 1878 年)、名古屋证券交易所(成立于 1886 年)并列为日本三大证券交易所。2011 年 11 月 23 日,东京证券交易所和大阪证券交易所正式合并。目前,东京证券交易所按其市值规模位列世界主要证券交易所之一。

东京证券交易所主要指数:日经 225 指数。

多伦多股票交易所

多伦多股票交易所(Toronto Stock Exchange,TSE)成立于1852年,目前是加拿大的主要股票交易所(以大型企业交易为主的主板市场)。加拿大所有主要商业银行(前五大行)都在多伦多证券交易所上市。多伦多股票交易所位列北美第三、全球十大交易所之列。

加拿大证券管理委员会,负责制定统一的市场规则和监管手段,代表全国10个省和3个特区的证监会的共同行动。加拿大证券管理委员会统一了加拿大的国家证券文书,并建立了联邦内贯通的"护照统",市场参与者只需向一个证监会注册并遵循统一法律,便可以进入该系统所涵盖的各省和特区资本市场。

多伦多股票交易所主要指数:标准普尔/多伦多证券交易所综合指数(S&P/TSX Composite Index)。

新加坡证券交易所

新加坡证券交易所(Singapore Exchange Limited,SGX)成立于1973年5月24日,是一家会员制公司。其有2个主要的交易板,即第一股市(Mainboard)和自动报价股市(SESDAQ,成立于1989年),1990年开设克劳白国际市场(CLUB International,自动撮合国际市场)。1999年12月1日新加坡证券交易所(SES)与新加坡国际金融交易所(SIMEX)合并,合并后的新加坡证券交易所是目前亚洲仅次于东京、香港、首尔、上海的前五大交易所,亚洲主要金融中心之一。

新加坡证券交易所主要指数:新加坡海峡时报指数(Straits Times Index,海峡指数)。

韩国证券期货交易所

1956年2月,韩国证券期货交易所(KRX)前身大韩证券交易所在首尔建立。2005年1月,原韩国证券交易所、韩国期货交易所及韩国创业板市场(KOSDAQ),合并后更名为韩国证券期货交易所(KRX),总部在韩国釜山。1975年实施POST买卖,1988年开始并行电子化交易,1997年9月全部实现电算系统,1992年1月开放直接投资,1996年7月建立KOSDAQ市场。目前韩国证券期货交易所已成为充分国际化的开放性经营和投资市场,全球超过60多个国家的投资者通过会员证券公司参与韩国股票交易。是亚洲最重要的证券市场之一。

韩国证券期货交易所主要指数:KOSPI 200指数。

巴西证券交易所

巴西证券交易所(BM&F Bovespa),起源于1890年,是巴西唯一的交易所。巴西证券交易所自20世纪60年代开始,引入基于计算机的系统、移动电话和互联网,较早实现了实时信息传播自动化系统。2007年才由国有企业性质,改制为股份制公司。2008年5月,圣保罗股市与巴西商品期货交易所合并成为现在的巴西证券交易所,是目前南美洲最大的综合性交易所。

巴西证券交易所基准指数：Bovespa指数。

印度国家证券交易所

印度国家证券交易所(NSE)成立于1992年11月。印度最早的证券交易所是1875年成立的孟买证券交易所。1894年在艾哈迈德、1908年在加尔各答建立了证券交易所。孟买证券交易所目前是印度第一大证券交易所,南亚第二大股票市场。印度国家证券交易所由一系列印度主要的金融机构、银行、保险公司和其他金融中介组成,但其独立运营。

主要指数：一个是印度国家证券交易所的代表指数——漂亮50指数(NIFTY Index,也称标准普尔50大盘股指数)；一个是印度孟买证券交易所的代表指数——印度孟买指数(BSE Sensex,也称敏感指数)。

香港交易所

香港交易所(Hong Kong Exchanges and Clearing Limited,HKEx)全称香港交易及结算所有限公司,全球主要交易所集团,港交所上市公司。香港交易所的历史可追溯到1866年,直到1891年香港经纪协会设立,成立香港第一个正式的股票市场。1969年至1972年,香港又陆续设立了远东交易所、金银证券交易所、九龙证券交易所。1986年4月香港四家交易所合并成立香港联合交易所。香港交易所是一个国际化的交易所,上市公司中有超过一半来自内地的重要企业。香港交易所旗下包括香港联合交易所、香港期货交易所、香港中央结算有限公司、期权结算和期货结算有限公司等。

香港交易所主要指数：恒生指数(Hang Seng Index)。

上海证券交易所

上海证券交易所(Shanghai Stock Exchange,SSE)1990年12月19日开业,是全国性证券交易场所。上海证券交易所致力于创造透明、开放、安全、高效的市场环境,已发展成为拥有股票、债券、基金、衍生品四大类证券交易品种的亚洲新兴市场代表,正全力打造成为国际化金融中心和科创中心。上海证券交易所的主板市场是A股"蓝筹股"比较集中的市场。此外,上海证券交易所的科创板,是中国股票发行注册制改革先行先试的市场。

上海证券交易所代表指数：上证指数、上证50指数、科创50指数。

深圳证券交易所

深圳证券交易所（Shenzhen Stock Exchange，SZSE）1990 年 12 月 1 日开业，是全国性证券交易场所。深圳证券交易所履行市场组织、市场监管和市场服务等职责。深圳证券交易所立足于服务实体经济和国家战略全局，建立起以主板和创业板为特色、监管规范透明、运行安全可靠、服务专业高效的多层次资本市场体系。其中，注册制创业板定位于主要服务成长型创新创业企业，支持传统产业与新技术、新产业、新业态、新模式深度融合。

深圳证券交易所代表指数：深圳成指、创业板指。

台湾证券交易所

台湾证券交易所（Taiwan Stock Exchange Corporation，TWSE）全称台湾证券交易所股份有限公司，1961 年 10 月 23 日获批成立，1962 年 2 月 9 日对外开业。台湾证券交易所为主掌中国台湾股票上市公司交易市场的商业机构。

台湾证券交易所代表指数：发行量加权股价指数。

按上市公司股票总市值比较，2021 年年末排名全球前十大证券交易所中，纽约证券交易所约 28 万亿美元，纳斯达克证券交易所约 22 万亿美元，分别居第一、第二位；上海证券交易所 52 万亿人民币，居第三位；香港交易所约 54 万亿港元；深圳证券交易所 40 万亿人民币。

中国内地上海证券交易所、深圳证券交易所，都是实行自律性管理的会员制事业法人单位，设会员大会、理事会和专门委员会。会员大会是证券交易所的最高权力机构。理事会是证券交易所的决策机构，对会员大会负责。此外，2021 年 9 月北京证券交易所建立，则是按照公司制的结构来组建的，股东大会是证券交易所的最高决策机构，董事会是经营决策机构，对股东大会负责。

世界证券大事记

　　思想启蒙、工业革命、城市(镇)化是近 300 年来推动人类社会进步的三部曲,彻底改变了人类的生存方式和社会面貌。公司制度毫无疑问是人类社会经济活动中最伟大的制度创新之一,而资本市场的发展又为公司制度的不断演进、日益壮大提供了重要的基础条件。证券交易所成为一个国家资本市场具有标志性的重要基础设施。资本市场作为居民财富配置的优选工具,加速了一国乃至全球的资本流动,推动了技术创新、企业并购和产业整合,证券市场被视为社会经济活动的晴雨表,因而也成为历次大大小小金融危机爆发的中心。

　　围绕全球证券市场大事这个主线,以时间和国家(地区)为轴线,我们收集、整理、收录了 800 余条相关信息,在有限的资料范围内,尽可能保证信息准确和完整。若以 1551 年(英国)世界第一家股份公司——俄罗斯公司(MUSCOVY 公司)公开发行股票这一年算起,股份制公司制度至今已走过了 470 余年。股票交易出现在中国,起初也是外国股份公司的股票。其中有文献记录的可追溯到 1866 年香港地区的股票买卖,到 1869 年上海十里洋场"茶会"交易,再到 1872 年由中国人采用发行股票筹资兴办的招商总局在上海成立,股票作为发展实业的融资工具发展至今,前后也历经 150 多年了。

　　中国 1918 年到 1921 年,在北京(原北平)、上海等主要城市,由政府主导开办了规范化的证券交易所,并以法规的形式逐步建立了相对完整的证券、期货交易制度体系。

　　1992 年 1 月 18 日至 2 月 21 日,中国改革开放和现代化建设的总设计师邓小平同志在南方谈话中指出:"证券、股市,这些东西究竟好不好,有没有危险,是不是资本主义独有的东西,社会主义能不能用? 允许看,但要坚决地试。"中国证券市场自此实现了历史性突破和跨越式发展。

一月

1 月 1 日

　　中国,2021 年 1 月 1 日,上海、深圳证券交易所调整退市规则。A 股主板、中小板、创业板、科创板全面实施新的退市制度。

　　中国,2016 年 1 月 1 日,指数熔断机制正式宣布实施,沪深大盘指数受此影响连续下挫,1 月 8 日暂停实施。

　　新加坡,1990 年 1 月 1 日,新加坡和马来西亚企业停止在对方的证券交易所相互交叉挂牌上市。

法国,1986 年 1 月 1 日,法国巴黎证券交易所开办金融期货市场。

美国,1941 年 1 月 1 日,《1940 年投资公司法》正式生效。

日本,1906 年 1 月 1 日,首次发行外国货币公司债券,以北海道炭矿铁道公司在伦敦发行 100 万英镑抵押公司债券。

1 月 2 日

中国,2004 年 1 月 2 日,以南方证券被行政接管为起点,证券行业开始了对因经营管理不善,存在重大风险隐患的证券公司实施风险处置。2006 年 4 月 30 日,风险处置基本结束,有 19 家证券公司被关闭,1 家破产重整。

中国香港,1988 年 1 月 2 日,法国东方银行发行香港首只与金价挂钩的 10 亿港元"牛熊"债券。

英国,1996 年 1 月 2 日,英国开办金边债券回购业务。

美国,1919 年 1 月 2 日,美国纽约证券交易所(NYSE)为债券交易安装行情自动接收机。

1 月 3 日

中国,1996 年 1 月 3 日,中国颁布《境内上市外资股的规定》,准许发行境内上市外资股。

法国,1983 年 1 月 3 日,法国政府颁布《迪莱法》允许发行可转换公司债(FCPR)。

1 月 4 日

英国,1551 年 1 月 4 日,英国世界第一家股份公司——俄罗斯公司(MUSCOVY 公司),公开发行面值 25 英镑,总值 6 000 英镑股票。此后又出现了一些在全球有影响力的股份制公司:1577 年,西班牙公司;1579 年,东方公司;1581 年,近东公司(土耳其公司);1588 年,非洲公司;1600 年,东印度公司;等等。

1 月 5 日

中国,1950 年 1 月 5 日,中国 1949 年以后首次发行以实物为计算标准的"人民胜利折实公债"。

中国香港,1972 年 1 月 5 日,香港"九龙证券交易所有限公司"(九龙会)成立,为香港早期四间交易所之一。

1 月 6 日

美国,1914 年 1 月 6 日,世界上最大投资公司——美国芬纳证券投资公司在纽约创办。

1 月 7 日

中国,1999 年 1 月 7 日,中国广东佛山鹰牌控股有限公司获准在新加坡上市,为国内首家赴新上市的乡镇企业。

英国,1981 年 1 月 7 日,英国伦敦 7 家银行(巴克莱、米兰、西敏寺、汇丰、麦加利、美国化学、花旗)共同决定在伦敦建立特别提款权市场,并发行以特别提款权为面额的定期存单。

1 月 8 日

中国,2016 年 1 月 8 日,上交所、深交所、中金所暂停实施指数熔断机制。

1 月 10 日

中国,2012 年 1 月 10 日,中国证监会宣布,致力于保护投资者利益的投资者保护局正式成立。

中国,1992 年 1 月 10 日,《上海市人民币特种股票(B 股)管理办法》颁布,标志上海 B 股市场建立。

美国,2001 年 1 月 10 日,纳斯达克市场"超级蒙太奇"(Super Montage)新型电子交易系统获美国联邦证券管理机构批准。

1 月 11 日

中国,1999 年 1 月 11 日,经中国证监会批准,首批 10 家证券公司为综合类证券公司,59 家公司获经纪资格,另有 21 家公司被取消经纪资格,行业全面实施证券公司分类管理。

1 月 12 日

中国,1988 年 1 月 12 日,中国国际信托投资公司在伦敦与 18 家国际银行签署发行 150 亿日元 5 年期欧洲日元债券协议,首次在欧洲发行日元债券。

中国香港,1998 年 1 月 12 日,香港百富勤公司破产,恒生指数跌破 8 000 点大关。

1 月 13 日

日本,1995 年 1 月 13 日,日本股市"黑色星期五",日经指数暴跌,英国巴林银行因投机日经指数产生巨亏,后宣布倒闭。

1 月 14 日

中国,1994 年 1 月 14 日,深圳证券登记公司发布《深圳上市证券转托管暂行办法》。

1 月 15 日

中国,2020 年 1 月 15 日,中美两国在美国华盛顿正式签署第一阶段经贸协议。美国证券、基金、保险、期货、评级无限制进入中国市场。

英国,1760 年 1 月 15 日,罗伊·查德的哈德逊湾公司宣布开业,它是伦敦证券交易所上市公司中历史最悠久的一个。

1 月 16 日

中国,1997 年 1 月 16 日,中国证监会发布《公开发行股票公司信息披露的内容与格式准则》第一号,统一了上海证券交易所、深圳证券交易所的上市公告书和上市公司信息披露标准。

1 月 17 日

中国,1995 年 1 月 17 日,仪征化纤 1 亿股 A 股在上交所采用上网定价发行,中国股票史上首例。

美国,1991 年 1 月 17 日,受海湾战争爆发的影响,道·琼斯指数暴涨114.60点收于 2 623.51 点,创史上单日涨幅最高纪录。

1 月 18 日

美国,1980 年 1 月 18 日,纽约黄金价格由一周前的 159 美元猛增到 802 元。

法国,2008 年 1 月 18 日,法国银行因一封交易确认邮件,引爆"巨额欺诈交易"事件,损失高达 49 亿欧元,事件主角是交易员热罗姆·凯维埃尔(因此被称为"流氓交易员")多次擅自设立仓位,大量投资于欧洲股指期货(押注美债危机后看涨),主因是监管机制缺失和银行风控漏洞。

1 月 19 日

中国,1992 年 1 月 19 日,邓小平"南巡"视察深圳,并就中国证券市场发表重要讲话,极大促进了中国证券市场的发展。

1 月 20 日

美国,1957 年 1 月 20 日,由旧金山证券交易所和洛杉矶证券交易所合并成立的太平洋证券交易所正式开业。

1 月 21 日

英国,1946 年 1 月 21 日,英国数学家银行发起成立股票发行公司协会(Issuing Houses Association)。英国著名公司法与证券(投资)法专家、南安普敦大学教授高尔(LCB Gower)公布著名的"高尔报告"(Gower's Report)。其核心是:证券(投资)管理,应实行以法律为后盾的自律体制,并接受政府监督的模式,后被英国政府采纳。

1 月 22 日

中国,2021 年 1 月 22 日,中国证监会正式批准设立广州期货交易所。

法国,1988 年 1 月 22 日,颁布单行法《法国证券交易法》。

1 月 23 日

中国,1996 年 1 月 23 日,财政部在美国(纽约)发行 4 亿美元(包括 7 年期 3 亿美元,100 年期 1 亿美元)扬基债券承销仪式,首次进入国际超长期债券市场。这对美国而言,也是外国主权发行体在美国第一次发行 100 年期债券。

法国,1991 年 1 月 23 日,波尔多、里尔、里昂、马赛、南希、南特六个地方交易所合并。

1 月 24 日

德国,1991 年 1 月 24 日,开设 DAX 期货期权交易。

1 月 25 日

日本,1989 年 1 月 25 日,被称为"巨型政治风暴"的日本"利库路特"股票贿赂案发,波及 200 余人,涉嫌政府官员 30 人。

1 月 26 日

德国,1990 年 1 月 26 日,设立证券期货市场(DTB),并开设指数期货(DAC)和债券交易。

1 月 27 日

美国,1927 年 1 月 27 日,通过《麦克法顿法》,禁止银行跨洲设立分行,但准许银行经过货币监理官批准后可以承销股票,此举加剧了 1929 年股灾。

1 月 28 日

中国,1981 年 1 月 28 日,国务院公布《国库券条例》,并于 1981 年 7 月 1 日发行 40 亿 5 年期国库券,实发 49 亿元。

1 月 29 日

中国,1982 年 1 月 29 日,中国国际信托投资公司在东京发行 100 亿日元私募债券,这是 1949 年以后中国第一次海外发行债券。

1 月 30 日

中国,1898 年 1 月 30 日,清朝政府官员黄思永奏请政府发行内债——"昭信股票",为我国第一次发行国内公债,取意为昭大信于民之意,总额 1 亿两白银。黄思永成为国内公债创始人。

美国,1989 年 1 月 30 日,美国证券工业工会宣布,美国证券市场的交易额中,亚洲所占份额超过欧洲。

1 月 31 日

德国,1917 年 1 月 31 日,"无限制潜艇政策"宣布,导致道琼斯指数大跌至 87 点,跌幅 26%。

** 中国,1914 年秋,上海股票商业公会正式成立。

** 中国,1869 年(清同治八年),上海最早出现有西洋代理券商从事国际股票买卖交易。中国股票的交易都是在上海福州路的茶馆里完成。投资人在茶馆交换信息,洽谈交易,口头成交,时人称之为"茶会"。

** 英国,1864 年,英国第一家投资信托公司——TR 北美投资信托公司成立,主要投资美国铁路公司企业债和其他证券投资。

** 英国,1873 年,英国罗伯特富莱明,在丹地市(Dundee)开办"苏格兰美洲信托"。

** 荷兰,1822 年,荷兰国王威廉一世创立了第一个私人共同基金,集中投资者的资金并委托专人运作。

** 荷兰,1774—1776 年,荷兰人亚伯尔汗·冯·凯特维希,创设了量子基金(Quantity Fund)和偏好和谨慎基金(Favorable and Cautious),这是世界上最早出现的基金。

** 荷兰,1612 年,荷兰东印度公司股票在阿姆斯特丹交易所交易。1623 年,英国开始仿效。

  荷兰,1611年,阿姆斯特丹证券交易所创立。这些都是世界上最古老的证券交易所。

二月

2月1日

中国,2023年2月1日,证监会宣布全面实施股票发行注册制启动,2023年2月17日正式实行。

中国,1950年2月1日,北京证券交易所开业。

中国香港,1989年2月1日,香港联合交易所推出所有普通股指数。

卢森堡,1961年2月1日,世界第一笔"欧洲债券"在卢森堡发行。

法国,1983年2月1日,法国成立"次级市场"。

2月2日

中国,1992年2月2日,上海申银证券公司发行了中国第一张中外合资企业股票"联合实业",1992年3月27日挂牌上市。

2月3日

中国,2020年2月3日,受新冠疫情暴发的影响,年后首个交易日A股上证指数暴跌超过7.7%,2月4日继续大幅低开,2个交易日累计下跌近10%,创一年来的新低2685点。

中国香港,1891年2月3日,香港股票经纪协会(又称香港股份总会)成立,1914年易名为香港证券交易所。

2月5日

中国,2021年2月5日,中国证监会批准深圳证券交易所主板与中小板合并,4月6日实施两板合并。

中国,1993年2月5日,中国司法部、中国证监会联合发布《关于从事证券法律业务及律师事务所资格确认暂行规定》。

2月6日

中国香港,1991年2月6日,《香港公司购回本身股份守则》颁布。

2月7日

日本,1959年2月7日,日本首次美元公债发行。

中国香港,1990年2月7日,香港期货交易所推出利率期货。

2月8日

中国,1936年2月8日,国民政府宣布《统一债务条例》。

2月9日

中国,2015年2月9日,上证50ETF期权在上海证券交易所"首秀"。

中国台湾,1962年2月9日,台湾证券交易所公司正式开业。

英国,1971年2月9日,伦敦交易所采用市场价格显示装置——闭路电视系统,传递股票行情。

2月10日

中国,1993年2月10日,广东汽车集团通过其香港公司"骏威投资"公开招股上市,成为首家内地在香港上市企业。

中国,2001年2月10日,中国证监会发布《网上证券委托暂行管理办法》,首批核准23家证券公司开展网上证券委托业务的资格。

2月11日

韩国,1956年2月11日,韩国政府出资成立大韩股票交易所。2005年1月,韩国合并证券(KSE)、期货(KOFEX)及创业板市场(KOSDAQ),更名其为韩国证券期货交易所(KRX)。韩国资本市场成为亚洲地区重要的新兴市场之一。

美国,1915年2月11日,查理·美里尔和爱德华·林奇合伙成立美里尔——林奇公司。两位年轻人因准确预计1929年经济大萧条而名声大振,后来该公司成长为世界最大证券公司与投资银行之一。

2月13日

中国,2001年2月13日,史美伦任中国证监会副主席。这是首位由海外专业人士担任中国政府部门重要职务。

美国,1989年2月13日,素有"垃圾债券之王"之称的德崇证券公司破产,此后波及垃圾债券市场和众多为其提供担保的银行。

日本,1989年2月13日,东京地方检察院逮捕利库路特公司董事长江副浩正,罪名是利用股票行贿。

2月14日

中国,2000年2月14日,改革和完善新股发行,自2月22日起向二级市场投资者配送售新股。

法国,1942年2月14日,公布有关法律规定,只有具备一定条件的专业者方可进入巴黎证券交易所交易。

2月15日

美国,1973年2月15日,纽约证券交易所安装电脑控制的市场资料系统,向全球金融中心提供交易行情,取代传统的电话、电报、电传等交易媒介。

美国,1971年2月15日,美国第一套"全国证券商协会自动报价系统"在康涅狄格州的特鲁穆尔建成。

2月16日

美国,1982年2月16日,美国堪萨斯农产品交易所获批开展股票指数期货,该所是美国最早开办股指期货的交易所,申请历时5年。

2月17日

中国,1996年2月17日,上海最大一起挪用公款购买国库券案宣判,涉案金额

3 608 万元,损失 139 万元。

中国,1995 年 2 月 17 日,"西藏明珠"A 股在上交所上市,至此上市公司覆盖了中国所有的省、自治区、直辖市。

2 月 18 日

新加坡,1987 年 2 月 18 日,新加坡证券交易所"交易与自动报价系统"开始运行,标志着新加坡第二个证券市场的诞生。

美国,1971 年 2 月 18 日,纽交所公布《纽约证券交易所章程》。

2 月 19 日

美国,1964 年 2 月 19 日,《证券法修订条例》通过,将店头市场纳入正规,同时成立全国证券商协会。

美国,1938 年 2 月 19 日,《曼罗尼法》在国会通过,该法是《1934 年证券交易法》的延伸,满足场外交易市场证券商的自律要求。

2 月 20 日

法国,1986 年 2 月 20 日,法国金融证券期货市场开业。它成为仅次于芝加哥期货交易所和芝加哥商业交易所的世界第三大期货交易所。

2 月 21 日

中国,2001 年 2 月 21 日,中国证监会、外管局发布《关于境内居民个人投资境内上市外资股若干问题的通知》,允许境内居民以合法持有外汇开立 B 股交易账户、交易 B 股股票。同月 2 月 28 日,B 股复牌全面涨停。

中国,1952 年 2 月 21 日,北京证券交易所关闭停业。

中国香港,1914 年 2 月 21 日,"香港股票经纪协会"更名为"香港证券交易所"。

2 月 22 日

德国,2001 年 2 月 22 日,德国交易所股份有限公司向德国二板市场上市的吉加贝尔公司发出第一张"红牌",2 月 26 日被摘牌,后成为德国二板市场第一家提出破产申请的公司。

2 月 23 日

中国,2001 年 2 月 23 日,中国证监会发布《亏损上市公司暂停上市和终止上市办法》。

中国,1995 年 2 月 23 日,上海国债期货"3.27 风波"发生。

2 月 24 日

俄罗斯,2022 年 2 月 24 日,俄罗斯对乌克兰发动特别军事行动,欧美等西方多国对俄能源出口等领域实施一系列制裁,加剧多国通货膨胀。

日本,1937 年 2 月 24 日,日本经纪人藤本创立"藤本票据经纪商"的有价证券投资组织。这是具有证券投资信托性质的机构,是日本投资基金的第一个正式法人组织。

日本,1930 年 2 月 24 日,日本人寿保险公司出资组建"生命证券"投资公司,这是日本投资基金的萌芽。

2月25日

中国,1992年2月25日,深圳证券交易所启用电脑自动撮合竞价交易系统,实现由手工向电脑自动撮合的过渡。

2月26日

中国香港,1985年,香港商品交易所举行特别会员大会,通过更名为"香港期货交易所"的决定。

美国,2021年2月26日,华尔街期权市场针对美股GME.US股价"散户联合逼空做空机构"的戏剧性一幕,致空头亏损超过50亿美元。

2月27日

英国,1995年2月27日,英国央行宣布,英国商业投资银行——巴林银行因经营失误倒闭,因其新加坡分行负责人未经授权从事巨额期货投机交易亏损至少40亿美元,巴林倒闭案在亚洲、欧洲、美洲引起金融界剧烈动荡。

2月28日

中国,1997年2月28日,上交所发布《关于对股票基金交易实行公开信息制度的通知》。

中国,1992年2月28日,深南玻A、B股同时在深交所上市,标志着深圳股市开始步入国际化。

日本,2001年2月28日,央行宣布减息,日经指数反应疲软,继续下跌,当日收报12 681.66点,创1985年来新低。

** 中国,1935年,因孔祥熙、徐堪等人操纵,发生"二三关税库券"风潮。

** 英国,1973年,伦敦证券交易所同时设在格拉斯哥、利物浦、曼彻斯特、伯明翰、爱尔兰都柏林等地的证券交易所合并,合并后仍称"伦敦证券交易所"。

** 英国,1877年,出现国库券,英国成为世界上最先利用国库券筹措短期资金解决财政问题的国家。

** 英国,1812年,伦敦证券交易所取得官方承认,并发行了第一本证券交易蓝皮书。

** 英国,1773年,伦敦股票经纪商们聚集在"乔纳森"(New Jonathan's)咖啡馆,挂着"证券交易所"的招牌,经纪商们在此进行股票交易活动,此即为伦敦证券交易所的前身。

** 英国,1711年,南海公司认购1 000英镑政府债券,换取对南美贸易垄断权;1720年,南海公司再次购买3 100英镑国债,条件是政府允许其发行同等数量的股票。此后南海公司又增发新股吸引投资者竞相购买,将股价推高;1720年8月,南海公司抛出持有的全部股票,股价暴跌,称为"南海泡沫事件"。

** 英国,1694年,世界上第一家股份制银行——英格兰银行成立,其拥有资本金 120 万英镑。1694 年,英格兰银行决定发行首期金边债券,为英法战争提供贷款,该债券同时在证券交易所上市交易。

** 英国,1600 年,英东印度公司成立,是英国最早、规模最大、影响最广的股份公司。英国政府授权其经营好望角以东(主要是印度和中国)的垄断贸易,1833 年 8 月 23 日,英国议会通过了取消东印度公司对华贸易特权法案,东印度公司被英国政府取代。

** 英国,1568 年,出现第一次有记录的股票交易,并产生证券经纪人的雏形。

** 德国,1402 年,出现证券集中交易的场所。

** 法国,1141 年,法国出现证券集中交易的场所,是最早证券市场的雏形。

三月

3 月 1 日

中国,2020 年 3 月 1 日,企业债券发行实施注册制(国家发展改革委注册)。

中国,1993 年 3 月 1 日,飞乐音响的内部职工股挂牌上市交易。国内股份制企业内部职工股首只上市交易。

美国,1983 年 3 月 1 日,芝加哥期权交易所开始公布 CBOE100 指数,开始指数期权买卖。

3 月 2 日

英国,1995 年 3 月 2 日,巴林银行事件主要负责人尼克·里森在法兰克福被捕。

3 月 3 日

中国,1997 年 3 月 3 日,中国证监会发布《证券市场禁入暂行规定》。

日本,1971 年 3 月 3 日,日本政府制定《日本外国证券业者法》。

3 月 4 日

中国,1994 年 3 月 4 日,深交所公布《深圳证券交易所异常处理暂行办法(试行)》。

3 月 5 日

中国香港,1993 年 3 月 5 日,香港期货交易所推出恒生指数期权交易。

英国,1995 年,国际荷兰集团同意收购已破产的巴林银行。

3 月 6 日

中国香港,2000 年 3 月 6 日,香港联合交易所、期货交易所、结算所三家合并,成立香港交易及结算有限公司。

法国,1986 年 3 月 6 日,法国巴黎证券交易所首次早场交易问世。

3 月 7 日

冰岛,2010 年 3 月 7 日,冰岛通过全民公决,否决了由政府所达成的向英国和荷兰偿还巨额赔款的协议,选择了"国家信用破产",引发"欧债危机"。

美国,1997 年 3 月 7 日,华尔街臭名昭著的大骗子史蒂芬·霍芬伯格被判入狱 20 年。

3 月 8 日

中国,1995 年 3 月 8 日,国务院正式批准中国证监会机构编制方案,成为国务院直属事业单位,行使监管执行职责,依法对证券市场、期货市场进行监督所和管理。到 1999 年 7 月 1 日,36 家地方证监局挂牌成立,全国统一的证券期货监管体制确立。

英国,2022 年 3 月 8 日,伦敦金属交易所(LME)上演金属镍的逼空事件,直接原因是俄乌军事冲突,其导致伦敦停了俄罗斯的交割资格。随后 LME 宣布,取消所有在伦敦时间 2022 年 3 月 8 日凌晨 00:00 和之后的镍交易。

3 月 9 日

沙特,2020 年 3 月 9 日,沙特推"自杀式"石油降价,导致国际原油价格出现崩盘,拖累全球股市开启暴跌模式,主要股指、期指单日跌幅超过 4%,晚间美道琼斯、标普 500、纳斯达克三大股指低开,触发自 1997 年 10 月 27 日以来的第二次熔断,恢复交易后道琼斯指数继续下跌了 2 060 点。

英国,1945 年 3 月 9 日,股票交易委员会创立。

3 月 10 日

中国,1993 年 3 月 10 日,海南证券交易报价中心首次推出股票指数期货交易。

中国,1921 年 3 月 10 日,北洋政府农商部颁布《证券交易所课税条例》,这是中国史上第一部证券交易税条例。

日本,1994 年 3 月 10 日,日本证券业协会认定上海交易所为日本"指定外国证券交易市场"。

美国,1815 年 3 月 10 日,美国《纽约商业广告人》正式发布了 24 只股票的交易行情,是美国最早的股市行情报道。

3 月 11 日

中国,1995 年 3 月 11 日,上海证券交易所决定开办金融债券、建设债券、企业债券等各类债券回购业务。

中国香港,1947 年 3 月 11 日,"香港证券交易所"与"香港证券经纪协会"合并为"香港证券交易所有限公司"。

日本,1943 年 3 月 11 日,日本政府公布《日本证券交易法》。

3 月 12 日

全球,2020 年 3 月 12 日,欧美股市连日"跌跌不休",主要指数单日跌幅超过 8%,巴西、韩国、泰国、印尼、巴基斯坦的股市先后触发熔断暂停交易。纽约股市一周内第二次熔断,加拿大股市触发熔断,道琼斯、标普 500、纳斯达克收盘跌幅超过 9%。

中国,1999 年 3 月 12 日,中国证监会发布《证券投资基金信息披露指引》。

中国香港,1993 年 3 月 12 日,港督政府抛出"政改方案",导致恒指开盘后半小时暴挫 200 点。

美国,2023 年 3 月 12 日,美国硅谷银行因储户挤兑,股价爆跌,传出关闭消息,13 日美国财政部、美联储、美国联邦存款保险公司发布联合声明,将采取行动确保该行储户资金安全,美联储推出"银行定期融资计划(BTFP)"。此事件波及多家美国中小银行股价剧烈波动,并蔓延至欧洲金融市场。

3 月 13 日

中国香港,1989 年 3 月 13 日,香港中央结算公司成立。此后,中央结算与交收系统 1992 年 6 月 24 日开通运行。

中国香港,1973 年 3 月 13 日,合和公司假股票案发,引起香港股市暴跌。

美国,1848 年 3 月 13 日,芝加格期货交易所(CBOT)成立,它是美国最早和最重要的交易所。

3 月 14 日

中国,2000 年 3 月 14 日,中国证监会决定 4 月起转配股上市流通。

中国,1948 年 3 月 14 日,天津有价证券交易所开张。

美国,1812 年 3 月 14 日,美国国会批准第一批战争债券,发行量 1 100 万美元。

3 月 15 日

中国,2013 年 3 月 15 日,《证券公司私募产品备案管理办法》发布。

中国,1989 年 3 月 15 日,证券交易所研究设计联合办公室在国家体改委指导下,由九家全国性非银行金融机构发起设立,该机构是中国资本市场的主要参与者和创建者。

中国香港,1971 年 3 月 15 日,香港金银证券交易所有限公司(俗称金银会)成立。

3 月 16 日

美国,2020 年 3 月 16 日,纽约三大股指低开,全天大幅收跌,一月内三次触发熔断。截至当天收盘,道琼斯指数跌 2997 点,跌幅达 12.9%,标准普尔 500 指数跌幅接近 12%,纳斯达克指数跌幅 12.3%。

美国,1999 年 3 月 16 日,道琼斯指数突破万点大关,是美国长达 25 年牛市的重要里程碑。

日本,1992 年 3 月 16 日,日经指数跌破 2 万点大关,到 4 月上旬跌破 1.6 万点,比 1989 年最高点 3.89 万点跌幅近 6 成,创史上下跌最高纪录。

日本,1898 年 3 月 16 日,日本劝业银行发行第一期有奖劝业债券 100 万元,这是日本最早的金融债券。

3 月 17 日

中国,2001 年 3 月 17 日,中国证监会宣布取消股票发行审批制,实行核准制下的通道制,开启券商投行业务的平台模式,到 2003 年 12 月进一步改革发行制度,实行保荐制。

中国,1996年3月17日,证券市场首次写入国民经济和社会发展"九五"计划纲要。

3月18日

中国,2021年3月18日,北京金融法院成立。

中国,1997年3月18日,修订后的《中华人民共和国刑法》公布,明确规定了多项证券犯罪及量刑标准。

法国,2000年3月18日,阿姆斯特丹交易所、布鲁塞尔交易所、巴黎交易所签署协议合并,2000年12月22日泛欧交易所成立,总部位于巴黎,为当时世界上第五大交易所。

3月19日

中国,1997年3月19日,中国和日本的证券监管部门签订谅解备忘录,为中国企业在日本融资奠定了基础。

美国,2018年3月19日,媒体披露Facebook涉嫌非直接泄密用户资料,导致超过5 000万用户信息被一家名为Cambridge Analytica的公司泄露,公司股票2日连续下挫9%,市值蒸发500亿美元,并拖累其他科技股下挫。

瑞士,2023年3月19日,因陷入流动性危机,瑞士联邦政府宣布瑞士信贷银行被瑞士银行集团以全股票方式收购。瑞士金融市场监管局(FINMA)根据瑞士联邦委员会法令,将面值约160瑞士法郎的"瑞信AT1"减记"清零"这成为金融市场可转债投资风险的典型案例。

3月20日

荷兰,1602年3月20日,荷兰政府特许成立"荷兰东印度公司",允许其发行股票募集660万荷兰盾初始资本。

3月21日

中国,2019年3月21日,A股首例主动退市公司——上海普天邮通科技公告退市。

中国,2001年3月21日,中国证券登记结算公司在北京成立并承接了上海证券交易所、深圳证券交易所两地市场的全部登记结算业务。

美国,1924年3月21日,波士顿马萨诸塞金融服务公司设立马萨诸塞投资信托基金(Massachusetts Investment Trust,MIT),这是美国第一个现代意义的共同基金。

法国,1983年3月21日,巴黎建立方便中小企业发行证券融资的"第二市场"。

3月22日

中国,1993年3月22日,深交所B股交易改以美元挂牌标价,同年6月28日,又改以港币挂牌标价。

中国,2018 年 3 月 22 日,白宫宣布将对中国出口美国的约 600 亿美元的商品征收关税,中国商务部次日公布拟对美进口产品加征关税清单,引发纽约和沪深股市大跌,媒体称之为"中美贸易战"开始。2018 年 7 月 10 日,白宫公布增加 2 000 亿美元的商品征收关税。叠加中国"金融去杠杆"的系列措施,至 2018 年 10 月 19 日,A 股上证指数震荡下行跌破 2 450 点,创下 2015 年 6 月 12 日 5 178 点以来的三年新低。

3 月 23 日

中国,1998 年 3 月 23 日,中国证监会批准发行"基金金泰"和"基金开元",同年 4 月 7 日分别在上海证券交易所、深圳证券交易所挂牌,标志着首批证券投资基金进入市场。

美国,2020 年 3 月 23 日,美联储推出史无前例的无上限量化宽松,美国政府抛出高达 2 万亿美元的财政刺激政策。同年 3 月 24 日,早盘日经 225 收涨 7％,欧洲股市富时 100、法 CAC40、德 DAX 上涨均超过 8％,晚间美道琼斯单日涨 2 112 点,涨幅 11.37％,标普 500,涨幅 9.38％,纳斯达克,涨幅 8.12％。

美国,2001 年 3 月 23 日,美国全国证券商协会(NASD)规定,通过网上向客户推荐股票,与电话、邮件所做的建议一样,受同样的法规约束。

美国,1992 年 3 月 23 日,美联储批准美洲银行和太平洋证券公司合并,其后成为花旗银行之后的美国第二大银行。

3 月 24 日

美国,1998 年 3 月 24 日,纳斯达克证券市场宣布合并美国证券交易所,保留其独立运作。

3 月 25 日

中国,1997 年 3 月 25 日,证券委颁布《可转换公司债券管理暂行办法》。

日本,1873 年 3 月 25 日,日本政府公布《新旧公债证书发行条例》,为整理旧藩债务发行公债共计 2 339 万日元,这是日本国债发行的开始。

3 月 26 日

中国,2023 年 3 月 26 日,国务院批准组建国家金融监督管理总局。

中国,2018 年 3 月 26 日,人民币国际原油期货正式在上海开市。

美国,1980 年 3 月 26 日,美国证券和交易委员会批准扩展期权市场。

3 月 27 日

中国,1987 年 3 月 27 日,国务院发布《企业债券管理暂行条例》。

3 月 28 日

日本,1947 年 3 月 28 日,日本大藏省公布《证券交易法》,自 1948 年 4 月 13 日起实施。

3 月 29 日

中国,1993 年 3 月 29 日,深圳交易所与路透社 IND 网络联通,开始向全球提供交易行情。

美国,1933 年 3 月 29 日,《1933 年证券法》制定,实行联邦政府登记制度。该法对世界各国证券市场有深远影响。

3 月 30 日

日本,1931 年 3 月 30 日,日本公布《抵押证券法》。

3 月 31 日

香港,1995 年 3 月 31 日,香港股票期货面世,最先推出汇丰及电讯股票期货。

中国,2010 年 3 月 31 日,上交所、深交所开通融资融券交易。

＊＊美国,1792 年,美国《纽约日报》《兰登参考》报道交易商们每天中午在华尔街 22 号协商交易信息,后首次提出"证券市场"的概念。

四月

4 月 1 日

中国,1998 年 4 月 1 日,《上海证券交易所全面指定交易制度试行办法》发布生效。

中国,1987 年 4 月 1 日,始建于 1908 年的交通银行经重新组建后正式对外营业,成为中国第一家全国性的国有股份制商业银行,中国金融业改革开启。

日本,1949 年 4 月 1 日,日本东京证券交易所、大阪证券交易所、名古屋证券交易所成立。

4 月 2 日

中国香港,1986 年 4 月 2 日,香港联合交易所开业。由联合交易所编制的香港指数正式发布,基期为 1 000 点,成分股 45 只,每 15 分钟计算公布一次。

中国台湾,1980 年 4 月 2 日,复华证券金融公司正式成立,台湾证券市场的信用交易制度从此建立。

4 月 3 日

中国,1991 年 4 月 3 日,深交所发布深圳股票综合指数,基期为 100 点,同日,深圳股票实现集中交易和集中过户。

4 月 4 日

中国,1948 年 4 月 4 日,国民政府令证券交易所取缔"递延交割"业务,此后证券交易限制以现货交割,禁止经纪人场外交易。

欧洲,2007 年 4 月 4 日,泛欧证券交易所和纽约证券交易所集团(NYSE Group)合并为纽约泛欧交易所(NYSE Euronext)——第一个全球证券交易所。其全球总部设在巴黎和阿姆斯特丹,纽约则仍是美国的总部。

美国,2001 年 4 月 4 日,纳斯达克综合指数报收 1 638.80 点,为 1980 年 10 月以来最低点,比前一年 2000 年 3 月的最高点跌去 2/3。

4月5日

中国,1993年4月5日,中国人民银行深圳分行发布《深圳证券交易所A股认股权证交易清算办法》。

美国,1768年4月5日,美国纽约州建立商会,会址设在曼哈顿区的华尔街上,它为美国股票市场的形成创造了前提条件。

4月6日

中国香港,1992年4月6日,香港联合交易所终止编制香港指数及其分类指数,普通股指数维持不变,其分类指数增加到7种,普通指数以1986年4月2日为基期日,以1000点为基数。

4月8日

中国,1993年4月8日,首批证券商信用评级结果由中国诚信证券评估有限公司向社会公布。

4月9日

中国,1996年4月9日,上交所即日起按公司性质分类发布行情,分工业、商业、地产、公用事业和其他五类。

中国香港,1984年4月9日,香港发行10亿港元5年期债券,这是1948年以来香港首次发行债券。

美国,2001年4月9日,纳斯达克完成十进制报价交易,全美国股市实现从分数制到小数报价制转换。

4月10日

中国,1996年4月10日,中国以国债为工具的公开市场业务操作系统正式启动。

英国,1962年4月10日,英国《金融时报》开始编制"《金融时报》综合精算股票指数",按加权平均法计算500种股价平均数以及金融集团、商业集团和其他集团中所有股票的价格指数。

4月11日

中国,2018年4月11日,《关于支持海南全面深化改革开放的指导意见》发布,海南建省战略定位于:全面深化改革开放试验区、国家生态文明试验区、国际旅游消费中心、国家重大战略服务保障区。

4月12日

中国,1996年4月12日,深圳证券交易所决定实施上市公司董事会秘书制度。

中国香港,1989年4月12日,香港立法局三读通过《1989年证券及期货事务监察委员会条例》。

4月13日

中国,2004年4月13日,德隆集团因持有股票崩盘、资金链断裂陷入危机,称"德隆事件"。德隆,1986年创建于乌鲁木齐,2000年在上海注册了德隆国际战略投资有限公司,曾经囊括了包括证券、信托在内19家金融机构,百余家子孙公司。通过证券市场参与并购重组迅速扩张成为巨型民营企业集团。

4月14日

中国,2000年4月14日,中国证监会批准实施《网上证券委托暂行管理办法》。

中国香港,1993年4月14日,港股受即将举行政治会谈消息的刺激急升,创下四项纪录。恒指创新高6 789.74点;单日指数升幅最高371.53点;全日成交额最高77.38亿元;单日市值增加额最高900亿元。

4月15日

中国,1993年4月15日,中国人民银行深圳分行公布零碎股交易办法。

中国香港,1992年4月15日,香港中资企业——中国置业在港上市,这是中资驻港企业首次直接上市。

中国香港,1991年4月15日,香港证券及期货交易所监察委员会批准《香港股份购回守则》,当日生效。

美国,1974年4月15日。美国纽约证券交易所兼并纽约期货交易所,从而进入金融期货行业。

4月16日

中国,2010年4月16日,沪深300股指期货合约上市交易。

中国,1991年4月16日,深圳证券交易所经批准正式开业,于1990年12月1日开始试营业。

美国,2010年4月16日,美国证券交易委员会(SEC)指控高盛集团销售基于次贷业务的抵押债务债权,涉嫌欺诈投资者。

荷兰,1984年4月16日,荷兰阿姆斯特丹证券交易所开设欧洲债券交易市场,进行10万美元以下的欧洲债券交易。

4月17日

美国,1978年4月17日,纽约证券交易所1977年开始建立的市场间交易体系(ITS)在纽约和费城股票交易所试运行,此后又被波士顿、辛辛那提、太平洋等其他交易所采用,将美国七大证券交易所连接起来。

4月18日

中国,1997年4月18日,中国财政部颁布《中华人民共和国国债托管管理暂行办法》,对国债实行集中统一托管。

中国台湾,1977年4月18日,台湾证券交易所将股票平均价格指数编制工作移交《经济日报》,名称改为"经济日报价格指数",逐日编算发表。

美国,2001年4月18日,受美联储降低隔夜拆借利率50基点的影响,道琼斯指数猛涨398.91点,涨幅3.9%,纳斯达克指数暴涨156.40点,涨幅8.13%。

4月19日

中国,1995年4月19日,上海证券交易所推出A股自动查询系统。

4 月 20 日

中国，2022 年 4 月 20 日，《期货和衍生品法》正式立法，于 8 月 1 日起实施。

中国，1999 年 4 月 20 日，中国第一家经营商业银行不良资产的中国信达资产管理公司成立。

美国，2020 年 4 月 20 日，美油 5 月原油期货早盘中跌破 9 美元/桶，收盘每桶－37.63 美元，历史上首次跌入负值，创下自 1986 年 4 月以来的历史收盘新低。

英国，1989 年 4 月 20 日，英国伦敦国际金融期货交易所（LIFFE）决定推出德国马克利率期货。此前一天，法国巴黎金融期货交易所（MATIF）也宣布推出同一期货交易。

4 月 21 日

中国，2018 年 4 月 21 日，全国股转系统同港交所在北京签署合作谅解备忘录，启动新三板＋H 股两地挂牌上市试点。

中国，1988 年 4 月 21 日，国务院批准上海、沈阳、深圳、广州、武汉、重庆、哈尔滨成为首批开展国库券转让业务的城市，转让 1985 年、1986 年国库券。

美国，1982 年 4 月 21 日，美国芝加哥商品交易所推出标准普尔 500 股票指数期货交易。

4 月 22 日

中国，1993 年 4 月 22 日，国务院颁布《股票发行与交易管理暂行条例》。

中国，1991 年 4 月 22 日，深圳股市 5 种股票无一成交，创成交为零的历史最低纪录。

美国，1903 年 4 月 22 日，纽约证券交易所迁址到华尔街 11 号至今。

4 月 23 日

中国，2008 年 4 月 23 日《证券公司风险处置条例》公布施行。

中国，2001 年 4 月 23 日，上海证券交易所挂牌的"水仙电器"股份被终止上市，开启了 A 股"退市第一股"。

日本，1870 年 4 月 23 日，日本在伦敦公开募集 100 万英镑公债，用于建设新桥至横滨的铁路，标志着日本公债发行的开始。

4 月 24 日

美国，1935 年 4 月 24 日，美国《公用事业控股公司法》以及证券和交易委员会 U-50 条款通过，要求公用事业类证券发行必须进行"竞价投标"，该规则同样适用于市政债券的发行。

4 月 25 日

中国，2001 年 4 月 25 日，中国证监会对"亿安科技"案涉案的广东 4 家投资顾问公司做出行政处罚决定，没收违法所得 4.49 亿元并处等量罚款，开出深圳股票交易以来的最重罚单。

中国香港，1991 年 4 月 25 日，香港证券及期货事务监察委员会否决香港联交所优先配股权的议案,此事被称为"黄宜弘事件"。

4月26日

日本,1989年4月26日,东京证券交易所上市债券期货、期权。

美国,1937年4月26日,美国芝加哥期权交易所(CBOE)宣告成立。

4月27日

中国,2018年4月27日,中国人民银行等机构联合发布《关于规范金融机构资产管理业务的指导意见》,全面规范银行、信托、证券、基金、期货、保险及金融资产投资公司的资管业务,首次将金融机构资产管理业务纳入统一监管体系,全面启动"降杠杆"进程。金融机构表外"通道"业务大幅度萎缩,A股指数迭创新低,股票质押风险暴露,一批互联网融资平台倒闭。

4月28日

中国,2018年4月28日,中国证监会《外商投资证券公司管理办法》公布施行,取消了对境外股东累计持股比例不超过49%的限制,为扩大开放外资进入证券公司提供了法规依据。

美国,1942年4月28日,道琼斯工业平均指数当日跌至92.92点,受第二次世界大战影响,从1937年3月10日的194.90点,五年下跌52%。

4月29日

中国,2005年4月29日,发布《关于上市公司股权分置改革试点有关问题的通知》,采取国有股和法人股非流通股东补偿流通股东后换取上市流通的方式启动"股权分置"改革,同年9月4日,中国证监会发布《上市公司股权分置改革管理办法》。

英国,1988年4月29日,英国第一部综合性地对投资企业进行全面管理及全面保护投资者利益的法律——《1986年金融服务业法》正式生效,同时废止《1958年防止欺诈(投资)法》。

4月30日

中国,1999年4月30日,国泰、君安两家证券公司宣告合并为"国泰君安",成为当时中国最大的证券公司。

中国台湾,1968年4月30日,《证券交易法》公布并实施。

美国,1993年4月30日,美国证券和交易委员会正式承认上海证券交易所及深圳的3家结算银行为合格证券托管机构。

日本,1889年4月30日,日本长崎市发行30亿日元自来水管铺设公债,这是日本首次发行地方债。

＊＊中国,1988年4月,深圳特区证券公司开始柜台交易深发展等深圳"老五股"。

＊＊美国,1921年4月,美国国际证券信托(International Securities Trust of

America)成立,这是美国首家投资信托公司。

    ** 美国,1865 年 4 月,美国库克公司计划发行 50 亿美元债券,最终发行了 80 亿美元,这是美国当时数额最大的一次发行。

    ** 德国,1991 年 4 月 3 日,法兰克福证券交易所安装了 IBIS——证券交易统一信息系统,该系统提供 30 种蓝筹股和 30 种政府债券的信息。

    ** 美国,1978 年,国会通过《破产法改革法案》,规定股东和债权人对公司重组和变现行为享有平等投票权,且有 2/3 一致同意方能通过。

    ** 英国,1977 年 4 月,英国新《公司法》出台,规定持股 5％或以上必须向公众披露信息。

五月

5 月 1 日

中国香港,1989 年 5 月 1 日,香港证券及期货事务监察委员会成立。

美国,1975 年 5 月 1 日,美国证券和交易委员会要求交易所取消固定佣金制,结束了美国长达 183 年的固定佣金历史。

欧洲,1995 年 5 月 1 日,欧洲证券经纪商协会自动报价系统(EASDAQ)在比利时宣告成立。

5 月 3 日

中国,2017 年 5 月 3 日,中国证监会发布《区域性股权市场监督管理试行办法》,将全国区域性股权市场纳入多层次资本市场体系。

中国,1993 年 5 月 3 日,上海证券交易所首次公布分类股价指数,分为工业、商业、地产、公用事业及综合五大类。

5 月 4 日

中国,2018 年 5 月 4 日,大连商品交易所铁矿石期货,正式实施引入境外交易者。这是继本年推出原油期货之后,期货市场国际化的第二大举措。

中国香港,1989 年 5 月 4 日,世界银行在香港发行 5 亿港元 6 年期不记名债券,利息10.125％,这是世界银行首次在香港市场发行债券。

5 月 5 日

中国,1993 年 5 月 5 日,原国家工商行政管理局制定的《期货经纪公司登记管理暂行办法》正式公布,这是中国首部期货市场法规。

5 月 6 日

中国,1935 年 5 月 6 日,国民政府实业部颁布《交易所交易税条例》。

中国香港,1996 年 5 月 6 日,香港恒指服务公司宣布推出恒生亚洲指数。

中国香港,1986 年 5 月 6 日,香港恒生指数期货开始交易,这是香港第一个金融期货交易品种。

美国,1982 年 5 月 6 日,美国纽约期货交易所开办纽约证券交易所综合指数期货交易。

5 月 7 日

中国,2001 年 5 月 7 日,中国证监会分别在上海、深圳、西安、济南、成都、广州、沈阳、天津和武汉证管办,成立了稽查局或稽查处。

中国,1992 年 5 月 7 日,中国人民银行成立证券管理办公室,这是我国第一个全国性证券管理专门机构。

5 月 8 日

中国,2018 年 5 月 8 日,野村证券向中国证监会申请开办合资券商,持股51％,这是继中国金融领域扩大开放后第一家计划在中国全面开展在岸业务的日本证券公司。

中国,1995 年 5 月 8 日,郑州百文股票交易量异常增大,引起市场极大关注,监管介入调查,后被称为"百文事件"。1996 年 6 月 8 日,中国证监会对该事件的责任者做出强制减持、没收非法营利、罚款和警告处理。

5 月 9 日

中国,2000 年 5 月 9 日,上海证券交易所开始发布上证基金指数,基期指数为1000 点。

日本,1949 年 5 月 9 日,日本证券业协会联合会成立,其主旨是促进会员间公正圆满完成有价证券的买卖及其他交易,保护投资者利益。

日本,1910 年 5 月 9 日,日本政府在法国巴黎发行 4.5 亿法郎债券,这是日本首次发行法郎公债。

5 月 10 日

中国,1993 年 5 月 10 日,上海证券中央登记结算公司正式运营,全新的 B 股登记结算系统正式上线。

美国,1985 年 5 月 10 日,美国商品期货交易委员会指定费城期货交易所为金融期货合约交易场所,在该所上市的合约包括 NOC 指数、英镑、法国法郎、瑞士法郎、马克、澳元、日元、加元的期货合约。

5 月 11 日

德国,1866 年 5 月 11 日,普鲁士和奥地利的战争导致英国股票市场暴跌,这天被称为"黑色星期五",英国著名的奥弗伦·格尼公司在此次股市危机中倒闭。

5 月 12 日

美国,1834 年 5 月 12 日,美国最早的股票指数——由考尔和弗里其编制的一系列铁路股票价格指数发布,该指数包括 8 只铁路股票,采用几何平均法计算。

5 月 13 日

中国,1995 年 5 月 13 日,《证券从业人员资格管理暂行规定》颁布。

5 月 15 日

中国香港,1987 年 5 月 15 日,香港联合交易所第一任主席李福兆,涉嫌利用联交所主席权力,批准日资熊谷组有限公司的 6 700 万股新股上市,并从中获取特别利益,其于 1990 年 10 月 17 日被香港最高法院判决受贿贪污罪名成立,入狱四年。

美国,2001 年 5 月 15 日,美联储再次下调 0.5 个联邦基金利率,以刺激经济增长,这是年内的第五次下调。

5 月 16 日

中国,1997 年 5 月 16 日,针对河北威远、东大阿派、深能源、泸州老窖等股票的异常波动,上交所做出暂停交易的决定,这是中国首例对因异常波动股票暂停交易处理。

中国香港,1985 年 5 月 16 日,澳洲基本工业银行在香港市场发行 4 000 万欧洲货币单位债券,期限 8 年,这是香港首次发行该币种债券。

美国,1972 年 5 月 16 日,世界上最早的金融期货市场在美国芝加哥成立,后续推出了货币、黄金、公债、抵押存款、商业票据等期货合约。

5 月 17 日

美国,1792 年 5 月 17 日,24 位证券经纪人在纽约一棵梧桐树下进行有价证券交易并达成"美国梧桐树协定",规定了经纪人的联盟与合作规则以及交易会员制度雏形,约定按固定比例(0.25%)向客户收取佣金。这被认为是纽约交易所的前身。

5 月 18 日

中国,1999 年 5 月 18 日,在经历了长达两年的持续低迷期后,国务院批准了中国证监会《关于进一步规范和推进证券市场发展的若干政策的请示》,5 月 19 日行情反转上涨。

中国,1995 年 5 月 18 日,国债期货交易暂停,受此消息刺激,A 股市场跳空高开,沪市高开 130 点,全日涨幅 30.99%,深市高开 190 点,全日涨幅 23.46%,两市单日成交量创历史最高纪录。

美国,1994 年 5 月 18 日,所罗门兄弟宣布为美国亚洲银行发行 3.5 亿美元的首批亚洲按揭证券,从而推动了香港债券市场的发展。

5 月 19 日

中国,1999 年 5 月 19 日,持续低迷的股票市场在国务院的新政扶持下,沪深股市由科技股带动开始反转,并强劲上涨,上证指数在一个月不到的时间上涨幅度将近 30% 达到 1387 点,后称"5·19 行情"。

5 月 20 日

中国,1921 年 5 月 20 日,上海股票商业公会经改组,上海华商证券交易股份有限公司(Shanghai China Merchants Stock Exchange,Ltd)成立并开业,1945 年 8 月 18 日,该交易所停业解散。

英国,1997 年 5 月 20 日,英国工党政府宣布取消英格兰银行对银行业的监管职能,并将该项职能转交给英国证券与投资委员会(SIB)。

5 月 21 日

中国,1991 年 5 月 21 日,上海股票交易市场开始实行自由竞价,沪市股价全部开放,受此影响,指数飙升。1996 年 12 月 16 日,上海证券交易所、深圳证券交易所重新恢复实施 10%涨跌停板制度。

5 月 22 日

中国,1997 年 5 月 22 日,证券委、人民银行、国家经贸委联合发文规定,严禁国有企业和上市公司炒作股票(禁止动用银行信贷资金和股票发行募集资金炒作股票)。

5 月 23 日

中国,2001 年 5 月 23 日,中国证券业协会投资者教育工作会议在北京召开,时任中国证监会副主席史美伦发表了《加强投资者教育是证券中介机构的应尽职责》的重要讲话,此次会议奠定了证券业开展投资者教育工作的基础。

中国,1999 年 5 月 23 日,内地券商增资扩股启动,湘财证券首家获准增资至 10 亿元,这是中国证监会批准的第一家增资扩股券商,此后中国证券行业开始第一轮大规模增资扩股。

中国,1987 年 5 月 23 日,上海市人民政府发布《上海市股票管理暂行办法》。

中国,1985 年 5 月 23 日,中国银行在法兰克福同 7 个国家 10 家银行签署协议,在联邦德国发行 1.5 亿马克公募债券,这是中国首次进入欧洲资本市场。

5 月 24 日

英国,2001 年 5 月 24 日,伦敦股票交易所正式公布公司化并寻求上市,以此提升其作为欧洲主要交易所的地位。

新加坡,1973 年 5 月 24 日,新加坡证券交易所有限公司成立,同年 6 月 4 日开业。

5 月 25 日

中国,1999 年 5 月 25 日,中国证监会发布《外国证券类机构驻华代表机构管理办法》。

5 月 26 日

中国,1999 年 5 月 26 日,国务院讨论并原则通过《期货交易管理暂行条例》,同年 6 月 2 日正式颁布,定于 9 月 1 日正式实施。

美国,2001 年 5 月 26 日,众议院通过布什政府 1.35 万亿美元的减税法案,这是 1981 年以来减税幅度最大的一次。

5 月 27 日

日本,1986 年 5 月 27 日,日本政府制定《日本有价证券投资顾问业管理办法》。

加拿大,1987 年 5 月 27 日,多伦多证券交易所引进了包含 35 种交易最为活跃股票的平均价格指数。

5 月 28 日

中国,1990 年 5 月 28 日,深圳市政府在《深圳特区报》刊发了《关于加强股票市场管理,取缔场外非法交易的通告》,第一次由政府出面打击股票黑市。

中国香港,1992年5月28日,香港证券及期货事务监察委员会根据《证券交易所合并条例》授权,正式确定中央结算公司为唯一认可结算所,同时批准了两项相关业务规则。

5月29日

美国,1996年5月29日,道琼斯公司推出几种中国股票指数,分别为道琼斯中国指数、上海指数和深圳指数。

5月31日

日本,1988年5月31日,日本政府制定《金融期货交易法》。

日本,1890年5月31日,日本大阪铁道公司发行26.85万日元的债券,这是日本首次发行公司债券。

** 中国,1995年5月,中国沈阳市房地产开发公司首次面向社会公众公开发行五年期企业债券,这是恢复债券发行以来的首家企业债券。

** 印度,1992年,印度孟买股票交易所爆出诈骗丑闻——以迈赫塔为首的经纪人、银行家、官员,以诈骗方式从国家银行系统抽出巨额资金操纵市场,重创了印度的金融系统,并导致证券市场罢工一个月。

** 奥地利,1820年,奥地利国民银行的股票成为德国第一个挂牌交易的股票,在法兰克福证券交易所上市。

** 美国,1793年,美国汤迪(Tontine)咖啡馆建成后,梧桐树下的交易转往咖啡馆进行,当时拍卖的证券大约有7种,其中包括纽约银行的股票,参与的经纪人都有座位,此后经纪人的成员身份被称为"席位"。

六月

6月1日

中国,2018年6月1日,MSCI宣布即日起,首次226只A股被正式纳入"MSCI中国A股被国际通用指数"。

中国,2008年6月1日,《证券公司监督管理条例》正式施行。

中国,2004年6月1日,《证券投资基金法》施行。

中国,1949年6月1日,天津证券交易所开业,并制定了《证券交易所暂行营业简则》。

美国,1934年6月1日,美国国会根据联邦证券法,成立证券和交易委员会(Securities & Exchange Commission)对证券业进行监管,委员会由5位委员组成,是一个独立的、非政党性的机构。

欧洲,1988年6月1日,即日起欧洲清算系统、赛得尔国际债券清算机构、国际债券交易员协会,共同推行ACE结算指示标准化程序。

6 月 2 日

1995 年 6 月 2 日,全球 17 大期权及期货市场的监管机构发表了《温莎宣言》(Windsor Declaration),对跨不同市场交易行为监管的国际合作及发展提出倡议。

1988 年 6 月 2 日,以米兰银行总裁戴维森为首的 6 名专家组成的证券业检讨会,对香港市场进行全面考察后,发表了《证券业检讨委员会报告书》(《戴维森报告书》),本报告成为香港证券市场改革重组的"圣经"。

6 月 3 日

中国,1999 年 6 月 3 日,中国证监会发布《关于企业发行 B 股有关问题》的规定,B 股上市取消上市前的预选。

中国,1993 年 6 月 3 日,中国证监会发布《申请公开发行股票公司报送材料的标准格式(试行)》和《招股说明书的内容与格式(试行)》。

日本,1940 年 6 月 3 日,东京证券交易所设立公开股票处理委员会。

6 月 4 日

日本,1951 年 6 月 4 日,日本《证券投资信托法》颁布实施。

6 月 5 日

中国,1918 年 6 月 5 日,北京证券交易所开业,公司为股份有限公司,股本100 万元,市场组织仿照欧美日各国证券交易所。

6 月 6 日

中国,2018 年 6 月 6 日,中国证监会发布《存托凭证发行与交易管理办法(试行)》,进一步扩大资本市场对外开放,为创新企业在 A 股融资铺路。

美国,1934 年 6 月 6 日,美国政府颁布《1934 年美国证券交易法》,同年 7 月1 日生效,该法要求在二级市场交易的证券必须进行信息充分披露,由 SCE 对披露事宜进行监管并制定规则,充当法律行政官的角色。该法是对《1933 年证券法》补充。

6 月 7 日

中国香港,1985 年 6 月 7 日,香港当局宣布动用外汇基金 20 亿港元,接管海外信托银行,这是继"恒隆"后香港第二家被接管的银行,受此消息影响,当日香港恒指暴跌 86 点。

6 月 8 日

中国香港,1992 年 6 月 8 日,香港证券市场的延长结算与交收时限,由 T＋1 改为 T＋2,以配合即将开始实施的中央结算与交收系统。

6 月 9 日

中国香港,2000 年 6 月 9 日,香港联交所宣布,计划与纽约证交所、东京证交所、澳大利亚证交所、泛欧证交所等 10 家世界主要交易所联手,建立一个全球24 小时虚拟交易平台。

日本,1987 年 6 月 9 日,日本大阪证券交易所开始一揽子股票期货交易(包括

50 种股票）。

6 月 10 日

中国，1993 年 6 月 10 日，中国国家体改委公布《到香港上市公司章程必备条款》。

6 月 11 日

中国，2021 年 6 月 11 日，贝莱德获批，成为中国首家外商独资公募基金公司。

美国，1981 年 6 月 11 日，美国国会通过《经济恢复税案》，相关措施给股市带来强有力的支持。

美国，1933 年 6 月 11 日，《格拉斯—斯蒂格尔银行法》通过，规定商业银行与投资银行业务分离，设立联邦存款保险公司，存款账户利率设上限（Q 条例），禁止向活期存款付息等，对稳定金融市场起到积极作用，也对各国金融体制产生深远影响。

美国，1890 年 6 月 11 日，美国国会通过《谢尔曼反托拉斯法》。

6 月 12 日

中国，2020 年 6 月 12 日，中国证监会发布实施注册制下的《创业板首次公开发行股票注册管理办法（试行）》及配套制度。

中国，2018 年 6 月 12 日，对 QFII 和 RQFII 取消每月汇出比例限制和本金锁定期要求，允许其进行外汇套保。这标志着在总额度管理下的投资自由进出。

中国，2015 年 6 月 12 日，A 股上证指数创 2008 年以来的新高 5 178.19 点后震荡下跌，在市场降杠杆和熔断机制的影响下，2016 年 1 月 27 日创最低 2 638.30 点，跌幅近 51％。

中国，2001 年 6 月 12 日，国务院颁布《减持国有股筹集社会保障资金管理暂行办法》。

日本，1989 年 6 月 12 日，日本大阪证券交易所开始上市日经平均指数期权。

美国，1986 年 6 月 12 日，美国司法部以证券舞弊、提供伪证、逃税等指控股市黑手丹尼斯·莱文，引发丹尼斯·莱文终极内幕案。

6 月 13 日

中国，2018 年 6 月 13 日，中兴通讯根据与美国 BIS 达成的协议，将支付 14 亿美元民事罚款、更换董事会高管、协调员督导等为期 10 年的新拒绝令，媒体称"中兴事件"。

中国，2014 年 6 月 13 日，《沪港股票市场交易互联互通机制试点若干规定》发布。

中国，1882 年 6 月 13 日，上海《申报》刊登有股份制评论文章《劝华人集股说》。

6 月 14 日

中国，2001 年 6 月 14 日，中国证监会对外发布《关于申请设立基金管理公司若干问题的通知》。

美国,2001 年 6 月 14 日,美国证券业协会(SIA)公布 13 条守则,其中规定不允许分析师发表偏颇的研究报告,分析师应提出客观分析,以免导致投资者误判。

英国,1977 年 6 月 14 日,英国政府决定出售不列颠石油 17% 的权益,约 6670 万股,总额 5.6 亿英镑,成为当时最大的一笔交易。

6 月 15 日

中国,2015 年 6 月 15 日,A 股结束持续一年的上涨态势快速下跌,并引发 2015 年"股灾"。

中国,1991 年 6 月 15 日,中国人民银行深圳分行颁布《深圳市证券机构管理暂行办法》。

6 月 16 日

中国,1997 年 6 月 16 日,银行间债券交易启动,品种限于各种可流通并可用作回购的国债,且只能在全国银行同业拆借市场成员间进行,采用询价方式逐笔成交。

6 月 17 日

中国,1996 年 6 月 17 日,国务院证券委发布《证券经营机构股票承销业务管理办法》。

日本,1878 年 6 月 17 日,日本大阪证券交易所获得创立许可,注册资本 20 万日元,每股 100 日元,发起人以外的股本通过刊登广告募集,同年 8 月 15 日正式营业,上市品种包括两种股票、三种公债。

6 月 18 日

法国,1986 年 6 月 18 日,法国计算机支持交易系统投入使用,该系统模拟多伦多证券交易所的 CATS 系统和东京的核心系统,支持所有在法国和外国上市的证券交易。

6 月 19 日

中国,1993 年 6 月 19 日,中国内地和香港《证券监管合作备忘录》在北京签署。

英国,1995 年 6 月 19 日,伦敦股票交易所(LSE)建立了替代投资市场(AIM),专为小公司及处于发展阶段的公司发行股票融资,该市场监管较为宽松,且面向专业投资人。

6 月 20 日

中国,2007 年 6 月 20 日,《合格境内机构投资者境外证券投资管理试行办法》发布。

德国,1896 年 6 月 20 日,颁布《证券交易法》,批准建立"法兰克福证券交易所"(FWB)。

6 月 21 日

中国,2017 年 6 月 21 日,MSCI(明晟公司)官方宣布将中国 A 股纳入 MSCI 新兴市场指数体系。

中国,2013 年 6 月 21 日,大陆和台湾《海峡两岸服务贸易协议》签署,双方承诺开放服务业市场。

中国台湾,1961 年 6 月 21 日,颁布实施《台湾证券商管理办法》。

日本,1989 年 6 月 21 日,日本东京金融期货交易所开业。

6 月 23 日

英国,2016 年 6 月 23 日,英国退欧公投脱欧,引发英镑暴跌。

法国,1986 年 6 月 23 日,法国巴黎证券交易所连续市场开业,交易时间为当地上午 10 时至下午 5 时,最初的交易品种只有 10 多种交易活跃的股票。

6 月 24 日

英国,2016 年 6 月 23 日,英国经全民公投后,6 月 24 日宣布脱离欧盟。

日本,1991 年 6 月 23 日,日本媒体报道野村证券总经理辞职,随后又是日兴证券总经理辞职,起因是日本四大证券公司存在给予大客户损失补偿和涉嫌与黑社会、暴力集团有牵连的问题,丑闻曝出后东京股市大幅下挫。

6 月 26 日

中国,1997 年 6 月 26 日,深圳证券交易所当日上市股票 7 只,当日沪、深两市共有 10 只股票挂牌,这十只股票分别是上交所的精美股份、海南航空(B 股)和禾嘉股份,深交所的长城电脑、五一文、福建双菱、南方摩托、西南化机、西飞国际和锌业股份。

6 月 27 日

美国,1921 年 6 月 27 日,美国纽约路边交易所主席爱德华·麦科密克宣布正式取消旧的证券交易制度,至此有 130 年历史的美国露天交易市场正式结束。

美国,2001 年 6 月 27 日,纳斯达克公司宣布裁员 10%,在发表的声明中称新股上市急剧减少是导致公司境况不佳的原因之一。

6 月 28 日

中国,2017 年 6 月 28 日,证券、基金、期货业协会,以及上海证券交易所、深圳证券交易所、全国中小企业股份转让系统,分别发布了"证券期货投资者适当性管理办法"实施指引,自 7 月 1 日正式实施。

中国,2015 年 6 月 28 日,央行宣布实施定向降准并同时下调人民币贷款和存款基准利率。这是自 2014 年 11 月的降息降准"连环组合"以来的第四次降息、第三次降准。

英国,1978 年 6 月 28 日,英国建立证券业理事会(CSI),这是一个非法定监控实体。1985 年证券与投资者委员会建立后,该理事会被撤销。

英国,1932 年 6 月 28 日,英国创立信托投资公司协会(ATIC)。这是一个为信托投资而创立的协会,有 175 个会员。

6 月 29 日

中国,2001 年 6 月 29 日,中国证监会发布关于上市公司和拟上市公司按照"新会计准则"进行财务信息披露、编制比较财务报表的要求。

中国,1996年6月29日,上证指数专家委员会公布"上证30指数"30只样本股名单,自7月1日起正式发布"上证30指数"。

美国,2001年6月29日,美国哥伦比亚特区上诉法院,驳回联邦地方法院法官托马斯·杰克逊2000年6月作出的将微软公司分割为两家公司的判决,要求指定一名新法官重新审理该案件。

6月30日

中国,2000年6月30日,深圳证券交易所第二交易结算系统正式启用,从7月1日起双机并行运行,日综合处理能力达2 000万笔,比原系统处理能力提升3倍。

日本,1943年6月30日,日本证券交易所在东京设立,注册资本金2亿元,政府出资4 738万日元,同时东京证券交易所和大阪证券交易所结束了它们66年的历史,并与其他11家交易所成为日本证券交易所的分部。1947年4月16日,日本证券交易所宣告解散。

＊＊巴西,1890年,巴西证券交易所的前身——圣保罗证券交易所(BOVESPA)成立,这是拉美地区最古老的证券交易所之一。2008年5月,其与巴西商品期货交易所(BM&FBOVESPA)合并,成为南美最大的股票发行市场。

＊＊美国,1817年,纽约证券交易会(New York Stock Exchange Board)成立,1863年更名为纽约证券交易所(New York Stock Exchange, NYSE)。1865年,纽约证券交易所迁到华尔街百老汇大街,交易所大楼由原设计圣三一大教堂的建筑师詹姆士·任维克设计,花费近200万美元。

七月

7月1日

中国,2013年7月1日,《证券公司客户资产管理业务试行办法》重新修订公布实施。

中国,1999年7月1日,《中华人民共和国证券法》实施。

中国,1994年7月1日,《中华人民共和国公司法》实施。

中国,1920年7月1日,"上海证券物品交易所"经北洋政府批准开业,采用股份公司形式,股本10万股。1934年9月15日该交易所停止交易。

美国,1996年7月1日,道琼斯世界股票指数更名为道琼斯全球指数,成为第一个实时计算全球股指的发布者。

英国,1935年7月1日,伦敦《金融新闻》出版公司开始发布《金融时报》指数,含30只成分股,基期为100点。

7月2日

泰国,1997年7月2日,泰国宣布放弃固定汇率制,实行浮动汇率制。此举引发马来西亚、菲律宾、印尼、港币等货币汇率大幅下跌,引发东南亚的金融风暴。

7月3日

中国,2001年7月3日,中国证监会同意全国社保基金以战略投资者身份参与中石化A股发行申购,这是社保基金首次参与新股发行和申购。

中国,1946年7月3日,《上海证券交易所股份有限公司暂行营业细则》颁布实施,这是中国首部相对完备的证券交易所营业细则。

中国香港,2017年7月3日,债券通开通仪式在香港中环交易广场举行,行政长官林郑月娥出席活动。这标志着内地与香港市场互联互通揭开了新的篇章,两地市场互联互通的重要里程碑。

美国,1884年7月3日,道琼斯工业指数在《华尔街杂志》亮相,含11只股票,包括9只铁路股、2只工业股。

7月4日

中国,2001年7月4日,央行发布实施《商业银行中间业务暂行规定》,这是中央银行首次对商业银行中间业务进行明文规定,同时明确了商业银行可以代理证券业务。

中国,1995年7月4日,中国证监会与香港证券及期货事务监察委员会签署《有关期货事宜的监管合作监管备忘录》,这是中国证监会签署的第一份境外监管合作文件。

7月5日

中国,2001年7月5日,中国证监会稽查二局(证券犯罪调查局)成立,主要任务是打击证券犯罪,保护投资者权益。

荷兰,1683年7月5日,荷兰东印度公司将每股东印度公司股票均拆成10股,这是世界上首次拆股。

7月6日

中国,1994年7月6日,中国政府首次在日本发行武士债券获得成功,总额600亿日元,分5年期和10年期两种。

7月7日

中国,1993年7月7日,国务院证券委员会发布《证券交易所管理暂行办法》,这是继国务院发布《股票发行与交易管理暂行条例》之后国家规范证券市场的又一个重要行政法规。

7月8日

中国,2017年7月8日,中国证监会对欣泰电气(创业板)因欺诈发行作出行政处罚决定。同年8月25日,欣泰电气宣告退市,成为首例因欺诈发行而被强制退市的公司。2015年7月14日,欣泰电气被立案调查。欣泰电气因不服监管行政处罚决定,起诉中国证监会,经法院两审判决均遭驳回。

中国,1991年7月8日,上海市股票市场全面启动了电脑自动过户系统,交易、过户由电脑同步自动完成,极大地提高了市场效率。

美国,1889 年 7 月 8 日,第一份《华尔街日报》正式出版。

7 月 9 日

美国,1990 年 7 月 9 日,美国证券交易所、辛辛那提证券交易所和芝加哥期货交易所宣布从 1992 年开始起使用路透社的电脑系统在夜间进行股票交易,此前纽约证券交易所也已宣布从 1991 年起开启夜市。

7 月 10 日

中国,2015 年 7 月 10 日,被称为"宝能系"的金融投资集团以杠杆融资的方式首次举牌万科 A,引发万科控制权之争,引起关于"野蛮人"的广泛讨论。

英国,2000 年 7 月 10 日,欧洲第一家全欧股票交易所 Tradepoint 在英国开业。

法国,1987 年 7 月 10 日,法国百利达投资(亚洲)有限公司在香港发行 15 亿港元固定利率、期限 4 年半的与恒生指数挂钩的"牛熊"债券,这是首只与恒生指数挂钩的债券。

7 月 11 日

中国,1995 年 7 月 11 日,中国证券监督管理委员会成为证监会国际组织的正式成员。

中国,1981 年 7 月 11 日,《中华人民共和国境内机构接受侨资、外资贷款和发行外币债券的暂行管理办法》颁布实施。

法国,1987 年 7 月 11 日,巴黎证券交易所终止传统交易方式,即日起全部由电脑交易操作替代。

7 月 12 日

中国,1995 年 7 月 12 日,深招港 B 股在新加坡交易所第二次上市,开创了中国国内股票在境外第二次上市的先河。

中国香港,1988 年 7 月 12 日,香港行政当局决定合并证券及期货事务监察委员会、商品交易监察委员会、证券及商品交易监理专员办事处,设立新的证券及期货事务监察委员会。

7 月 13 日

欧洲,1978 年 7 月 13 日,法国政府颁布《摩罗瑞法》(*Monory Law*),规定对法国家庭投资于本国公司股票的部分实行免税的优惠政策。

7 月 14 日

中国,1985 年 7 月 14 日,工商银行发行 5 亿元人民币金融券以发行特种贷款,开启新中国金融债券的发行的历史。

中国,1984 年 7 月 14 日,中国第一家股份制企业——北京天桥百货股份有限公司在北京成立,标志着我国试行股份制企业的开始。

7 月 15 日

中国,2017 年 7 月 15 日,第五次全国金融工作会议在北京召开,决定设立国务院金融稳定发展委员会。

中国,1993 年 7 月 15 日,"青岛啤酒"在香港上市,成为中国内地第一只 H 股。

中国,1985 年 7 月 15 日,中国国际信托投资公司在香港发行 3 亿元港元债券,这是中国内地首次在香港市场筹资。

7 月 16 日

中国,2021 年 7 月 16 日,全国碳排放权交易在上海开市。

中国,1991 年 7 月 16 日,上交所开始编制并公布上海证券交易所股价指数,以 1990 年 12 月 19 日为基期,以全部股票为样本,以股票发行量为权重加权平均法计算。

7 月 17 日

中国,1935 年 7 月 17 日,国民政府颁布《破产法》及《破产法实施法》。

中国香港,1974 年 7 月 17 日,由香港会、远东会、九龙会、金银会四家证券交易所组成的香港证券交易所联会成立。

7 月 18 日

中国,2001 年 7 月 18 日,国内首个投资者教育组织——上交所"投资者教育网络"宣告成立。

中国,1988 年 7 月 18 日,上海市第一家以证券业务为主的股份制金融机构——上海市万国证券公司开业。

英国,1945 年 7 月 18 日,英国对 1929 年公司法进行修改补充的《Cohen 报告》正式发布,其中提出了统一的公司账户规定,这成为股票市场会计方面的一个重要的里程碑。

7 月 19 日

中国,1995 年 7 月 19 日,上海证券交易所与美国太平洋股票交易所正式签署友好交易所协议书。

中国台湾,2001 年 7 月 19 日,台湾股指经过一周狂跌,收于 4 190.78 点,创 1993 年 11 月以来新低。

7 月 20 日

中国,1994 年 7 月 20 日,东莞宏远工业区股份有限公司 1 800 万公众股通过深圳证券交易所以"挂牌定价,申报认购"的方式发售,这是继竞价发行之后又一次新尝试。

日本,1992 年 7 月 20 日,日本证券交易监视委员会在东京成立。

7 月 21 日

中国香港,1999 年 7 月 21 日,香港证券及期货事务监察委员会正式审议通过了联合交易所创业板的上市规则。

美国,2010 年 7 月 21 日,奥巴马签署金融监管改革法案,标志着美国金融监管改革立法完成。

7 月 23 日

美国,1984 年 7 月 23 日,美国芝加哥商品期货交易所开始经营主要市场指数期货。

日本,1947 年 7 月 23 日,日本成立证券交易委员会。

7 月 24 日

法国,1966 年 7 月 24 日,法国政府颁布了《商事公司法》,是法国历史上第一部统一的证券法。

7 月 25 日

中国,2000 年 7 月 25 日,央行颁布《金融租赁公司管理办法》,允许金融租赁公司进行有价证券和金融机构股权投资。

中国,1995 年 7 月 25 日,上海证券交易所与美国全国证券交易商协会签署谅解备忘录。

中国香港,1990 年 7 月 25 日,香港立法局三读通过《证券(内幕交易)条例草案》。

7 月 26 日

中国香港,2001 年 7 月 26 日,香港新华富时指数有限公司推出全球首个全面反映中国证券市场表现的指数系列,包括 5 个主要指数。

英国,1989 年 7 月 26 日,英国颁布新的《公司法》。

英国,1844 年 7 月 26 日,英国国会通过《1844 年股份公司法》(*The Joint Companies Act of 1844*),此后经 1856 年、1862 年修订。

7 月 27 日

英国,1945 年 7 月 27 日,英国工党在英国大选中获胜,这一结果对股市造成极大冲击,持续五年的牛市从此结束。

7 月 28 日

中国,2022 年 7 月 28 日,中国证监会、瑞士财政部代表共同宣布中瑞证券市场互联互通存托凭证业务正式开通。

美国,1864 年 7 月 28 日,美国《国民银行法》在国会通过,禁止国民银行进入证券市场,理由是证券市场风险过大。

7 月 29 日

中国,1999 年 7 月 29 日,中国证监会发出《关于进一步完善股票发行方式的通知》,包括总股本 4 亿以上可采用网发行与法人配售结合、允许国有企业、国有控股、上市公司和其他法人按规定参与配售新股、上市推介自主定价、引入"战略投资者"等内容。

7 月 30 日

中国,1994 年 7 月 30 日,《中国证券报》刊发了中国证监会与国务院共同出台的"三大救市政策",包括暂停新股发行、成立中外合作基金和允许券商融资等。在政策刺激下,同年 8 月,沪深股市强势上涨。

7 月 31 日

中国,2000 年 7 月 31 日,工商银行与鹏华基金管理公司签订了开放式基金暨养老基金清理规范合作协议,标志着开放式基金进入技术准备阶段。

中国,1872 年 7 月 31 日,由李鸿章、盛宣怀主导招商承办的招商总局在上海成立。这是最早由中国人采用发行股票筹资兴办的股份公司,后分别在天津、广州等各主要港口,以及中国香港、日本、菲律宾等地设立分局。

** 中国,2015 年 6 至 8 月,市场加强规范融资行为,引发指数迅速下行。到 7 月中旬,大盘指数单日跌幅高达 8%,两千多只股票全线跌停。

** 中国,2015 年 6 至 8 月,面对 A 股暴跌,中国央行、中国证监会、银监会、保监会、财政部、国资委、公安部等部委联合进行了大规模救市行动,先后向中证金公司提供高达 1.2 万亿的融资信用干预市场。

** 中国,1903 年,英国商人麦边在上海设立经营橡胶种植的"兰格拓植公司"。1909 年,麦边开始散布股价会上涨的消息,不断推升股价。1910 年 7 月,麦边在高位股票脱手套现逃离回国,橡胶股票一落千丈,清史称"橡皮股票风潮",这是清末两大金融风潮之一。

** 中国,1983 年 7 月,中国深圳宝安县联合投资公司在广东、北京、上海等地首次发行了股金证。

** 美国,1970 年,美国《证券投资者保护公司法》生效,目的是在经纪公司破产时为其客户提供保障。

** 美国,1963 年 7 月,美国肯尼迪政府为了防止美元外流,对美国居民向国外资本市场投资实行特别征税,引起其他西方国家股票市场下跌,史称"肯尼迪冲击"。

** 美国,1939 年,美国国会通过《信托契约法》,规定了公开发行公司债的发行注册要求。

** 美国,1914 年,伦敦证券交易所的关闭使纽约证券交易所当日下跌近 20 个点,而且导致了长达 4 个多月的休市,这是历史上 1873 年后第二次大规模、长时期的休市。

八月

8 月 1 日

中国,1933 年 8 月 1 日,临时中央政府开始发行经济建设公债。

中国香港,1991 年 8 月 1 日,香港现行股票借贷制度正式实施。

中国台湾,1990 年 8 月 1 日,台湾证券交易所实施股市监督制度,首日共有 13 种股票列入交易异常警示。

8 月 2 日

中国,1995 年 8 月 2 日,中国股份制企业评价中心首次发布中国股票上市公司综合实力评价结果,首次采用国际通行的主成分分析法对沪、深两市和 STAQ 及 NET 两系统的上市公司进行多指标的综合评价。

中国,1993 年 8 月 2 日,中国国务院发布《企业债券管理条例》。

中东,1990 年 8 月 2 日,伊拉克军队进军科威特,西方各国股票应声下跌。

8 月 3 日

中国,1998 年 8 月 3 日,中国首家可转换公司债券"南宁化工"上网发行。

中国,1992 年 8 月 3 日,深圳证券交易所接纳海南汇通国际信托投资证券部和海南证券为首批进场交易的异地会员。

8 月 4 日

中国,2000 年 8 月 4 日,央行公告撤销华阳金融租赁有限公司,标志着金融租赁公司的重组整顿工作正式开始。

中国,1994 年 8 月 4 日,山东华能股票在美国上市,这是中国企业首次在纽约证券交易所上市。

8 月 5 日

中国,1986 年 8 月 5 日,沈阳市信托投资公司开办有价证券转让和债券抵押业务,这是中国首次开办此项业务。

8 月 6 日

中国,1988 年 8 月 6 日,国务院颁布了《中华人民共和国印花税暂行条例》,同年 10 月 1 日起施行,按"产权转移书据"所载金额万分之五的税率贴花征收印花税。

中国香港,1980 年 8 月 6 日,香港《证券交易所合并条例》通过,合并后的联合交易所取代"四会"的法律地位。

8 月 7 日

中国,2001 年 8 月 7 日,《财经》杂志独家披露:银广夏陷阱,引爆"银广夏事件"。

欧洲,2000 年 8 月 7 日,法兰克福证交所和维也纳证交所宣布共同设立名为"NEWEX"的新交易所,接受中欧和东欧公司挂牌交易。

美国,1990 年 8 月 7 日,美国证券和交易委员会通过一项有利于发行市场的"144 条款",有利于外国融资活动更便捷地进入美国市场。

美国,1971 年 8 月 7 日,尼克松施行"新经济政策",导致西方股票价格下跌。

8 月 8 日

中国香港,1994 年 8 月 8 日,香港联合证券交易所正式推出"恒生中国企业指数"。

美国,1896 年 8 月 8 日,美国股市经历了自 1890 年 6 月 4 日以来历史上第一次长熊市,道琼斯工业指数从 78.38 点跌至 41.82 点,下跌 47%,引发大规模破产、高失业率和罢工。

8月9日

中国,1995年8月9日,日本五十铃和伊藤忠两个企业通过协议购买法人股,成为北京北旅的第一大股东,这是中国首例外商通过协议购买法人股成为上市公司第一大股东的事件。

8月10日

中国,1992年8月10日,深圳发售500万张1992年新股认购抽签表,出现数十万人抢购。因爆出销售舞弊事件,数千人因为排队数日没买到而聚众砸毁商店和燃烧汽车,媒体称"8·10风波"。

中国,1984年8月10日,上海市政府批准《关于发行股票的暂行规定》,这是新中国第一个证券方面的地方规章。

俄罗斯,1998年8月10日,"黑色星期一",俄央行宣布汇率自由浮动,引发金融大风波。

8月11日

中国,1995年8月11日,首家中外合资投资银行——中国国际金融有限公司在北京正式开业,中国人民建设银行成为最大的股东,第二大股东为美国摩根·斯坦利集团。

日本,2000年8月11日,日本中央银行政策委员会和金融政策决定会联席会议正式宣布解除从1999年2月实行的零利率政策,加息0.25%,这是自1990年8月以来首次提高利率。

8月12日

中国,1999年8月12日,经中国人民银行批准,保险公司可进入全国银行间同业市场办理债券回购业务。

中国,1881年8月12日,开平矿务局发行实物股票,这是近代中国最早发行的实物股票之一。

中国香港,1991年8月12日,因涉嫌诈骗,联合集团控制及有关联的10家上市公司被香港证券及期货事务监察委员会下令停牌接受调查。

8月13日

日本,1985年8月13日,日本三光轮船公司申请"会社更生法",标志着庞大的"三光王国"宣布破产倒闭,公司总债务超过1兆日元,这成为日本史上最大一起上市公司破产事件。

8月14日

中国香港,1998年,从8月14日至28日,香港动用上亿港元外汇基金入市购入股票现货和期货,成功遏制住了国际炒家对香港金融市场的狙击。

8月15日

中国,1997年8月15日,国务院决定,将深沪证券交易所划归中国证券监督管理委员会直接管理。

美国,1986 年 8 月 15 日,美国《税收改革法》正式生效,将市政债券重新定义为公众筹资的债券,包括工业收益债券在内的其他债券被定义为私人活动债券,必须收税。

8 月 16 日

中国,2013 年 8 月 16 日,光大证券发生"8·16 事件"。

德国,1990 年 8 月 16 日,德国开设债券期货交易。

8 月 17 日

中国,1993 年 8 月 17 日,国内大部分地区沪市行情传输中断 1 小时,引起股市轩然大波,此称"八·一七"事件。

8 月 18 日

中国,1994 年 8 月 18 日,国务院发布《关于股份有限公司境外募集股份及上市的特别规定》。

中国,1937 年 8 月 18 日,国民政府公布《救国公债条例》,同年 8 月 21 日,财政部公布《救国公债募集办法》。

中国香港,1993 年 8 月 18 日,渣打、里昂、新鸿基、高诚、柏毅五家境外券商成为深交易特许经纪商,直接进场进行 B 股交易。

8 月 19 日

中国,1948 年 8 月 19 日,国民政府推行金圆券,令上海、天津两地交易所停业,直到 1949 年 2 月 21 日才复业。

8 月 20 日

中国,1993 年 8 月 20 日,中国人民银行批准设立的第一个投资基金——淄博基金在沪上市,这是第一个公司型基金。

8 月 21 日

中国,2018 年 8 月 21 日,上海金融法院成立,对金融案件实行集中管辖。

中国,2014 年 8 月 21 日,中国证监会发布《私募投资基金监督管理暂行办法》,此举迎来证券投资私募基金业迅猛发展。

中国,2000 年 8 月 21 日,由国务院派出的国有重点金融机构监事会正式进驻。

中国,1995 年 8 月 21 日,四川长虹法人股转配红股 3100 万股违规上市流通,引起股市极大震荡。

中国,1991 年 8 月 21 日,上海股市第一只新股上市——兴业房产股份有限公司。

中国,1921 年 8 月 21 日,上海市首家信托公司——上市通商信托公司创立。

8 月 22 日

美国,1940 年 8 月 22 日,美国公布《1940 年投资公司法》,1941 年 1 月 1 日生效。

8 月 23 日

中国台湾,1982 年 8 月 23 日,《台湾证券商营业处所买卖有价证券管理办法》颁布实施。

8 月 24 日

中国,2020 年 8 月 24 日,深交所创业板试点注册制首批企业上市仪式。同日,创业板股票日涨跌幅限制从之前的 10%,调整为 20%。

8 月 25 日

中国,1995 年 8 月 25 日,中国证监会就长虹转配红股上市事件作出裁决:对上海证券交易所通报批评。中国证监会重申国家股、法人股及其转配股等暂不上市流通。

8 月 26 日

美国,1871 年 8 月 26 日,纽约证券交易所开始进行连续交易,全面采用竞价交易方式。1892 年,纽约证券交易所组建证券结算部门。

8 月 27 日

中国,1994 年 8 月 27 日,国务院证券委员会、国家经贸委发布《到境外上市公司章程必备条款》。

中国,1990 年 8 月 27 日,央行发布《基金管理公司进入银行同业市场管理规定》《证券公司进入银行间同业市场管理规定》。

中国,1945 年 8 月 27 日,天津"华北证券交易所"开始营业。

8 月 28 日

中国,1991 年 8 月 28 日,中国证券业协会在北京成立,这是依法成立的第一个全国性行业自律管理组织。

8 月 29 日

中国香港,1996 年 8 月 29 日,香港证券及期货事务监督委员公开谴责"怡福事件"。

8 月 30 日

中国,2005 年 8 月 30 日,中国证券投资者保护基金有限责任公司登记成立,由国务院独资设立。中国证监会、财政部、央行联合发布《证券投资者保护基金管理办法》,开启了证券行业的国家金融保险。

8 月 31 日

中国,2018 年 8 月 31 日,中国证监会、上交所发布"沪伦通"方案,即上海交易所与伦敦证券交易所符合条件的两地上市公司,可发行存托凭证(DR)并在对方市场上市交易。

中国,1996 年 8 月 31 日,中国国务院证券委员会颁布《证券交易所管理办法》,规定我国对外投资单位可以用现金、实物、无形资产以及购买股票的方式向境外投资。

＊＊ 日本,1873 年,日本商人野村德七开办野村商店,此为野村证券的前身。1920 年,野村商店设立专门从事证券业务的野村银行营业部。

＊＊ 中国香港,1985 年 8 月,香港地下铁路公司发行 5 000 万欧洲单位(ECU)债券,这是香港首次发行欧洲货币单位债券。

九月

9 月 1 日
中国香港,1991 年 9 月 1 日,香港《证券(公开权益)条例》正式生效。

中国台湾,1960 年 9 月 1 日,台湾证券管理委员会成立。

9 月 2 日
中国,1993 年 9 月 2 日,国务院证券委发布《禁止证券欺诈行为暂行办法》。

法国,1989 年 9 月 2 日,法国政府修订颁布《法国证券交易所法》。

9 月 3 日
中国,2021 年 9 月 3 日,北京证券交易所注册成立。

中国,1999 年 9 月 3 日,北京建材集团与中国信达资产管理公司签订债转股协议,对北京水泥厂实施国内首例"债转股"。

日本,1988 年 9 月 3 日,日本首次股票指数期货交易在东京证券交易所和大阪证券交易所同时开市。

9 月 5 日
中国,1995 年 9 月 5 日,中国证监会发布《关于对公开发行股票公司进行辅导的通知》。

美国,1996 年 9 月 5 日,由摩根·斯坦利资本国际有限公司推出的摩根·斯坦利中国指数,正式计入该公司所设的新兴市场指数和新兴市场亚洲指数。

9 月 6 日
中国,2013 年 9 月 6 日,国债期货正式挂牌(恢复)交易。

美国,1911 年 9 月 6 日,美国证券交易商在大街上和路旁进行交易的户外市场,正式被定名为"纽约路边市场",这是美国证券交易的起源,其于 1929 年后改称"纽约路边交易所",1953 年改为现名"美国证券交易所",成为美国第二大证券交易所。

9 月 7 日
中国香港,1998 年 9 月 7 日,香港特别行政区政府公布规范香港证券及期货市场 30 条措施,措施涉及香港联合交易所、香港期货交易所、香港中央结算有限公司、证券及期货事务监察委员会和财经事务局等 5 个机构。

9 月 8 日
中国,1999 年 9 月 8 日,中国证监会发布《关于法人配售股票有关问题的通知》,允许国有企业、国有控股企业和上市公司配售新股及投资二级市场股票。

中国,1894 年 9 月 8 日,清朝政府向国内富商借款,发行 1894 年"息借商款",

债券每张 100 两白银,借款数额不定,月息七厘①,期限两年半,分五期偿还,这是清政府第一次发行国内债券。

日本,1937 年 9 月 8 日,大日本证券投资公司成立,注册资本 2 000 万日元,它是以东京证券交易所相关部门为核心并由东京证券交易所经纪人协会发展而成的股价维持部门。

9 月 9 日

中国,1976 年 9 月 9 日,毛泽东逝世,消息公布后香港股市大跌。

中国,1946 年 9 月 9 日,国民政府批准上海证券交易所成立,同年 9 月 16 日开始营业。

德国,1585 年 9 月 9 日,德国 82 位商人在秋季商品交易会上成立了法兰克福证券交易所,这是德国历史上最早建立的证券交易所。

9 月 10 日

中国,1999 年 9 月 10 日,"首钢股份"发布招股说明书,首家采用对一般投资者上网发行和对法人配售相结合的股票发行方式。

法国,1987 年 9 月 10 日,法国新的股票期权市场在巴黎开业。

9 月 11 日

美国,2001 年 9 月 11 日,纽约世界贸易中心发生系列恐怖袭击事件。一周内,道琼斯、纳斯达克、标普三大指数分别下降 14.3%、16.1% 和 11.6%,美国政府采取紧急救市措施后,股指仍不断下跌,直至跌至 3 年来的最低点。

9 月 12 日

中国,1994 年 9 月 12 日,深圳证券交易所推出国债期货交易业务,首期包括五个系列 20 个品种,从此,国债市场现货、回购、期货三大交易工具全部推出。

中国香港,1997 年 9 月 12 日,香港期货交易所推出红筹指数期货及期权。

9 月 13 日

中国香港,1989 年 9 月 13 日,香港证券及期货事务监察委员会宣布,准许认股权证基金在香港设立及推销,自 11 月 1 日开始接受要求认可的申请。

9 月 14 日

中国,2000 年 9 月 14 日,陕西省国际信托投资股份有限公司在国内首次通过竞拍方式,获得广西信托投资公司持有的南方基金管理公司股权和基金开元的 600 万基金单位。

中国,1998 年 9 月 14 日,苏三山股票,因连续 3 年亏损被暂停上市,该事件是国内首例。

9 月 15 日

中国,1995 年 9 月 15 日,中国人民银行发布《设立境外中国产业投资基金管理

---

① 1 厘利息即本金的 0.1%,一般按月计息。

办法》。

美国,2008 年 9 月 15 日,雷曼兄弟公司破产事件,引发"华尔街金融风暴",全面引爆"美国次贷危机"。

日本,1919 年 9 月 15 日,日本藤本证券经纪人银行宣布与纽约的邦布罗伊特商会合作,开始了日本有价证券的国外交易。

日本,1880 年 9 月 15 日,日本横滨交易所更名为横滨股票交易所,并开始进行股票交易,打破了此前仅限于东京和大阪的限制。

9 月 16 日

中国台湾,1992 年 9 月 16 日,台湾股市爆发巨额违约事件,违约金额达 17 亿元(新台币)。

美国,1920 年 9 月 16 日,华尔街纽约证券交易所附近发生大爆炸,导致 33 人死亡,200 多人受伤,J.P 摩根银行公司大楼被毁坏。

9 月 18 日

中国,1984 年 9 月 18 日,国务院颁布《营业税暂行条例(草案)》,财政部随后发布细则,自 10 月 1 日起开征营业税。其中,信托、发行有价证券等业务收入税率5%,从事代管资产、代理发行股票等,税率 10%。

美国,1873 年 9 月 18 日,拥有大量太平洋铁路债券的杰依·库克金融公司破产,导致华尔街股市恐慌性下跌,纽约证券交易所持续关闭 12 天,57 名经纪人破产,数家银行倒闭,以美国为震源的世界经济危机全面爆发。

9 月 19 日

中国,1999 年 9 月 19 日,通过《关于国企改革和发展若干重大问题的决定》,提出进一步推动证券市场发展、提高公众股流通比重,允许国有及控股企业参与股票配售,准许大型国企上市公司适当减持部分国有股等。

美国,2000 年 9 月 19 日,美国参议院通过了给予中国永久性正常贸易关系(PNRT)地位法案。

9 月 20 日

中国,2012 年 9 月 20 日,全国中小企业股份转让系统(新三版)有限责任公司注册成立。

中国,1996 年 9 月 20 日,在证监会国际组织 21 届年会上,深圳、上海证券交易所正式成为该组织附属会员。1997 年,中国承办了该组织亚太区委员会会议和亚太委员会执法会议。

美国,1990 年 9 月 20 日,美联储批准 J.P 摩根银行公司经销企业股票,此举标志《格拉斯——斯蒂格尔银行法》规定的商业银行和投资银行的金融防火墙首次被突破。

日本,1884 年 9 月 20 日,日本大藏省公布《大藏省证券条例》。

9 月 21 日

中国,1946 年 9 月 21 日,国民政府颁布《证券交易所条例》,对证券买卖开征交易税。

英国,1995 年 9 月 21 日,英国设立了一个新的交易服务机构——交易点(Trade Point),为 400 多种在伦敦证券交易所上市的股票通过计算机自动撮合完成交易,可实现机构投资者相互直接交易。

9 月 22 日

中国,1999 年 9 月 22 日,浦发银行获准发行 4 亿元 A 股,是《商业银行法》《证券法》实施以来首家发行上市的股份制银行。

中国香港,1986 年 9 月 22 日,香港联交所正式被接纳为国际证券交易所联合会会员。

法国,2000 年 9 月 22 日,巴黎证交所、布鲁塞尔证交所和阿姆斯特丹证交所宣布正式合并,这标志着第一个泛欧证券交易所诞生。

9 月 23 日

中国,1996 年 9 月 23 日,深交所制定并发布《上市公司股息派发管理暂行办法》。

英国,1979 年 9 月 23 日,英国政府发布两则公告,一是撤销前政府公布的对相关交易的限制;二是在《限制实施法》(*Restrictive Practices Act*)中仍然保留《股票交易篇》,从而翻开英国股票市场历史上新的一页。

9 月 24 日

加拿大,1985 年 9 月 24 日,多伦多证券交易所与美国交易所建立双向电子交易系统,此后又与美国中西部地区证券交易所建立同样的交易联系,这使两国的投资者有了参与对方市场交易的选择空间,也扩大了双方上市公司的筹资市场空间。

美国,1869 年 9 月 24 日,星期五,格兰特政府突然宣布抛售价值 400 万美元的黄金,购回战时发行钞票,以阻止投机者炒高金价的过度投机行为。此举引发恐慌性抛售,金市大幅下跌,并迅速波及股市,引发美国金融市场的金融危机,此称"黑色星期五"。

9 月 25 日

中国,2000 年 9 月 25 日,为筹集社会保障基金,国务院决定建立"全国社会保障基金",并设立全国社会保障基金理事会,直属国务院领导,并允许社保基金投资股票市场。

中国香港,1979 年 9 月 25 日,长江集团从汇丰银行购得"和记黄埔"22.4％股权,成为香港第一家控制英资财团的华资集团。

9 月 26 日

中国,1986 年 9 月 26 日,工行上海信托投资公司静安证券业务部正式挂牌买卖股票,飞乐音响和延中实业首次挂牌交易。

9 月 27 日

中国,2018 年 9 月 27 日,(英国)富时罗素宣布,将 A 股纳入其全球股票指数体系,分类为"次级新兴市场",计划从 2019 年 6 月开始纳入。A 股国际化进程进一步加速。

中国,1987 年 9 月 27 日,深圳首家券商——深圳特区证券公司成立。

中国,1882 年 9 月 27 日,上海平准股票公司成立,并于同年 10 月 24 日开业,资本金为现银 10 万两,分为 1 000 股,它被看作中国证券交易所的起源。

中国台湾,1990 年 9 月 27 日,对综合证券商开放股票买卖融资融券信用交易业务,打破复华证券独家垄断信用交易市场的局面。

9 月 28 日

中国,1990 年 9 月 28 日,全国证券报价交易系统(STAQ)建立,这是中国第一家全国性证券交易系统。

中国香港,1973 年 9 月 28 日,香港发表《1973 年保障投资人士法案》及《1973 年证券法案》。

法国,1967 年 9 月 28 日,法国证券交易所管理委员会创立。

9 月 29 日

中国台湾,1988 年 9 月 29 日,台湾证券交易所集中市场的上市股票,全数纳入电脑辅助交易系统。

9 月 30 日

中国,1993 年 9 月 30 日,中国宝安集团宣布持有上海延中实业普通股份超过 5%,引发"宝延风波",由此拉开中国上市公司二级市场收购的序幕。

日本,1878 年 9 月 30 日,日本政府公布《有关股票交易所所得税额和交付期限事宜的布告》,规定征收金额为交易总金额的 1/10,这是日本股票交易所纳税的开始。

** 美国,1971 年,美国纳斯达克证券市场公司(Nasdaq Stock Market Inc)成立,这是美国成长最快的证券市场,也是世界上第一个电子化股票市场。

** 美国,1930 年,乔治·索罗斯出生于匈牙利。其于 1969 年与杰姆·罗杰斯合伙成立"量子基金",在 1992 年的 8 月到 9 月利用欧共体货币体系的不稳定性,从英镑和美元的套利中净赚 15 亿美元,创造了世界纪录神话,从而使"量子基金"闻名于世。

** 美国,1900 年,美国约翰·穆迪(John Moody)创立穆迪公司。1919 年,穆迪公司开始对地方债进行评级。1974 年起,穆迪公司开始对外国债券进行评级。穆迪公司是世界上历史最悠久的评级机构。

** 美国,1894 年,本杰明·格雷厄姆(Benjamin Graham)生于美国纽约市。他毕业于哥伦比亚大学,是美国证券分析师协会的创始人,被誉为"证券分析师之父",是证券投资价值学派理论的鼻祖。投资大王沃伦·巴菲特亦是该学派的代表人物。

美国,1989 年 9 月,世界银行首次发行全球债券,这种债券的最大特点是将国内债券和欧洲债券的特征结合在一起,并且在北美、欧洲和亚洲发行。

荷兰,1607 年,阿姆斯特丹股票交易市场开始了一场历时 10 年的郁金香投机狂潮①,出现了类似"期权交易"的方式,这次狂潮最终导致荷兰经济长期萧条,这就是著名的"郁金香风潮"。

十月

10 月 1 日

中国,1918 年 10 月 1 日,天津证券物品交易所在天津东马路开业。

日本,1945 年 10 月 1 日,日本东京经纪人协会、大阪经纪人协会和名古屋经纪人协会成立。

10 月 3 日

中国,1929 年 10 月 3 日,国民政府公布《证券交易所法》,1930 年 6 月 1 日正式实施。这是中国第一部较为完整的交易所法,于 1935 年 4 月 7 日废止。

10 月 4 日

德国,1820 年 10 月 4 日,德国柏林证券交易所成立。

美国,1923 年 10 月 4 日,普尔出版公司创立普尔综合指数,跟踪 23 只股票,涵盖 26 个工业集团,采用加权平均法计算,每周公布一次。

美国,1926 年 10 月 4 日,普尔综合指数计算的股票达到了 90 只,囊括了美国 50 只工业股、20 只铁路股、20 只事业股。

10 月 5 日

中国,1995 年 10 月 5 日,中国人民银行宣布对存在违法经营、管理混乱等问题的中银信托投资公司实行接管,这是新中国金融史上首次对非银行金融机构强行接管。

中国台湾,1994 年 10 月 5 日,台湾股市爆发洪福证券违约交割案,金额达 72 亿元,该公司因炒作"华国股票"被台北地方法院立案调查。

10 月 6 日

美国,1983 年 10 月 6 日,美国证券和交易委员会公布《12G3－2 修正案》,规定证券交易所提供的行情显示系统必须注册登记。

10 月 7 日

德国,1992 年 10 月 7 日,法兰克福交易所宣布,德国 8 家股票交易所将从 1993 年 1 月起合并为德意志股票交易所。

10 月 8 日

中国,2000 年 10 月 8 日,《财经》杂志刊登了《基金黑幕——关于基金行为的研

---

① 一位维也纳植物学教授把一批在土耳其培育的郁金香带到荷兰莱顿,此后郁金香球茎的交易在各地盛行,价格不断疯长。

究报告解析》，引发市场和基金行业的广泛讨论。同年10月16日，三家证券媒体刊登联合采访时任中国证监会主席周小川的文章《保护投资者利益是重中之重》。

中国，1996年10月8日，中国证监会与英国证券与投资委员会签署《证券期货监管合作谅解备忘录》。

中国，1992年10月8日，经中国人民银行总行批准设立的中国诚信证券评估有限公司成立，它是中国第一家全国性的从事信用评级、金融证券咨询和信息服务等业务的股份制非银行金融机构。

中国，1992年10月8日，深圳投资基金管理公司成立，为国内首家投资基金公司。

10月10日

中国，1996年10月10日，深圳率先在全国推出2.2亿元商业本票，深南玻、深振业、深石化、莱英达、深华宝、深金田6家上市公司成为首批发行企业。这标志着中国上市公司开始通过货币市场进行直接融资。

10月11日

中国，2000年10月11日，中国证监会颁布实施《开放证券投资基金试点办法》。

中国，1999年10月11日，首批10家券商和基金公司获批进入全国银行间同业市场。

10月12日

中国，1993年10月12日，"青岛海尔"股票首次采用专项定额存单方式发售。

中国，1992年10月12日，国务院证券委员会和中国证券监督管理委员会成立。

中国，1990年10月12日，《证券公司管理实施办法》颁布实施。

美国，2000年10月12日，纳斯达克证券市场推出新指数，追踪其最大的100只股票在清晨的交易情况，称纳斯达克开盘前指数。

10月13日

日本，1874年10月13日，日本公布《股票交易条例》，这是日本最早的证券交易法规。

德国，1987年10月13日，联邦德国银行大幅提高利率引发股市狂泻，直接诱发1987年股灾。

10月14日

中国，1993年10月14日，财政部发行2.5亿美元"中国龙"10年期债券，这是中国首次在香港市场发行美元债券。

10月15日

中国，1952年10月15日，中国人民银行颁布《禁止国家货币票据及证券出入国境暂行办法》。

日本，1970年10月15日，日本东京证券交易所正式成为国际证券交易所联合会(FIBV)成员。

10 月 16 日

中国,2018 年 10 月 16 日,深交所上市的长生生物因违法违规生产销售疫苗被国家药监部门吊销行政许可并处罚 91 亿元。公司高管也因严重违法行为被依法立案追责。因存在涉及国家安全、公共安全、生态安全、生产安全和公众健康安全等领域的违法行为,长生生物 11 月 19 日启动退市程序。长生生物案推进了对 A 股退市制度的重大改革。

中国,2007 年 10 月 16 日,上证指数从前一个最低点(2005 年 6 月 6 日的998.23 点),历经两年四个月后被推高至 2007 年第一高点 6 124.04 点,累计升幅超过 6 倍。其间经历了 2005 年 5 月至 2006 年 12 月的股权分置改革,此后大盘持续震荡下跌,至 2008 年 10 月 28 日最低点 1 664.93 点,一年时间累计跌幅超过 70%。

美国,1987 年 10 月 16 日,华尔街股市大跌 108 点,引发全球股市多米诺式的下跌,美联社描述其为"10 月大屠杀"。

10 月 17 日

新加坡,1995 年 10 月 17 日,新加坡政府公布有关巴林银行破产的报告。

10 月 18 日

美国,2000 年 10 月 18 日,芝加哥商业交易所和东京证券交易所宣布两所联盟,共同组建一个全球电子贸易系统。

10 月 19 日

美国,1987 年 10 月 19 日,道琼斯工业平均指数暴跌 508 点,收盘 1 738.41 点,跌幅高达 22%,这一天被金融界称为"黑色星期一"。市场重回下跌前位置,道琼斯指数历经了 11 个月,标准普尔指数历经了 20 个月。

日本,1985 年 10 月 19 日,日本东京证券交易所开办政府公债期货。

10 月 20 日

英国,1997 年 10 月 20 日,伦敦交易所宣布引入新的电子指令驱动交易系统(SETS),该系统的限价范围为 10%,最大可扩大到 25%。

英国,1992 年 10 月 20 日,伦敦证券交易所开始对《金融时报》100 只成分股实行电子竞价交易。

日本,1989 年 10 月 20 日,日本东京证券交易所开始股价指数期权交易。

10 月 21 日

美国,1987 年 10 月 21 日,"黑色星期一"后,里根政府宣布救市措施,具体包括:第一,同国会谈判,削减预算赤字;第二,谈判时除社会保险项目外,不提任何先决条件;第三,呼吁国会向美国的经济伙伴发出开放市场、反对贸易保护主义的"强力信号";第四,在短时间内成立一个专门小组研究股票市场,提出改革建议。

10 月 22 日

中国台湾,1990 年 10 月 22 日,批准证券商(元大、鼎盛两证券公司)办理有价证券买卖融资融券业务,台湾证券市场信用交易制度开启双轨运行。

10 月 23 日

中国,1996 年 10 月 23 日,广州三新公司公告举牌申华公司持股 5.028%,同年 11 月 5 日举牌持股超过 7.038%,同期君安投资公司宣布持有申华公司股份超过 15.19%,创中国证券市场连续举牌最高纪录,称"申华事件"。

中国台湾,1961 年 10 月 23 日,台湾证券交易所(TWSE)成立,于 1962 年 2 月 9 日对外开业。

10 月 24 日

中国,2018 年 10 月 24 日,经中国证监会核准、德国金融监管机构批准,青岛海尔在中欧所发行 D 股,成为首家 A 股+D 股两地上市的公司。

中国香港,1997 年 10 月 24 日,香港股市跌破万点大关。

法国,1983 年 10 月 24 日,法国巴黎证券交易所采取一项新措施,将巨额投资者的定期交易市场和个人投资者的现金交易市场合二为一。

美国,1929 年 10 月 24 日,美国股市暴跌陷于崩溃,称"黑色星期四"。

10 月 25 日

中国,1993 年 10 月 25 日,上海证券交易所向社会公众开放国债期货交易。

10 月 26 日

中国,1996 年 10 月 26 日,中国证监会颁布《证券经营机构证券自营业务管理办法》。

中国,1990 年 10 月 26 日,深圳证券登记公司成立。

世界,1987 年 10 月 26 日,继 1987 年 10 月 19 日的黑色星期一后,全球股市再遭遇"最黑暗的星期一",美国股票市场损失 2 万亿美元财富,香港市场在停牌四天后开市狂泻1 126 点,跌幅 33.5%。

10 月 27 日

中国,1992 年 10 月 27 日,中国国务院证券委员会成立,时任国务院副总理的朱镕基兼任主任,刘鸿儒、周道炯任副主任。同时中国证券监督管理委员会成立了,刘鸿儒任主席。

马来西亚,1989 年 10 月 27 日,政府宣布本国企业撤出在新加坡股票交易所挂牌上市的股票,以发展本国证券业。

英国,1986 年 10 月 27 日,英国伦敦发生号称"创世纪大爆炸"的金融大改革,措施包括:取消最低佣金制,改为协商确定费用;废除经纪商和批发商职能不能互兼的规定;打开封闭 134 年之久的证券交易所大门,允许银行、保险、投资公司等金融机构及外国公司直接参加交易;证券交易实行电脑化,与纽约、东京的交易所联机,实行 24 小时全球交易。

10 月 28 日

中国香港,1997 年 10 月 28 日,受国际金融炒家的联手操纵,自 7 月 2 日起,泰国、菲律宾、马来西亚、印尼等汇率快速下跌,引发了中国香港、韩国、巴西、俄罗斯等主要新兴市场货币和股票市场全面下跌,并直接冲击日元和港元。恒生指数8月28日至9月2日连日受重挫,跌破13 000点整数关,1998年1月12日再破8 000点整数关。至1998年8月13日危机末期,恒生指数创新低,由1997年8月7日的16 820点跌至6 544.79点。

美国,1986年10月28日,美国政府发布《1986年政府证券法》,这是对《1934年证券交易法》的修订。

10月29日

美国,1929年10月29日,美国1929—1933年金融危机爆发,股市当日跌幅达12.82%,这个纪录保持了58年之久,被称为"黑色星期二"。

10月30日

中国,2017年10月30日,国务院公布废除营业税暂行条例,这标志着已实施60多年的营业税正式退出历史舞台。

中国,2009年10月30日,深圳证券交易所创业板首批28只股票挂牌。

10月31日

非洲,2000年10月31日,非洲证券交易所协会做出决定,所属18个证券交易所从即日起实行统一交易规则,允许证券公司自由选择证券交易所进行跨国股票交易。

日本,1945年10月31日,日本首次发行建设储蓄债券,发行额为1 800万日元。

＊＊美国,1860年,美国人亨利·普尔创立普尔出版公司,1922年普尔出版公司开始对一般企业债券进行评级活动。

＊＊美国,1920年,标准统计公司成立,该公司1924年开始对工业债券进行评价活动。1941年,普尔出版公司和标准统计公司合并,成立了世界闻名的标准普尔公司(S&P)。

＊＊中东地区,1971年10月,石油输出国组织宣布采取限产、提价政策,引起西方国家股票市场剧烈波动,被金融界称为"原油冲击"。

＊＊中国,1991年10月,武汉证券公司发起建立中国第一家证券投资基金——武汉证券投资基金。

十一月

11月1日

中国,2015年11月1日,著名私募机构——泽熙投资管理有限公司掌门人徐翔等人因涉嫌非法获取股市内幕信息,从事内幕交易、操纵股票交易价格,被依法拘押。2017年1月23日,一审判处徐有期徒刑五年六个月并处罚金110亿元。

中国香港,1993年11月1日,启用新的电脑交易系统取代1986年4月开业上线的电脑辅助交易系统。

美国,1940 年 11 月 1 日,美国《1940 年投资顾问法》正式生效,规定服务 15 人或以上的投资顾问必须在 SEC 注册,禁止投资顾问与客户签署分红协议等。

11 月 2 日

中国,1987 年 11 月 2 日,工商银行上海分行信托投资公司静安证券营业部开始编制"静安股票指数",并于 1990 年 3 月 19 日首次对外公布。

11 月 3 日

美国,1974 年 11 月 3 日,美国国会通过《雇员退休收入安全法案》,将谨慎人(Prudent Man)投资的概念标准化,并对投资顾问运作客户资金做出多项规定,以确保客户资产安全。

美国,1983 年 11 月 3 日,SEC 通过了"证券和交易委员会 415 条款",实行"暂搁注册",以提高债券和股票的发行上市进程。

11 月 4 日

中国,1999 年 11 月 4 日,深康佳 A 股首次采用上网竞价的方式增发新股。

美国,1999 年 11 月 4 日,美国参众两院通过《金融服务现代化法案》,于 11 月 12 日正式颁布实施,取消了自 30 年代大萧条时期规定的限制商业银行、证券公司、保险公司跨界经营的法律,进入"金融混业"新时代。

11 月 5 日

中国,2018 年 11 月 5 日,首届中国(上海)国际进口博览会上宣布在上海证券交易所设立"科创板"并试点 IPO 注册制改革。2019 年 1 月 23 日,科创板总体实施方案和实施意见正式通过。

中国,2010 年 11 月 5 日,国际货币基金组织(IMF)份额改革方案通过,中国成为仅次于美国和日本的第三大股东,2016 年 1 月 27 日改革方案正式生效。

中国,1996 年 11 月 5 日,中国铁路债券发行,总额 35 亿元,是当时发行额最高的企业债券。

中国,1997 年 11 月 5 日,《证券投资基金管理暂行办法》颁布。

中国香港,1984 年 11 月 5 日,香港地下铁路公司发行 7 500 万美元债券,期限 10 年,浮动利率,这是香港本地公司首次发行的美元债券。

11 月 6 日

中国,1993 年 11 月 6 日,《海南特区证券报》刊登苏三山股票被收购的虚假消息,这是中国第一起利用传媒制造的股市欺诈案。

11 月 7 日

日本,1997 年 11 月 7 日,东京地方检察厅查明日本四大证券公司(山一、日兴、大和、野村)涉嫌向黑道提供资金,当日逮捕了大和证券 3 位高管。

11 月 8 日

中国,2017 年 11 月 8 日,国务院金融稳定发展委员会成立,统筹协调金融稳定和改革发展重大问题。

中国,2002 年 11 月 8 日,中国证监会和央行联合下发《合格境外机构投资者境内证券投资管理暂行办法》,标志着 QFII 制度在中国内地的确立和实施。

南非,1887 年 11 月 8 日,约翰内斯堡证券交易所(JSE)成立,成为非洲大陆最大的有价证券交易市场。JSE 在 2001 年和 2009 年分别收购了南非期货交易所(SAFEX)和南非债券交易所(BESA),从场内股份交易市场发展成为现代化交易所。

11 月 9 日

法国,1990 年 11 月 9 日,由法国东方汇里银行亚洲投资公司牵头组织的"上海基金"宣布成立,该基金在伦敦上市,投资期 10 年,投资于大中华地区。

11 月 10 日

中国,1914 年 11 月 10 日,一些股票经纪商在上海共同发起成立"上海股票商业公会"。

11 月 11 日

中国香港,1991 年 11 月 11 日,香港中央结算公司邀请美国最大结算所——全国证券清算公司(National Securities Clearing Corporation)来港对该公司的系统运营进行检查和指导。

美国,1933 年 11 月 11 日,道琼斯指数引入道琼斯综合股价平均数,新指数是根据道琼斯工业指数、交通指数、事业指数计算出来的。

11 月 12 日

中国,1997 年 11 月 12 日,齐鲁石化兼并案,债务总额超过 30 亿元,成为中国近五十年来最大的一起国企兼并事件。

英国,1986 年 11 月 12 日,伦敦证券交易所表示愿意与即将成立的国际交易所建立合作关系,标志着英国证券交易所向国外证券经营机构打开大门。

11 月 14 日

中国,1984 年 11 月 14 日,上海飞乐音响公司"小飞乐"股票发行,这是改革开放后中国企业公开发行的第一只股票。1986 年 11 月 14 日,邓小平会见纽交所董事长约翰·凡尔霖,赠送上海飞乐音响公司股票,向世界宣示中国经济改革引入股份制模式。

中国,1843 年 11 月 14 日,上海道台宫慕久授权英国领事巴富尔(George Balfour)发布一号公示,宣布上海开埠。随后上海租界正式划定。港口贸易兴起。

日本,1984 年 11 月 14 日,日本《证券中央存管和清算法》正式生效。

11 月 15 日

中国,2020 年 11 月 15 日,东盟等 15 国《区域全面经济伙伴关系协定》(RCEP)正式签署。

中国,1997 年 11 月 15 日,国务院证券委发布《证券投资基金管理暂行办法》,同年 12 月 12 日,发布相关实施细则,同时开始受理设立基金管理公司和证券投资基金的申请。

11 月 16 日

中国香港,1987 年 11 月 16 日,受世界性股灾的影响,香港成立 6 人"证券业检讨委员会",全面检讨证券及期货行业存在的问题。

11 月 17 日

中国,2014 年 11 月 17 日,沪港通开通。

美国,1917 年 11 月 17 日,美国国会第一次通过解放公债(the Liberty Loan)的决议。

欧盟,1970 年 11 月 17 日,总部设于卢森堡的国际债券清算机构创立,其业务与欧洲清算系统基本相似。

11 月 18 日

中国,1994 年 11 月 18 日,深圳证券登记公司推出 B 股开户业务,境外投资者可直接在登记公司开立 B 股交易账户。

11 月 19 日

中国,2000 年 11 月 19 日,国务院常务委员会通过《金融资产管理公司条例》,从制度上确立了中国四大金融资产管理公司可以从事证券承销业务。

11 月 20 日

中国,1992 年 11 月 20 日,深圳证券交易所首家异地上市公司武汉商场股份有限公司股票上市。

11 月 21 日

美国,2000 年 11 月 21 日,美国全国证券商协会宣布,纳斯达克加拿大证券交易市场开始运营。

11 月 22 日

中国,1994 年 11 月 22 日,深圳证券交易所调整国债期货业务规则,设立涨跌停板制度。

美国,1963 年 11 月 22 日,美国总统肯尼迪遇刺,股票市场出现抛售狂潮。

日本,1997 年 11 月 22 日,日本山一证券宣布申请"自立废业",成为日本战后最大破产公司,其负责总额创日本经济史上之最。

11 月 24 日

中国香港,1969 年 11 月 24 日,香港恒生指数由恒生银行的全球附属机构——恒指服务有限公司开始编制和发布,它以 1964 年 7 月 31 日为基期。

11 月 25 日

中国香港,1999 年 11 月 25 日,香港创业板开市,两家上市公司"天时软件"和"浩伦农业"挂牌。

11 月 26 日

中国,1990 年 11 月 26 日,上海证券交易所成立,是中国证券发展历史上的重要里程碑。

11 月 27 日

中国,1990 年 11 月 27 日,上海市政府发布《上海市证券交易管理办法》。

11 月 28 日

中国台湾,1989 年 11 月 28 日,《台湾公开发行股票公司股务处理准则》颁布实施。

11 月 29 日

中国,1991 年 11 月 29 日,真空电子 B 股在香港公开发行签署协议,发行面值为 1 亿美元,这是新中国首次对外发行股票。该公司成立于 1987 年 1 月 22 日,上海首家国企转换为股份制企业。1992 年 2 月 21 日,中国第一只上市 B 股——真空电子 B 股上市。

11 月 30 日

中国,2018 年 11 月 30 日,中国证监会公告核准 UBS AG 增持瑞银证券持股比至 51%,变更为公司实际控制人。瑞银证券成为中国首家外资控股的全牌照证券公司。

中国香港,1993 年 11 月 30 日,香港获多利公司推出获多利香港债券指数,该指数包括 23 种加权成分债券,以 1993 年 12 月 1 日为基期,基期指数 100 点。

**英国,1868 年 11 月,英国首个基金组织——海外和殖民地政府信托基金(Foreign and Colonial Convernment Trust)创立。

**英国,1827 年,伦敦发生经济危机,起因是南美股票的过渡交易延续到了欧洲大陆。

**法国,1991 年,债券和股票交易开始采用 CAC 电脑交易系统。

**美国,1986 年,华尔街超级证券掮客和套利大王伊·博斯基重大舞弊案公布,引起股票市场暴跌。

**美国,1837 年,雅格·托利在股市大跌恐慌中卖出空头,成功投机并积累了大量财富,成为史上第一位被称为"熊"的人,也是他引入卖空的概念。

**印度,印度最早于 1875 年在孟买建立了证券交易所,于 1894 年在艾哈迈德建立了证券交易所,于 1908 年在加尔各答建立了证券交易所。1956 年通过的《证券管理条例》是印度证券市场管理的法规。印度国家证券交易所(NSE)位于印度孟买,成立于 1992 年 11 月,是印度第一大证券交易所。

**墨西哥,1994 年 11 月,墨西哥爆发严重经济危机。

十二月

12 月 1 日

中国,1995 年 12 月 1 日,财政部在东京金融市场发行 400 亿日元公募债券,举行签字仪式,中国进入日本长期债券市场,首次发行长期债券。

中国香港,1999 年 12 月 1 日,香港联合交易所与美国纳斯达克证券市场就双飞互换上市公司计划签署协议。

中国香港,1989 年 12 月 1 日,《1989 年证券(在证券交易所上市)规则》正式生效。

日本,1925 年 12 月 1 日,日本野村证券公司成立,其资本金为 500 万日元。其于次年 1 月 4 日开业,是日本四大证券公司之一,拥有世界著名的野村综合研究所。

12 月 2 日

美国,2020 年 12 月 2 日,美国会通过《外国公司问责法》,对在美上市的外国企业施加限制条件,或使其"被摘牌"。

中国,1999 年 12 月 2 日,国有股配售试点启动,中国嘉陵、黔轮胎等 10 家公司成为首批试点公司。

中国,1996 年 12 月 2 日,中国证监会颁布《关于股票发行和认购方式的暂行规定》。

中国,1996 年 12 月 2 日,中国证监会公布实施涨跌停板制度,幅度为 10%,12 月 16 日正式实施。

12 月 3 日

中国,1994 年 12 月 3 日,深圳中央结算数据通信系统正式运行,并实现与22 家异地登记机构联网。

12 月 4 日

中国,1995 年 12 月 4 日,上交所公布《上海证券交易所交易员管理细则(暂行)》。

12 月 5 日

中国,2016 年 12 月 5 日,深港通上线。

中国,1991 年 12 月 5 日,中国人民银行、深圳市政府颁布《深圳市人民币特种股票暂行办法》。

12 月 6 日

中国,2007 年 12 月 6 日,中国证监会网站发布《证券公司客户交易结算资金商业银行第三方存管技术指引》,推行客户证券交易结算资金(银行)第三方存管制度。

中国,1996 年 12 月 6 日,中国证监会颁布《关于股票发行和认购方式的暂行规定》。

12 月 7 日

美国,1850 年 12 月 7 日,道氏理论创始人——查理斯·亨利·道,出生于美国新英国格兰州。他曾任报社编辑,从事过股票买卖,撰写过系列阐述股票投机的方法的文章,并以此建立了道氏理论的雏形,后来华尔街报记者纳尔逊、编辑汉密尔顿对其进行了补充修改,使道氏理论成为预测股票市场行情的有力工具。

12 月 8 日

希腊,2009 年 12 月 8 日,全球三大评级机构下调希腊主权评级,引发"希腊债务危机"。

12 月 10 日

中国,1999 年 12 月 10 日,中国工商银行和华夏证券有限责任公司在北京签署全面业务合作协议,这标志着中国银行业和证券业合作迈出新步伐。

中国,1997 年 12 月 10 日,国务院证券委发布《证券交易所管理办法》。

12 月 11 日

中国台湾,1972 年 12 月 11 日,公布实施《证券管理委员会组织条例》,作为证券监管部门设置的法律依据。

美国,2008 年 12 月 11 日,华尔街,伯纳德·麦道夫(Bernard Madoff)因操纵"庞氏骗局",涉嫌证券欺诈被捕判刑入狱。投资者损失约 500 亿美元。

12 月 12 日

中国,2016 年 12 月 12 日,中国证监会发布《证券期货投资者适当性管理办法》,标志着中国 A 股市场迈出了投资者权益保护重要的一步。

中国,2000 年 12 月 12 日,宝钢股份在上交所上市,首发 18.77 亿股,这是当时发行股本最大的上市公司。

中国,1992 年 12 月 12 日,上交所开办国债期货交易。

12 月 13 日

美国,1973 年 12 月 13 日,纽约证券交易所采用市场数据Ⅱ,将交易大厅的数据传送到世界各地。

美国,1970 年 12 月 13 日,纽约证券交易所在传统的股票、债券交易之外,首次允许认股权交易。

12 月 14 日

中国,1996 年 12 月 14 日,上海证券交易所、深圳证券交易所对在两交易所上市的股票和基金的交易实行交易信息公开制度。

中国,1992 年 12 月 14 日,中国人民银行深圳特区分行颁布《深圳证券业电话自动委托交易业务管理暂行办法》和《深圳上市 A 股股份登记和清算管理办法》。

中国香港,1994 年 12 月 14 日,香港立法局通过《商品交易条例》,赋予证券及期货事务监察委员会监管投资者持有股票及期货合约数额的法定权利。

12 月 15 日

中国,1998 年 12 月 15 日,上海证券交易所完成推行法人结算制度的工作。

中国香港,2017 年 12 月 15 日,港交所发布上市改革结果,建议在主板引入"同股不同权"的公司在港上市,为三类型企业设下不同门槛,这是香港股市 20 年未有之大变革。

日本,1987年12月15日,日本政府制定《日本抵押证券业务管理办法》。

12月16日

中国,1996年12月16日,上海证券交易所、深圳证券交易所正式实施涨跌停板制度,当日《人民日报》发表评论员文章《正确认识当前的股票市场》,指出证券市场存在过度投机的风险,应予以警惕,要求加强市场监管,增加股票供给等。当日两市绝大多数股票以跌停开盘,当日收盘深圳成分跌10%,上证跌9.1%。次日两市再次下挫,以跌停开盘,以接近跌停报收。

12月17日

中国,1992年12月17日,中国国务院发布《关于进一步加强证券市场宏观管理的通知》。

中国香港,1969年12月17日,香港远东证券交易有限公司营业(又称远东会),改变了以往证券交易及企业融资必须通过"香港会"的传统,成为香港早期四间交易所之一。

12月18日

中国,2003年12月18日,中国证监会《证券公司客户资产管理业务试行办法》公布,自2004年2月1日起施行,此后配套公布实施细则,2012年10月18日、2013年7月1日两次修订重新颁布。

韩国,2000年12月18日,韩国政府命令6家资不抵债的银行销毁已有的全部股票,以便为2001年2月完成金融结构的调整扫清道路。

12月19日

中国,1995年12月19日,上海证券交易所成立5周年,时任政治局常委、国务院副总理的朱镕基视察上海证券交易所,提出了"法制、监管、自律、规范"的八字方针。

中国,1990年12月19日,上海证券交易所在黄浦江畔的浦江饭店原址正式开张营业,时任上海市市长的朱镕基莅临祝贺。当日有八家公司挂牌上市。到2018年8月启动"沪伦通",历经近30年,中国已成为全球重要的新兴资本市场。

12月20日

中国台湾,1989年12月20日,台湾店头市场正式开张,首日交易的是建弘证券投资公司的股票。

12月21日

美国,1916年12月21日,美国国务卿突然宣布美国参加第一次世界大战,加入欧洲战场,此举造成道琼斯指数暴跌,成为1914年7月以来最大的一次下跌。

12月22日

中国,2018年12月22日,中国证券博物馆在原上海证券交易所旧址揭牌。

中国,1993年12月22日,上海证券交易所卫星数据双向通信系统开通。

中国台湾,1987年12月22日,台湾大信证券公司客户雷伯龙购买的股票有7亿元新台币无法交割,导致该公司财务危机,这是台湾股市最大的一次违约交易。1993年10月12日,台湾地方法院宣判雷伯龙获有期徒刑1年。

12月23日

中国,2019年12月23日,上海证券交易所华泰柏瑞300ETF期权合约、深圳证券交易所嘉实300ETF期权合约、中国金融期货交易所的沪深300指数期权合约同步上市。

中国,2011年12月23日,中国证监会核准首批人民币合格境外机构投资者(RQFII)试点机构。

12月25日

中国,1997年12月25日,中国证监会制定并颁布《上市公司章程指引》并正式实施。

美国,1929年12月25日,道琼斯指数被引入事业股股价平均指数。

12月26日

中国,1929年12月26日,国民政府制定颁布《公司法》,1931年7月1日实施,这是中国第一部内容丰富、相对完整的公司法。

日本,1877年12月26日,日本大藏省批准创立东京股票交易所股份有限公司。1878年5月5日,东京股票交易所创立,注册资本20万日元。1878年6月1日,东京股票交易所正式营业,最初只有新、旧公债,秩禄公债3个交易品种。

12月27日

中国,2013年12月27日,《国务院办公厅关于进一步加强资本市场中小投资者合法权益保护工作的意见》(简称国九条)发布。

12月28日

中国,2019年12月28日,第三次《证券法》修改稿表决通过,IPO全面实施"注册制",自2020年3月1日起实施。

中国,2018年12月28日,中弘股份成为A股第一只因连续低于面值,不符合股票上市规则,被深交所强制终止上市的股票。

中国,1992年12月28日,上海证券交易所开启国债期货交易。

中国,1991年12月28日,深圳颁布《股票集中托管实施细则》,由深圳证券登记公司集中托管,实行"无票交易"。

俄罗斯,1991年12月28日,俄罗斯联邦通过《有价证券发、流通和证券交易所章程》。

12月29日

中国,1998年12月29日,《中华人民共和国证券法》公布,自1999年7月1日起施行。

中国,1997年12月29日,《上海证券交易所股票上市规则》《深圳证券交易所股票上市规则》发布。

中国,1993 年 12 月 29 日,《中华人民共和国公司法》公布,自 1994 年 7 月 1 日起实施。

中国,1914 年 12 月 29 日,北洋政府颁布《证券交易法》,这是 20 世纪初中国第一部证券交易法规。

12 月 31 日

中国,1997 年 12 月 31 日,国务院证券委发布《证券、期货投资咨询管理暂行办法》。

英国,2020 年 12 月 31 日,英国结束脱欧过渡期,正式脱离欧盟。

法国,1981 年 12 月 31 日,法国 CAC 股价指数开始公布,指数有 268 家成分股,基期指数为 100 点。

** 中国,1993 年 12 月起,上海证券交易所开通卫星通信双向网。1994 年 8 月起,深圳证券交易所开通卫星通信双向网。随后,各证券公司陆续启用双向小站,实现卫星报盘,取代"红马甲"人工席位。

** 中国,1921 年,短短几个月中,全国开设了数百家交易所和信托公司,这些交易所大多从事股票交易甚至自发股票,投机风极盛,半年内大部分倒闭,这就是"信交风潮",中国早期的证券业遭受巨大打击,只有证券、金业 6 家交易所存活下来。上海证券物品交易所停业成为标志性事件。

** 俄罗斯,1994 年 12 月,证券市场监管联邦委员会(FCSM)设立。

** 美国,1968 年 12 月,纽约摩根保证信托公司创立欧洲清算系统,总部设在布鲁塞尔,其业务包括:为各国从事国际债券发行和买卖的银行、证券公司、金融机构提供集中结算的场所;从事债券实际体保管、债券出租和借用,以及债券有关的清算、调拨服务。

** 美国,1885 年,美国辛辛那提证券交易所成立,是美国全国股票交易所的前身。

** 美国,1790 年,费城经纪人会组建了美国第一个证券交易所——费城证券交易所。

** 美国,1754 年,一群经纪商在美国费城成立经纪人会。

** 瑞士,1969 年,国际债券投资商协会(Association of International Bond Dealers)在瑞士苏黎克(Zurich)成立。

** 法国,1961 年,国际证券交易所联合会(FIBV)在巴黎成立,其前身为欧洲证券交易所协会。

【注】 ** 表示该条记录选取的是与资本市场相关的早期大事件、公司或人物故事,该事件的标志性日期待考证。

证券从业人员水平评价测试

根据《证券公司董事、监事、高级管理人员及从业人员管理规则》,证券从业人员是指在证券公司从事证券业务和相关管理工作的人员,包括从事证券经纪、证券投资咨询、与证券交易及证券投资活动有关的财务顾问、证券承销与保荐、证券融资融券、证券自营、证券做市交易、证券资产管理等业务和相关管理工作的人员。

证券从业人员应当符合执业要求:证券公司董事、监事、高级管理人员及从业人员应当符合《证券基金经营机构董事、监事、高级管理人员及从业人员监督管理办法》(2022 年 2 月 18 日证监会令第 195 号公布自 2022 年 4 月 1 日起施行)规定的任职条件、从业条件和法律法规、监管规定、自律规则、业务规范等要求,品行良好,具备相应的专业能力。证券经纪人、证券投资顾问、证券分析师、保荐代表人及法律法规和中国证监会规定的其他人员,还应当符合相应的规定要求和从业条件。

中国证券业协会依法依规对证券公司董事、监事、高级管理人员及从业人员实施自律管理,强化道德品行、专业能力、执业行为管理,建立执业登记和执业声誉管理体系。登记类别包括一般证券业务、证券经纪人、证券投资咨询(证券投资顾问)、证券投资咨询(证券分析师)、保荐代表人等。

证券公司应当根据人员实际岗位、从事的业务类别和相应要求进行登记,同一人员只能登记为一个类别。

中国证券业协会负责组织从业人员专业能力水平评价测试和高级管理人员水平评价测试。

根据《证券行业专业人员水平评价测试实施细则》,从业人员专业能力水平评价测试分为一般业务水平评价测试和专项业务水平评价测试(含证券投资顾问专业能力水平评价测试、证券分析师专业能力水平评价测试、保荐代表人专业能力水平评价测试)。高级管理人员水平评价测试分为一般高级管理人员水平评价测试和专项高级管理人员水平评价测试。

报名参加一般业务水平评价测试的人员,应当符合下列条件(细则第七条):

(1) 报名截止日年满 18 周岁。

(2) 取得国务院教育行政部门认可的大专及以上学历;或具有高中或相当于高中文化程度,且具有 36 个月以上工作经历;或证券公司、证券投资咨询公司等证券行业机构已开具录用通知的大学本(专)科应届毕业生等人员。

(3) 具有完全民事行为能力。

报考人员所参加测试科目的试卷正确率达到 60% 以上,即为该科目达到基本要求。测试科目的成绩自取得之日起 36 个月内有效。已通过水平评价测试的证券行业专业人员,在证券行业从业或任职期间的所有测试成绩持续有效;测试达到基本要求后 36 个月内未进行执业登记或未任职,或从证券行业机构离职超过36 个月的,所有测试成绩失效。

证券行业专业人员水平评价测试科目及面向对象的具体内容如表 8-1 所示。

表 8-1　证券行业专业人员水平评价测试科目及面向对象

测试名称		对应科目	面向对象
从业人员专业能力水平评价测试	一般业务水平评价测试	科目 1:证券市场基本法律法规 科目 2:金融市场基础知识	(1) 证券公司、证券公司另类子公司、证券投资咨询公司、证券财务顾问公司等机构拟任董事长、从事业务管理工作的其他董事和监事、高级管理人员及从业人员; (2) 符合本细则第七条规定的其他人员
	专项业务水平评价测试	科目 3:证券投资顾问业务(证券投资顾问专业能力水平评价测试) 科目 4:发布证券研究报告业务(证券分析师专业能力水平评价测试) 科目 5:投资银行业务(保荐代表人专业能力水平评价测试)	(1) 证券公司、证券公司另类子公司、证券投资咨询公司、证券财务顾问公司等机构从业人员; (2) 符合本细则第七条规定的其他人员
高级管理人员水平评价测试	一般高级管理人员水平评价测试	科目 6:证券公司高级管理人员水平评价测试	(1) 证券公司拟任董事长、副董事长、监事会主席、高级管理人员以及实际履行上述职务的其他人员; (2) 证券公司另类子公司、证券投资咨询公司、证券财务顾问公司等机构高级管理人员以及实际履行上述职务的其他人员; (3) 符合本细则第七条规定的其他人员
	专项高级管理人员水平评价测试	科目 7:合规管理人员水平评价测试 科目 8:证券评级业务高级管理人员资质测试	(1) 证券公司、资信评级公司等机构相关拟任高级管理人员; (2) 符合本细则第七条规定的其他人员

附

录

区块链在场外衍生品市场中的应用价值

场外衍生品市场应用区块链技术的可行性分析

场外衍生品包括场外期权、远期、互换和结构化产品等,通常为交易双方直接协商确定的非标准化合约,收益结构复杂多样,可以满足投资者个性化、定制化、精细化的投融资和风险管理需求。场外衍生品市场在全球金融市场占有重要地位。据 BIS 统计,至 2019 年 6 月,全球场外衍生品市场名义本金达 640.442 万亿美元,市值 12.061 万亿美元。自 2015 年以来,我国场外衍生品市场也得到快速发展,2019 年 10 月,我国证券公司场外业务规模为 5 327.96 亿元。同时,场外衍生品市场也是多层次资本市场体系的重要组成部分。一方面,场外衍生品可用于其挂钩标的,如权益、商品和其他金融资产的套期保值、风险对冲,发挥了风险管理、价格发现和流动性传导的功能;另一方面,场外衍生品在其合约存续期内,又往往需要交易场内相关品种进行对冲,从而起到了衔接资本市场各层级的作用。

场外衍生品合约通常是非标准化的,这使其难以实现类似场内市场的交易所集中交易模式,因此在交易前处理阶段通常采用双边授信的询价交易模式,在交易后处理阶段则主要以双边清算方式完成履约,部分标准化程度较高的合约可采取中央对手方(CCP)清算。场外衍生品市场缺乏交易所这样具有公信力的中心化/中介化机构,无法确保市场参与者具有相同的信用水平,因此场外市场的核心风险为交易对手方信用风险(counterparty credit risk,CCR)。

在当前条件下,场外衍生品市场存在着 CCR 计量与风险管理困难,而信用违约可能引发系统性风险,也会使询价交易效率低下,使交易透明度低,使穿透监管难度大等。解决上述问题的传统思路是合约标准化、交易集中化、结算场内化。这仍然是一种建立中心化信任机制的思路,对交易的标准化程度、市场参与者的信用水平,交易担保均有较高要求。但这实质上与场外衍生品市场的特征相悖,模糊了场外与场内市场的界限,不利于场外衍生品市场发展。

场外衍生品市场天然具有去中心化/去中介化特征,是区块链的典型应用场景。首先,通过设计适于场外衍生品市场的区块链形态和共识机制,可以有效地界定市场各参与者角色的权利与义务,改善市场组织结构,形成市场运行机制保障下的协作生态。其次,区块链技术的数据存证功能实现了交易数据的可信管理,可为 CCR 计量与管理,提高市场透明度,加强监管与防范系统性风险提供有力的保障。再次,区块链智能合约拥有强大表达能力、灵活定制能力和自动执行能力,可以用作场外衍生品合约的技术载体,称为"智能衍生品合约",为交易双方从询价交易到结算支付的完整交易流程提供去中介化①管理。

当前区块链技术在场外衍生品市场的巨大前景已受到许多国际金融机构、监管机构、咨询机构和金融科技企业的关注。国际掉期与衍生品协会（International Swaps And Derivatives Association，ISDA）对智能衍生品合约的概念、与现行标准的兼容性、复杂性、构建方案等进行了研究，提出了 ISDA 通用领域模型作为智能衍生品合约的实用开发框架（Scott Farrell，2018）。巴克莱银行（Barclays）于2016 年公布了一个基于分布式账本的原型交易测试，将金融协议中的条款与义务提炼为智能合约中的计算机程序，用以评估将智能合约应用于权益互换、期权、互换期权等交易中的可行性。Barclays 还联合 Nasdaq 和 UBS 共同投资了美国区块链创业公司 R3CEV，研发一种基于区块链技术并 100% 以法币作为背书的电子现金货币：通用结算币（Utility Settlement Coin，USC），可用于场外衍生品市场的银行间结算。美国金融科技公司 Numerix 研究了使用区块链的 OTC 交易流程带来的效率提升，并比较了不同市场参与者对区块链进行技术投资的动力，提出必须依靠监管机构和行业领导者起到推动技术发展的作用。

区块链对场外衍生品市场组织架构的改善

1. 构建共识协作的市场生态系统

1）区块链形态选择

区块链系统的形态包括无须身份认证的公有链，以及需要身份认证的联盟链和私有链。其中联盟链由不同组织构成，适用于跨组织协作场景；私有链位于组织内部，通常用于内部流程的数据存证。场外衍生品市场由不同角色的市场参与者构成，各机构均需相关资质认证，因此适合采用联盟链形态。

2）区块链节点构成

在区块链节点选择方面，应考虑节点所属机构是否有直接产生或访问交易数据，执行交易验证的需求；是否具有足够的公信力和利益动机来维护市场的公正与秩序；是否具备足够的风险管理能力；是否具有足够的技术能力参与联盟链节点维护。在场外衍生品市场中，交易商、CCP 机构、监管机构、第三方担保机构均具备上述条件，为区块链网络提供节点；交易对手仅以用户身份通过访问区块链 DApp② 参与交易；交收银行不直接参与交易，无须为区块链提供节点，仅向区块链系统提供支付接口。

3）区块链共识机制

由于不依赖于信任中心，区块链系统必须采用共识机制来确保交易行为的一

---

① 区块链基于密码学原理，使任何达成一致的双方，无须第三方中介参与，即可完成交易。

② 去中心化应用（decentralized application，DApp），指运行在分布式计算机系统上的计算机程序。本文中的 DApp 专指运行于区块链系统上的去中心化应用。

致性。根据"不可能三角"理论,共识机制不能同时满足"去中心化""安全性""可扩展性"[1]三方面需求,必须根据应用场景进行权衡。场外衍生品交易基础设施必须满足安全性要求;同时,交易确认时间越短,由此而产生市场和信用风险的概率也越低,所以也要避免系统的性能随市场规模的扩大而降低,也就是必须关注系统的可扩展性。基于上述考虑,B-OTC框架(基于区块链的场外衍生品交易平台框架)采用权威认证(Proof of Authority,PoA)共识机制,其结构模型见附图1。其中所有节点均可读取分布式账本中的数据,但任何数据的写入,包括添加区块、交易验证和执行智能合约,都必须经过"权威"节点的一致验证。

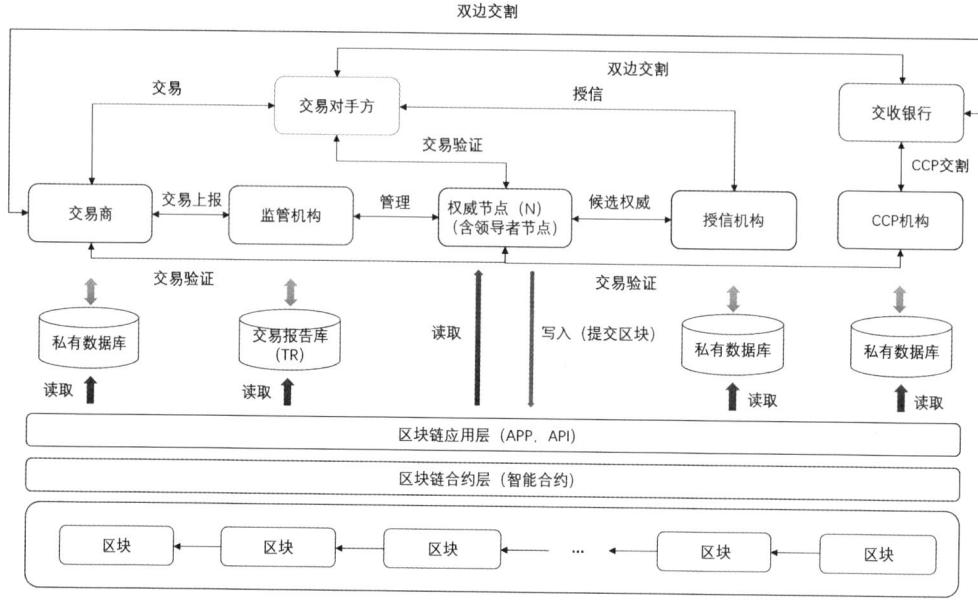

附图1 B-OTC框架的PoA共识机制结构模型

4) 权威节点的选择

实施PoA共识的关键在于如何选择权威节点,并对其进行有效的组织和管理,通常包括三方面的要求:节点身份在区块链上得到认证,且可通过公共领域可信数据交叉验证;应确保节点有经济或声誉上的动机保持诚实行为;选择权威的过程必须完全均匀(Mark,2015)。在B-OTC框架的节点提供方中,各机构均需相关业务资格并经身份认证加入联盟链,因此均满足第一个要求。其中交易商、CCP机构和第三方担保机构在参与交易时,均为交易对手提供了授信,是市场信用风险的承担者,具有诚实验证交易和维护市场秩序的经济或声誉动机,因此具备成为候选权威节点的条件。

---

① 可扩展性指系统性能不随区块链节点增加而显著下降。

5）不同市场参与者的角度定位

B-OTC框架构中，不同市场参与者角色的权利、义务、功能和相互关系，通过区块链技术机制得到确认与保证。PoA共识机制的权威节点选择方法体现了由市场信用风险承担者参与市场运行管理的思想。权威节点监督验证所有交易，其他节点监督权威节点，监管机构执行管理程序，各方相互制约实现"自组织（Self-Organization）"①管理，从而形成共识协作的全新市场生态。

2. 提高交易效率与透明性

提高交易效率和透明性的传统思路是提高合约的标准化程度，以便实现交易信息的集中登记和满足集中清算的要求。但这类措施与场外衍生品市场的特征不相适应，市场接受程度低，效果有限。其根本原因在于，中心化交易平台的解决方案是通过改变场外市场交易与清算模式，以牺牲灵活性为代价来提升效率的。而依托区块链技术构建的B-OTC框架，可在保留场外衍生品市场典型交易和清算模式的同时，利用技术手段显著提升交易效率和市场透明性。

1）交易前阶段

在交易前处理阶段，如附图2所示，交易对手方可通过区块链网络的P2P广播机制，向全网或指定的部分交易商发起询价；收到询价请求的交易商以异步的方式向其报价，也可以选择不报价；交易对手方对收到的报价进行比较，选择成交对手或放弃成交。整个处理过程与传统询价交易类似，但区块链网络构成了一个覆盖全市场的交易平台，人工干预环节减少，流程的并行化执行程度提高，信息不对称得以消除，从而获得了类似于场内市场的平台化优势。

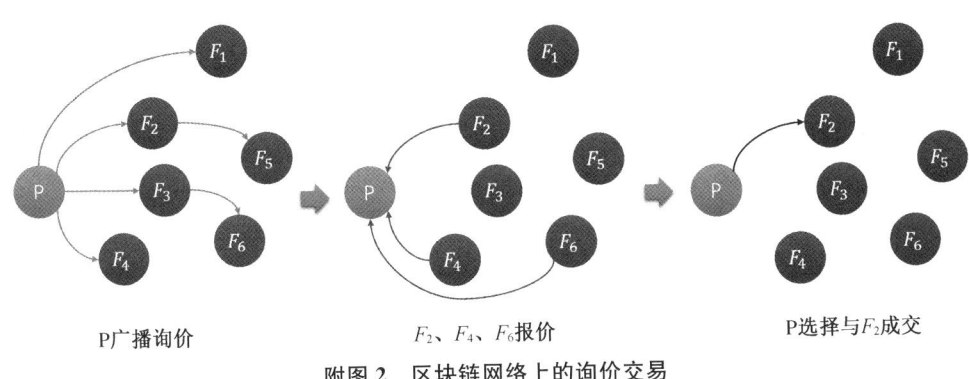

P广播询价　　　　　　F_2、F_4、F_6报价　　　　　　P选择与F_2成交

附图2　区块链网络上的询价交易

2）交易后阶段

衍生品合约的交易后处理则主要通过智能衍生品合约实现。智能合约是部署在区块链上的程序代码（简称"链码"），可以实现合约条款在不受到合约某一方或

---

① 自组织指一个系统中的成员在内在机制的驱动下，无须外部监督，自行实现系统目标。

第三方控制的条件下自动执行,保障合约执行的中立与公正,避免偏差与分歧(Dylan Yaga, 2018)。智能衍生品合约指利用智能合约代码对衍生品合约进行描述,成为可按合约条件自动触发执行的计算机化交易协议。美国财政部金融研究办公室(Office of Financial Research, OFR)的相关研究表明,区块链智能合约具有描述衍生品合约的足够表达能力和可验证性,从理论上保障了智能衍生品合约的可实现性和法律有效性。ISDA 则提出以 ISDA 主协议为蓝本的 ISDA 通用领域模型和 ISDA 智能衍生品合约实用开发框架。

3) 自动执行条款

在衍生品合约成交后,挂钩标的价格变动、平仓请求、信用事件、合约到期等事件均可根据条件触发自动执行合约条款。智能衍生品合约的执行和结果验证由当前权威节点自动完成,合约任何一方均无法控制或改变其执行,从技术上保障了双方履约。还需要指出的是,智能衍生品合约具有灵活的可定制性和快速部署能力。这意味着智能衍生品合约在提高效率的同时,并不要求提高合约的标准化程度,相反可以实现根据投资者需求个性化定制合约,与传统的中心化交易平台存在本质差异。

3. 优化第三方担保体系

由于 2008 年金融危机造成的严重影响,2009 年 G20 匹兹堡峰会上提出了关于加强场外衍生品监管的多项措施,其中包括建立非集中清算衍生品的保证金制度的内容。然而,在监管规则增加对担保品的要求以后,国际场外衍生品市场均陷入了担保品不足的窘境。当前,最易被接受的担保品仍然是现金,这制约了现金流不足的交易对手方参与交易的能力。然而实物资产作为场外衍生品交易的担保品往往难以被交易商所接受,这是因为交易商作为金融机构,缺乏对特定实物资产的估值、管理和处置能力,在信息不对称的环境下还要面临重复质押的风险。

引入规范的第三方担保体系有助于解决场外衍生品市场担保品不足的问题。第三方担保授信意味着,由第三方担保机构为交易对手提供信用担保,在交易对手发生信用事件时,第三方担保机构承担连带清偿责任。场外衍生品交易通常是基于双边授信的,当交易对手无法获得交易商足够授信,且无法提供足够的保证金时,可通过向第三方担保机构质押/抵押实物资产,获得授信额度参与场外衍生品交易。第三方担保机构可以是特定领域的专业机构,具备对特定类型实物资产估值和管理能力,并在实际发生违约时可以有效处置质押/抵押资产获得补偿。

然而,要真正实现第三方担保体系,必须解决市场内外信息不对称,跨组织、跨领域数据交换,交易行为验证等问题。必须结合线上与线下治理方式,建立有效的技术机制,实现监管穿透,避免虚假担保或重复质押。区块链系统具有数据存证、拜占庭容错①和防止"双花"②的能力,是构造这一机制的天然选择。

---

① 拜占庭容错指允许出现不超过 1/3 的恶意或故障节点,仍能保证系统的一致性。

② "双花"指交易系统出现重复购买/支付问题。

在 B-OTC 框架中,第三方担保下的场外衍生品交易流程如附图 3 所示。其中,质押资产以及发生违约事件后处置质押资产均在区块链系统之外进行;而提供授信、验证授信和发生违约事件后承担连带清偿则是区块链系统内部操作。可见,第三方担保机构作为具有公信力的区块链节点,起到了市场内外数据交换、消除信息不对称的重要作用。

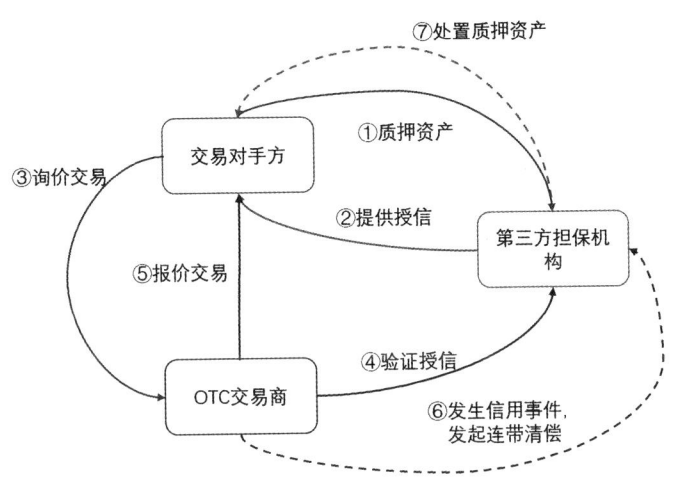

附图 3 B-OTC 框架下第三方担保授信流程

第三方担保所涉及的资质、信用评级、交易行为、授信记录等数据,均在分布式账本上实现存证;智能合约可以高效地处理第三方担保授信所涉及的跨组织复杂业务流程,并保证一致性,最大程度降低发生争议的可能;PoA 共识机制的设计也促使第三方担保机构维护自身利益与确保市场公正的目标保持一致。

区块链优化信用风险计量与管理

场外衍生品市场的核心风险是交易对手方信用风险(CCR)。利用区块链可有效改善场外衍生品市场的数据治理,进而建立基于交易行为的信用评价体系,改善CCR 风险管理,实现对系统性风险的实时监测和预警。

1. 基于交易行为的信用评价体系

场外衍生品市场中,交易对手的信用水平是影响交易决策、合约定价、第三方担保的重要因素,也是 CCR 计量的重要参数。受限于数据的准确性、完备性和及时性,在当前场外衍生品市场组织模式下,难以实现对交易对手信用水平的有效计量。

在 B-OTC 框架中,交易对手的交易行为数据被完整地记录在区块链分布式账本中,包括交易次数、合约要素、头寸规模、持仓期限、担保品比例、授信额度等。基于此,我们提出一种综合考虑外部评级系统和历史交易行为数据的信用评价方法。

交易对手的最新信用评级定义见式(1)。

$$Rt_{i,j} = \begin{cases} Rt\_out_{i,j} & j=0 \\ \alpha \cdot Rt\_out_{i,j} + \beta \cdot Rt\_td_{i,j} & j>0 \end{cases} \tag{1}$$

其中，$Rt\_out_{i,j}$ 为外部评级系统的最新评级，$Rt\_td_{i,j}$ 为 B-OTC 框架内部评级，α 和 β 为两者的权重，$\alpha+\beta=1$。j 为当前 P_i 已了结的交易次数，若 P_i 尚无历史交易（$j=0$），则直接使用外部评级。

该信用评价方法的基础在于区块链的数据治理优势，信用评级所依赖的交易行为数据精确且不可篡改，减少了人为主观因素并提高了敏感性。投资者通过自身良好的交易行为获得更好的信用评级，可在未来交易中获得更优的报价或授信条件，也体现了区块链实现数据资产确权为客户带来收益的效果。

2. 交易对手信用风险管理

交易对手信用风险管理的关键在于 CCR 计量和保障合约的执行。在这两方面，区块链技术都能带来明显的改善作用。CCR 计量主要通过对其可能造成的期望损失（expected loss，EL）来估计。EL 估计要考虑考虑违约概率（probability of default，PD）、违约暴露（exposure at default，EAD）以及违约损失（loss given default，LGD）三方面的因素（公式 2）。其中 PD 是在一个特定交易中，交易对手方发生违约的概率；EAD 是预计发生违约时估计偏离交易的价值；LGD 则是交易对手发生违约时，可能损失占风险暴露的百分比。

$$EL = PD \cdot EAD \cdot LGD \tag{2}$$

当前已有多种 CCR 计量模型，包括《巴塞尔协议 II》框架下的现期暴露法（current exposure method，CEM）、标准化方法（standardized method，SM）和内部模型法（internal model method，IMM），以及《巴塞尔协议 III》中的交易对手信用风险暴露计量的标准法（standardized approach for measuring counterparty credit risk exposures，SA-CCR）等。各模型的差异主要集中在对 EAD 的估计方法上，而 PD 和 LGD 的估计则更加复杂。

PD 是对特定一段时间内交易对手发生违约事件的期望值，可以考虑用实际的违约频率来代替，但实际计算 PD 需要考虑样本的统计口径，这涉及交易对手的风险特征、历史信用数据、外部信用评级、资产价格变动以及经济环境等多方面因素。

违约损失（LGD）是对 EAD 中可能发生损失的部分的估计，即违约事件中预期无法被追偿部分的百分比，其中，追偿率（recovery rate，RR）是资产被偿付的比率。追偿率是一个难以估计的期望值，以至于在巴塞尔协议的 LGD 估计的基础方法中，仅能根据索赔优先级给出固定 LGD 比率；而在高级方法中，则更多地依赖于内部模型和特殊数据。

可见 CCR 计量的困难来自其模型所依赖数据的复杂性，以及难以及时完整地追踪这些数据。数据复杂性还决定了模型的选择,导致市场 CCR 计量标准不统一。区块链实现了数据存证,当前交易的合约价值、抵押品与保证金情况、资产类别、头寸未来风险暴露等细节,以及交易对手的信用和历史交易数据,均实时且不可篡改地记录于分布式账本,并可根据模型的需要进行回溯。由于改善了数据质量和及时性,消除了信息不对称,我们可以实现 CCR 计量标准的统一,并提升 CCR 计量的敏感性。

此外,在 B-OTC 框架中交易后处理过程是通过智能衍生品合约来实现。智能衍生品合约本身是严格的可执行程序,避免了自然语言合约文本可能出现的歧义。而任何涉及合约条款的事件均可自动触发智能衍生品合约的执行,且执行过程不受交易任何一方的干扰。这从根本上降低了交易任何一方的违约风险。

3. 系统风险监测

场外衍生品市场的系统性风险主要来自 CCR 的"传染效应":一家机构的违约可能导致其对手方资产的减记,进而引起其违约或破产。当前,对此的监管措施主要是提高大型金融机构的相关性系数,将信用估值调整(credit valuation adjustment,CVA)纳入监管,强化错向风险计量,延长保证金期限等。但这类方法都没有考虑机构间因交易产生的复杂依赖关系。从市场整体看,这样的依赖关系是网状的,意味着某些特定机构的违约事件可能会引起连锁反应,传导蔓延形成系统性风险,从而导致基于相关系数的风险监测失效。

目前已出现了一系列基于复杂网络模型的系统风险监测方法,这类方法通过研究 CCR"传染效应"的形成机制,提出了系统风险监测的新框架。然而,受限于数据在完整性、准确性、及时性上的不足,尚未发现这类基于网络模型的方法的实践案例。区块链技术有望促进这类新方法的实用化。在 B-OTC 框架中,依靠分布式账本中完备的交易数据,可以实现对全市场各机构 CCR 的实时计量,并获得各机构间交易关系全景图。这有助于实现对系统风险的实时监测和预警。

假设存在附图 4 左侧所示的风险暴露关系:各节点 $i \in V$ 代表参与交易的机构;E_{ij} 代表机构 i 对机构 j 有一个风险暴露(如 i 向 j 购买了一个场外期权)。假设监测到机构 A 的 CCR 超出警戒值,就立即启动 CCR 传染模型的推导。

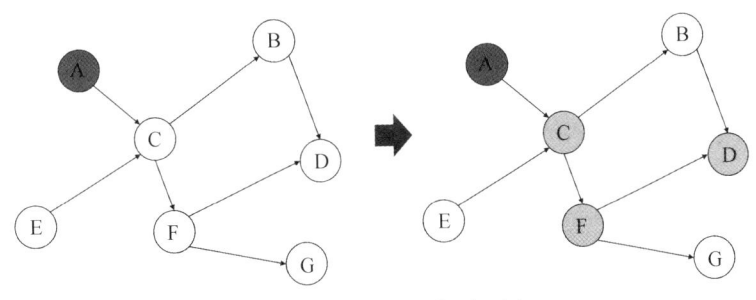

附图 4　系统风险监测示例

从图中可以看出,机构 A 对 C 存在一个违约暴露 EAD_{AC} ,估计违约损失比例 LGD_{AC} 。如果机构 A 发生违约,此时违约概率 $PD_{AC}=1$,期望损失 EL_{AC} 成为实际损失 L_{AC}:

$$L_{AC}=EAD_{AC} \times LGD_{AC} \tag{3}$$

在 A 违约的情况下,若 C 的资本金 C_C 已不足以承担机构 B 和 C 对其的风险暴露,则导致 C 也发生违约:

$$C_C - L_{AC} < EAD_{CB} + EAD_{CF} \tag{4}$$

将机构 C 也纳入连带违约机构的集合,并继续推导因 C 导致连带违约的机构。反复迭代这一过程,最终可以推导出机构 A 违约可能传染扩散的范围。如附图 4 右侧,机构 C、F、D 均被连带产生违约。

在基于区块链的交易基础设施中,可将单个机构 CCR 监测与系统风险监测模型相结合,对单个机构 CCR 设定警戒值,及时预测 CCR 传导与扩散的范围,在系统风险实际出现前即可采取措施进行阻断。

结论与建议

区块链是构建去中心化信任机制的有效工具,而信任是实现交易的基础,因而与生俱来带有经济学意义。区块链的分布式账本实现了可信数据管理,消除信息不对称;共识机制解决了分布式系统的一致性问题;智能合约确保了复杂交易行为的可靠执行。在场外衍生品市场这样缺乏中心化可信权威的场景下,区块链可以显著改善其数据治理,规范交易行为,实现市场参与者权利与义务的匹配。

与传统的标准化、中心化解决方案相比,区块链技术有望在保持场外衍生品市场灵活性特征的同时,获得类似场内市场规范管理的效果。从本质上来说,区块链将场外衍生品市场的"标准化"层次从"规则"层提升到了"机制"层,使市场参与者依靠相互监督和协作,实现基于"共识"的自组织市场生态。基于区块链的交易基础设施还可以有效提升交易效率与透明性,促进形成规范的第三方担保体系,进一步完善场外衍生品市场生态。

在信用风险管理与监管方面,有许多具有理论优势,却在传统技术条件下难以实施的模型、方法,如基于交易行为的信用评价体系、CCR 计量模型、基于网络模型的系统风险监测方法等。区块链的数据治理优势有利于这些模型、方法的实践,实现对 CCR 和系统性风险的实时精确监测与预警。智能衍生品合约也保障了合约条款的严格执行,违约风险有望大幅降低。

构建基于区块链的场外衍生品交易基础设施,并不需要对当前市场运行规则和监管政策有实质性突破,也不存在未解决的关键性技术障碍,具有良好的可行性。但交易基础设施涉及整个市场的运营管理模式的转变,因此建议在中国证监会、中证协的统一规划、领导下进行,并在相关制度设计方面进行配套,实现线下治理与线上治理融合。

最后,鉴于银行间、大宗商品现货、区域性股权交易等市场与场外衍生品市场具有相似性,建议在场外衍生品市场试行成功后,向其推广区块链技术应用经验,丰富完善我国多层次资本市场体系。

来源:王一军,丁竞渊,应晓明.区块链在场外衍生品市场中的应用价值[J].金融纵横,2020(02):39-48.

《关于依法从严打击证券违法活动的意见》
（摘要）

2021 年 7 月 6 日,中共中央办公厅、国务院办公厅印发《关于依法从严打击证券违法活动的意见》(以下简称《意见》),包括一个目标、七个方面、二十七项具体措施。以下是《意见》的摘要。

主要目标

根据《意见》,到 2022 年,资本市场违法犯罪法律责任制度体系建设应当取得重要进展,依法从严打击证券违法活动的执法司法体制和协调配合机制应当初步建立,证券违法犯罪成本应当显著提高,重大违法犯罪案件多发频发态势应当得到有效遏制,投资者权利救济渠道应当更加通畅,资本市场秩序应当明显改善。

到 2025 年,资本市场法律体系应当更加科学完备,中国特色证券执法司法体制应当更加健全,证券执法司法透明度、规范性和公信力应当显著提升,行政执法与刑事司法衔接应当高效顺畅,崇法守信、规范透明、开放包容的良好资本市场生态应当全面形成。

完善资本市场违法犯罪法律责任制度体系

（1）完善证券立法机制。
（2）加大刑事惩戒力度。
（3）完善行政法律制度。
（4）健全民事赔偿制度。
（5）强化市场约束机制。

建立健全依法从严打击证券违法活动的执法司法体制机制

（1）建立打击资本市场违法活动协调工作机制。成立打击资本市场违法活动协调工作小组。
（2）完善证券案件侦查的体制机制。
（3）完善证券案件检察的体制机制。
（4）完善证券案件审判的体制机制。加强北京、深圳等证券交易场所所在地金融审判工作力量建设。
（5）加强办案、审判基地建设。在证券、期货交易所所在地等部分地市的公安机关、检察机关、审判机关设立证券犯罪办案、审判基地。

（6）强化地方属地责任。

强化重大证券违法犯罪案件惩治和重点领域执法

（1）依法严厉查处大案要案。坚持分类监管、精准打击，全面提升证券违法大案要案查处质量和效率。

① 依法从严从快从重查处欺诈发行、虚假陈述、操纵市场、内幕交易、利用未公开信息交易以及编造、传播虚假信息等重大违法案件。

② 对资金占用、违规担保等严重侵害上市公司利益的行为，要依法严肃清查追偿，限期整改。

③ 加大对证券发行人控股股东、实际控制人、董事、监事、高级管理人员等有关责任人证券违法行为的追责力度。

④ 加强对中介机构的监管，存在证券违法行为的，依法严肃追究机构及其从业人员责任，对参与、协助财务造假等违法行为依法从重处罚。

⑤ 加快推进相关案件调查、处罚、移送等工作。依法严格控制缓刑适用。

（2）依法严厉打击非法证券活动。加强市场监管、公安等部门与中国证监会的协同配合，完善跨部门协作机制。

① 坚决取缔非法证券经营机构。

② 坚决清理非法证券业务。

③ 坚决打击非法证券投资咨询等活动。

④ 加强场外配资监测，依法坚决打击规模化、体系化场外配资活动。严格核查证券投资资金来源合法性，严控杠杆率。

⑤ 加强涉地方交易场所案件的行政处置与司法审判工作衔接，有效防范区域性金融风险。

（3）加强债券市场统一执法。强化对债券市场各类违法行为的统一执法，重点打击欺诈发行债券、信息披露造假、中介机构未勤勉尽责等违法行为。

（4）强化私募违法行为的法律责任。加大对私募领域非法集资、私募基金管理人及其从业人员侵占或挪用基金财产等行为的刑事打击力度。

进一步加强跨境监管执法司法协作

（1）加强跨境监管合作。

（2）加强中概股监管。

（3）建立健全资本市场法律域外适用制度。

着力提升证券执法司法能力和专业化水平

（1）增强证券执法能力。推动完善符合资本市场发展需要的中国特色证券执法体制机制。

（2）丰富证券执法手段。

（3）严格执法公正司法。

加强资本市场信用体系建设

（1）夯实资本市场诚信建设制度基础。

（2）建立健全信用承诺制度。

（3）强化资本市场诚信监管。

加强组织保障和监督问责

（1）加强组织领导。

（2）加强舆论引导。做好立体化的新闻舆论工作，多渠道多平台强化对重点案件的执法宣传，典型案件查处的警示教育。

（3）加强监督问责。

《意见》完善了中国特色证券执法司法体制机制的顶层设计，确立了"十四五"证券执法司法工作的主要目标与重点任务，对提高证券执法司法效能具有重要、深远意义。

违法证券活动案件入刑立案追诉标准

2022 年 4 月 29 日发布的《最高人民检察院公安部关于公安机关管辖的刑事案件立案追诉标准的规定(二)》作了如下规定。

违法证券活动案件入刑立案追诉标准之一——欺诈发行证券案

第五条　［欺诈发行证券案(刑法第一百六十条)］在招股说明书、认股书、公司、企业债券募集办法等发行文件中隐瞒重要事实或者编造重大虚假内容,发行股票或者公司、企业债券、存托凭证或者国务院依法认定的其他证券,涉嫌下列情形之一的,应予立案追诉:

(一) 非法募集资金金额在一千万元以上的;

(二) 虚增或者虚减资产达到当期资产总额百分之三十以上的;

(三) 虚增或者虚减营业收入达到当期营业收入总额百分之三十以上的;

(四) 虚增或者虚减利润达到当期利润总额百分之三十以上的;

(五) 隐瞒或者编造的重大诉讼、仲裁、担保、关联交易或者其他重大事项所涉及的数额或者连续十二个月的累计数额达到最近一期披露的净资产百分之五十以上的;

(六) 造成投资者直接经济损失数额累计在一百万元以上的;

(七) 为欺诈发行证券而伪造、变造国家机关公文、有效证明文件或者相关凭证、单据的;

(八) 为欺诈发行证券向负有金融监督管理职责的单位或者人员行贿的;

(九) 募集的资金全部或者主要用于违法犯罪活动的;

(十) 其他后果严重或者有其他严重情节的情形。

违法证券活动案件入刑立案追诉标准之二——违规披露信息

第六条　［违规披露、不披露重要信息案(刑法第一百六十一条)］依法负有信息披露义务的公司、企业向股东和社会公众提供虚假的或者隐瞒重要事实的财务会计报告,或者对依法应当披露的其他重要信息不按照规定披露,涉嫌下列情形之一的,应予立案追诉:

(一) 造成股东、债权人或者其他人直接经济损失数额累计在一百万元以上的;

(二) 虚增或者虚减资产达到当期披露的资产总额百分之三十以上的;

(三) 虚增或者虚减营业收入达到当期披露的营业收入总额百分之三十以上的;

（四）虚增或者虚减利润达到当期披露的利润总额百分之三十以上的；

（五）未按照规定披露的重大诉讼、仲裁、担保、关联交易或者其他重大事项所涉及的数额或者连续十二个月的累计数额达到最近一期披露的净资产百分之五十以上的；

（六）致使不符合发行条件的公司、企业骗取发行核准或者注册并且上市交易的；

（七）致使公司、企业发行的股票或者公司、企业债券、存托凭证或者国务院依法认定的其他证券被终止上市交易的；

（八）在公司财务会计报告中将亏损披露为盈利，或者将盈利披露为亏损的；

（九）多次提供虚假的或者隐瞒重要事实的财务会计报告，或者多次对依法应当披露的其他重要信息不按照规定披露的；

（十）其他严重损害股东、债权人或者其他人利益，或者有其他严重情节的情形。

违法证券活动案件入刑立案追诉标准之三——擅自发行证券

第二十九条 ［擅自发行股票、公司、企业债券案（刑法第一百七十九条）］未经国家有关主管部门批准或者注册，擅自发行股票或者公司、企业债券，涉嫌下列情形之一的，应予立案追诉：

（一）非法募集资金金额在一百万元以上的；

（二）造成投资者直接经济损失数额累计在五十万元以上的；

（三）募集的资金全部或者主要用于违法犯罪活动的；

（四）其他后果严重或者有其他严重情节的情形。

本条规定的"擅自发行股票或者公司、企业债券"，是指向社会不特定对象发行、以转让股权等方式变相发行股票或者公司、企业债券，或者向特定对象发行、变相发行股票或者公司、企业债券累计超过二百人的行为。

违法证券活动案件入刑立案追诉标准之四——内幕交易

第三十条 ［内幕交易、泄露内幕信息案（刑法第一百八十条第一款）］证券、期货交易内幕信息的知情人员、单位或者非法获取证券、期货交易内幕信息的人员、单位，在涉及证券的发行，证券、期货交易或者其他对证券、期货交易价格有重大影响的信息尚未公开前，买入或者卖出该证券，或者从事与该内幕信息有关的期货交易，或者泄露该信息，或者明示、暗示他人从事上述交易活动，涉嫌下列情形之一的，应予立案追诉：

（一）获利或者避免损失数额在五十万元以上的；

（二）证券交易成交额在二百万元以上的；

（三）期货交易占用保证金数额在一百万元以上的；

（四）二年内三次以上实施内幕交易、泄露内幕信息行为的；

（五）明示、暗示三人以上从事与内幕信息相关的证券、期货交易活动的；

（六）具有其他严重情节的。

内幕交易获利或者避免损失数额在二十五万元以上，或者证券交易成交额在一百万元以上，或者期货交易占用保证金数额在五十万元以上，同时涉嫌下列情形之一的，应予立案追诉：

（一）证券法规定的证券交易内幕信息的知情人实施或者与他人共同实施内幕交易行为的；

（二）以出售或者变相出售内幕信息等方式，明示、暗示他人从事与该内幕信息相关的交易活动的；

（三）因证券、期货犯罪行为受过刑事追究的；

（四）二年内因证券、期货违法行为受过行政处罚的；

（五）造成其他严重后果的。

违法证券活动案件入刑立案追诉标准之五——利用未公开信息交易

第三十一条　〔利用未公开信息交易案（刑法第一百八十条第四款）〕证券交易所、期货交易所、证券公司、期货公司、基金管理公司、商业银行、保险公司等金融机构的从业人员以及有关监管部门或者行业协会的工作人员，利用因职务便利获取的内幕信息以外的其他未公开的信息，违反规定，从事与该信息相关的证券、期货交易活动，或者明示、暗示他人从事相关交易活动，涉嫌下列情形之一的，应予立案追诉：

（一）获利或者避免损失数额在一百万元以上的；

（二）二年内三次以上利用未公开信息交易的；

（三）明示、暗示三人以上从事相关交易活动的；

（四）具有其他严重情节的。

利用未公开信息交易，获利或者避免损失数额在五十万元以上，或者证券交易成交额在五百万元以上，或者期货交易占用保证金数额在一百万元以上，同时涉嫌下列情形之一的，应予立案追诉：

（一）以出售或者变相出售未公开信息等方式，明示、暗示他人从事相关交易活动的；

（二）因证券、期货犯罪行为受过刑事追究的；

（三）二年内因证券、期货违法行为受过行政处罚的；

（四）造成其他严重后果的。

违法证券活动案件入刑立案追诉标准之六——编造传播虚假信息

第三十二条　〔编造并传播证券、期货交易虚假信息案（刑法第一百八十一条

第一款）] 编造并且传播影响证券、期货交易的虚假信息，扰乱证券、期货交易市场，涉嫌下列情形之一的，应予立案追诉：

（一）获利或者避免损失数额在五万元以上的；

（二）造成投资者直接经济损失数额在五十万元以上的；

（三）虽未达到上述数额标准，但多次编造并且传播影响证券、期货交易的虚假信息的；

（四）致使交易价格或者交易量异常波动的；

（五）造成其他严重后果的。

违法证券活动案件入刑立案追诉标准之七——诱骗投资者买卖

第三十三条 〔诱骗投资者买卖证券、期货合约案（刑法第一百八十一条第二款）〕证券交易所、期货交易所、证券公司、期货公司的从业人员，证券业协会、期货业协会或者证券期货监督管理部门的工作人员，故意提供虚假信息或者伪造、变造、销毁交易记录，诱骗投资者买卖证券、期货合约，涉嫌下列情形之一的，应予立案追诉：

（一）获利或者避免损失数额在五万元以上的；

（二）造成投资者直接经济损失数额在五十万元以上的；

（三）虽未达到上述数额标准，但多次诱骗投资者买卖证券、期货合约的；

（四）致使交易价格或者交易量异常波动的；

（五）造成其他严重后果的。

违法证券活动案件入刑立案追诉标准之八——操纵证券、期货市场

第三十四条 〔操纵证券、期货市场案（刑法第一百八十二条）〕操纵证券、期货市场，影响证券、期货交易价格或者证券、期货交易量，涉嫌下列情形之一的，应予立案追诉：

（一）持有或者实际控制证券的流通股份数量达到该证券的实际流通股份总量百分之十以上，实施刑法第一百八十二条第一款第一项操纵证券市场行为，连续十个交易日的累计成交量达到同期该证券总成交量百分之二十以上的；

（二）实施刑法第一百八十二条第一款第二项、第三项操纵证券市场行为，连续十个交易日的累计成交量达到同期该证券总成交量百分之二十以上的；

（三）利用虚假或者不确定的重大信息，诱导投资者进行证券交易，行为人进行相关证券交易的成交额在一千万元以上的；

（四）对证券、证券发行人公开作出评价、预测或者投资建议，同时进行反向证券交易，证券交易成交额在一千万元以上的；

（五）通过策划、实施资产收购或者重组、投资新业务、股权转让、上市公司收购等虚假重大事项，误导投资者作出投资决策，并进行相关交易或者谋取相关利

益,证券交易成交额在一千万元以上的;

（六）通过控制发行人、上市公司信息的生成或者控制信息披露的内容、时点、节奏,误导投资者作出投资决策,并进行相关交易或者谋取相关利益,证券交易成交额在一千万元以上的;

（七）实施刑法第一百八十二条第一款第一项操纵期货市场行为,实际控制的账户合并持仓连续十个交易日的最高值超过期货交易所限仓标准的二倍,累计成交量达到同期该期货合约总成交量百分之二十以上,且期货交易占用保证金数额在五百万元以上的;

（八）通过囤积现货,影响特定期货品种市场行情,并进行相关期货交易,实际控制的账户合并持仓连续十个交易日的最高值超过期货交易所限仓标准的二倍,累计成交量达到同期该期货合约总成交量百分之二十以上,且期货交易占用保证金数额在五百万元以上的;

（九）实施刑法第一百八十二条第一款第二项、第三项操纵期货市场行为,实际控制的账户连续十个交易日的累计成交量达到同期该期货合约总成交量百分之二十以上,且期货交易占用保证金数额在五百万元以上的;

（十）利用虚假或者不确定的重大信息,诱导投资者进行期货交易,行为人进行相关期货交易,实际控制的账户连续十个交易日的累计成交量达到同期该期货合约总成交量百分之二十以上,且期货交易占用保证金数额在五百万元以上的;

（十一）对期货交易标的公开作出评价、预测或者投资建议,同时进行相关期货交易,实际控制的账户连续十个交易日的累计成交量达到同期该期货合约总成交量的百分之二十以上,且期货交易占用保证金数额在五百万元以上的;

（十二）不以成交为目的,频繁或者大量申报买入、卖出证券、期货合约并撤销申报,当日累计撤回申报量达到同期该证券、期货合约总申报量百分之五十以上,且证券撤回申报额在一千万元以上、撤回申报的期货合约占用保证金数额在五百万元以上的;

（十三）实施操纵证券、期货市场行为,获利或者避免损失数额在一百万元以上的。

操纵证券、期货市场,影响证券、期货交易价格或者证券、期货交易量,获利或者避免损失数额在五十万元以上,同时涉嫌下列情形之一的,应予立案追诉:

（一）发行人、上市公司及其董事、监事、高级管理人员、控股股东或者实际控制人实施操纵证券、期货市场行为的;

（二）收购人、重大资产重组的交易对方及其董事、监事、高级管理人员、控股股东或者实际控制人实施操纵证券、期货市场行为的;

（三）行为人明知操纵证券、期货市场行为被有关部门调查,仍继续实施的;

（四）因操纵证券、期货市场行为受过刑事追究的;

（五）二年内因操纵证券、期货市场行为受过行政处罚的;

（六）在市场出现重大异常波动等特定时段操纵证券、期货市场的；

（七）造成其他严重后果的。

对于在全国中小企业股份转让系统中实施操纵证券市场行为，社会危害性大，严重破坏公平公正的市场秩序的，比照本条的规定执行，但本条第一款第一项和第二项除外。

违法证券活动案件入刑立案追诉标准之九——擅自设立金融机构、非法经营

第十九条 ［擅自设立金融机构案（刑法第一百七十四条第一款）］未经国家有关主管部门批准，擅自设立金融机构，涉嫌下列情形之一的，应予立案追诉：

（一）擅自设立商业银行、证券交易所、期货交易所、证券公司、期货公司、保险公司或者其他金融机构的；

（二）擅自设立金融机构筹备组织的。

第七十一条 ［非法经营案（刑法第二百二十五条）］违反国家规定，进行非法经营活动，扰乱市场秩序，涉嫌下列情形之一的，应予立案追诉：

1. 非法经营证券、期货、保险业务，数额在一百万元以上，或者违法所得数额在十万元以上的。

......

中国加入了哪些反洗钱国际组织

反洗钱国际组织的设立的主要目的在于提供通道,让各国监督机构加强对所属国家反洗钱活动工作的支援。其首要任务之一是把交换资金移转情报的工作扩展并予系统化。开展成员间的相互评估、技术援助和培训项目、研讨洗钱手段和反洗钱手段等。反洗钱国际组织通常每年会组织一次全会和工作组会议,非成员也可作为观察员身份受邀参加会议。会议目的包括:促进执法专家和金融监管专家知识和经验的沟通;研讨新出现的洗钱趋势和特征;确认犯罪收益交易和洗钱的方式;考虑并提供反洗钱措施方面的建议;增进发现、调查、和查封犯罪收益等反洗钱国际合作等。

反洗钱国际组织——反洗钱金融行动特别工作组

反洗钱金融行动特别工作组(Financial Action Task Force on Money Laundering,FATF)是西方七国为专门研究洗钱的危害、预防洗钱并协调反洗钱国际行动而于 1989 年 7 月在巴黎成立的政府间国际组织,是世界上最具影响力的国际反洗钱和反恐融资领域最具权威性的国际组织之一。其成员国遍布各大洲主要金融中心。其制定的反洗钱 40 项建议和反恐融资九项特别建议,是世界上反洗钱和反恐融资的最权威文件。目前,该组织已拥有包括欧盟在内的 35 个成员国家(地区)和 2 个地区性组织,以及 20 多名观察员。

2007 年在法国,当地时间 6 月 28 日,金融行动特别工作组全体会议以协商一致方式同意中国成为该组织正式成员。

反洗钱国际组织——亚太反洗钱组织

1995 年在澳大利亚成立 FATF 亚洲秘书处,1997 年 2 月在曼谷举行的第四次亚太地区反洗钱座谈会上正式宣告成立亚太反洗钱组织(Asia/Pacific Group on Money Laundering,APG)。该组织属于区域性反洗钱组织,是 FATF 的准成员,中国是 APG 的 13 个创始成员国之一。APG 秘书处设在澳大利亚悉尼,由澳大利亚联邦警察署提供办公场所。APG 设有两位联席主席,一位由澳大利亚政府指派,另一位由其他成员轮流担任。

2009 年 7 月,APG 秘书处正式恢复了中国在 APG 的成员活动,促进了中国与亚太国家或地区的反洗钱交流与合作。目前,亚太反洗钱组织(APG)有 33 个成员、5 家国际组织及若干观察员。

反洗钱国际组织——欧亚反洗钱与反恐融资小组

欧亚反洗钱与反恐融资小组（The Eurasian Group on Combating Money Laundering and Financing of Terrorism，EAG）。2004 年 10 月，中国与俄罗斯、哈萨克斯坦、塔吉克斯坦、吉尔吉斯斯坦、白俄罗斯共同作为创始成员国在莫斯科创立欧亚反洗钱与反恐融资小组。2004 年 12 月，欧亚反洗钱与反恐融资小组在莫斯科举行了第一次全会，开启正式运作。2004 年 10 月，金融行动特别工作组正式接受欧亚反洗钱与反恐融资小组为观察员。

目前，该组织有 9 个正式成员国、超过 30 个观察员和国际组织，已发展成为在反洗钱和反恐融资领域有一定影响力的区域性国际组织。

东海证券国家级（互联网）投教基地

（edu.longone.com.cn）

　　东海证券投资者教育基地（以下简称投教基地）是中国证监会命名和授牌的国家级投资者教育基地、江苏省首批投资者教育基地，也是华东地区首家网上国家级投教基地。

　　投教基地网站提供了包括图文、动画、视频等差异化、精准化和专业化的系列投教产品，同步上线了移动端及投教基地微信公众号，以及线上学习考试中心。投教基地常年推出基地自有品牌《投教公开课》，基于微信公众号开发了"GOGO"大东海，集任务分发、传播等一体化智能平台。投教基地于"线上"通过投教基地网站，联动微信公众号等自媒体，提供网上在线服务；加入"芒果TV新媒体"，推出投教公开课；入驻"新华网新华号"推出《投教e课堂》等系列栏目。投教基地于"线下"与分支机构合作，面向投资者，面向社区、院校、公司等开展系列活动；开通了"投教空中课堂"，坚持每日一讲，转播协会、交易所、投教联盟成员单位网课、行业优秀讲座。

　　投教基地在中国证监会历年度考核中多次获得"优秀""良好"的评级。投教基地坚持公益、专业、特色、节约原则，为投资者提供更多、更好，更具实效、更有温度的投教服务。东海证券投资者教育工作多次获得苏证协、深交所、上交所、港交所及监管机构等颁发的投资者教育先进单位与先进个人表彰，投教作品多次获得优秀投教作品、优秀组织单位等荣誉奖项。此外，投教基地牵头与会员基地合作，发起了投教联盟组织，得到业内一致好评。

投教基地网站

东海投教公众号